최근 구약학계의 열띤 논쟁 중 하나는 창조와 과학의 상관관계다. 특별히 성서의 창조 기사와 과학적 탐구 결과 사이의 조합과 조화에 관한 문제다. 이 책의 저자는 창세기 1-3장에 기록된 우주와 인류의 기원에 관한 기사들을 전통적 해석에 따라 이해해서는 안 된다고 주장한다. 그에 따르면 창세기 1장이 물질의 기원이 아니라 기능의 기원에 관한 설명이듯이, 창세기 2-3장의 인간 창조 기사 역시 "인간 원형"에 관한 것이지 인간의 물질적·생물학적 기원에 관한 것이 아니라는 주장이다. 구약학계의 주변에서 들려왔던 조용한 목소리가 이제 중심부로 진입하며 큰 파장을 일으키는 중이다. 많은 논쟁을 불러일으킬 만한 소지가 있음에도 새롭게 귀담아들어야 할 목소리다. 선입견을 옆에 놓고 차근하게 일독하시기를 권한다.

류호준 | 백석대학교 신학대학원 구약학 교수

인간의 기원에 관한 현대과학의 결과는 성서의 내용과 서로 모순될까? 이 책은 과학의 결과에 치우침 없이, 성서를 중심으로 인간의 기원에 관한 의미심장한 고찰을 시도한다. 성서는 아담이 실존 인물이라고 가르치는가, 모든 인류의 조상이라고 가르치는가, 혹은 다른 생물종과는 연관 없이 새롭게 창조되었다고 가르치는가? 저자가 제시하는 21개의 명제를 하나씩 따라 읽다 보면 창조에 관한 설득력 있는 스토리를 만나게 된다. 인간의 기원에 대한 이 질문들은 단지 호기심과 궁금증을 넘어, 한국교회의 사역과 미래를 위해 오늘 이 시점에 반드시 묻고 숙고해야 할 중요한 주제들이다. 성서와 과학 사이에서 길을 잃은 듯 느끼는 교인들이 보수적인 성서학자의 날카로운 눈을 통해 새로운 통찰과 깊이를 배울 수 있는 귀한 책이다.

우종학 | 서울대학교 물리천문학부 교수

월튼의 연구는 성서를 사랑한다는 것이 무엇인지 그 정수를 보여준다. 사랑은 귀 기울이는 것이다. 익숙한 전통과 선입견을 잠시 내려놓고 성서 자체가 진짜로 무엇을 주장하고, 무엇을 주장하지 않는지 들어보는 것이야말로 성서를 진정 사랑하는 모습이다. 우리는 창세기 2-3장을 이미 다 알고 있다고 생각한다. 그래서 창세기 2-3장을 읽으며 하나님의 창조를 더 알아가는 것이 아니라 이미 가지고 있는 생각을 확인하고 강화시킬 뿐이다. 그러나 이 책은 우리 생각이 얼마나 본문에 근거하고 있는지 도전한다. 낯선 해석에 당황하지 않고 월튼의 논의가 성서 자체를 정당하게 다루고 있는지 따져보며 면밀히 읽다 보면, 그동안 우리는 창세기 2-3장의 세계를 잃어버렸었다는 저자의 주장에 수긍할 것이다. 월튼의 연구가 꼭 정답은 아닐 수 있다. 그의 주장 전부에 다 동의하지 않을 수 있다. 그러나 창세기 2-3장에 대한 책임 있는 논의를 위해서는 이제 더 이상 저자의 논의를 피할 수 없으며, 그의 논의가 창세기 본문 자체를 좀 더 면밀히 이해하는 데 도움을 주는 것은 분명한 사실이다. 존 월튼이 기고자로 참여한 『아담의 역사성 논쟁』의 간략한 논의에 아쉬웠던 독자라면 이 책을 통해 월튼의 "디렉터스 컷"을 마음껏 감상할 수 있다.

전성민 | 밴쿠버기독교세계관대학원 세계관 및 구약학 교수

창조주이신 하나님은 인류에게 두 개의 텍스트를 선물로 남겨주셨다. 즉 특별한 계시가 적힌 성서와 일반적 계시가 새겨진 자연이다. 신학은 성서에 담긴, 하나님이 창조한 세계의 본질적인 의미와 원칙을 규명하고, 과학은 자연이 품고 있는, 하나님이 창조한 세계의 규칙과 원리를 분석한다. 신학과 과학은 하나님이 주신 텍스트를 각자의 방식에 근거하여 탐구하고 해석하는 학문적인 동반자다. 신학과 과학은 원수 관계도 아니고 상극 관계도 아니다. 다만 성서에 대한 문자주의적 근본주의자들의 해석이 신학과 과학의 불필요한 마찰을 양산하고 있을

뿐이다. 따라서 교회는 반지성적 집단으로 오인되기도 한다. 저자는 이런 상황을 인식하고 창세기 2-3장의 의미를 최근의 성서 해석학의 흐름에 근거하여 흥미 있고 탁월하게 진술하고 있다. 이 책은 특히 근본주의적인 성서 해석에 붙들린 교회에서 심각한 갈등을 겪고 있는 지성적인 교인들에게 신선한 충격과 반가운 돌파구를 마련해줄 것이다. 이 책을 통하여 상식적인 면에서 이미 기울어진 운동장이 되어버린 것 같은 한국교회가 지성적인 균형을 잡는 계기가 되기를 간절히 바란다.

차준희 | 한세대학교 구약학 교수

창세기의 처음 세 장이 신화에 불과하다고 주장하는 불쾌한 목소리와, 이런 식이라면 성서와 복음과 교회는 안으로부터 붕괴할 것이라고 선언하는 똑같이 불쾌한 목소리가 만날 때, 우리는 어느 한쪽을 택해 응원하고 싶은 유혹을 받는다. 그 후에는 다른 소리를 듣기를 거부하는 이 불쾌한 목소리들을 가라앉힐 기회를 찾는 이성의 목소리가 나타난다. 존 월튼이 바로 이런 이성의 소리다. 그동안 월튼은 성서를 우리가 원하는 방식이 아니라 하나님이 주신 방식대로 읽는 법을 배워야 한다고 거듭 주장해왔다. 이 책에서 우리는 하나님의 새로운 영이 창세기의 처음 세 장 위로 불어와 그 말씀을 듣는 모든 이들을 계몽하실 수 있게 하는 방식으로 우리의 믿음을 고대 세계 안에 정박시켜줄, 아담과 하와에 관한 여러 가지 명제를 소개받는다. 『아담과 하와의 잃어버린 세계』로 인해 하나님께 감사드린다.

스캇 맥나이트 Scot McKnight | 노던 신학교 신약학 교수

창세기 2-3장에 대한 해석이 성서 본문에 충실하면서도 과학의 가장 타당한 주장에 의해서도 지지를 받을 수 있을까? 창조 및 아담과 하와의 타락 이야기를 다른 고대 근동 문헌에 등장하는 부분적으로 평행하는 이야기에 비추어 주해하면서도 여전히 성서의 무오류성을 믿을 수 있을까? 존 월튼은 이 두 질문 모두에 대한 대답이 확실하게 "예"임을 보여준다. 월튼의 해석의 모든 부분에 동의하든 하지 않든 간에, 우리는 그의 접근법이 가진 탁월성과 명확성, 그리고 예민함에 대해 경의를 표하게 될 것이다. 이 책은 신앙과 과학 사이에서 선택해야 한다고 여기는 모든 이들을 위한 필독서다.

크레이그 L. 블롬버그 Craig L. Blomberg | 덴버 신학교 신약학 석좌교수

창세기 2-3장에 관한 이 탁월한 책은 인간의 기원 같은 문제에 대한 성서의 견해와 오늘날의 과학적 견해 모두를 진지하게 다루고자 하는 성서 독자에게 굉장한 도움이 될 것이다. 이전 저술들의 기반 위에서 월튼은 아주 접근하기 쉬운 방식으로 글을 쓰는 동시에, 수많은 예들을 사용하면서 얼마간 도전적인 영역을 통과해 나가는 정통 기독교의 길을 그려낸다. 고대 근동에 관한 저자의 광범위한 지식이 계속해서 성서 본문에 빛을 비춘다. 이 책을 통해 독자는 창세기의 처음 장들에 대한 깊은 통찰을 얻을 뿐 아니라, (더 일반적으로) 고대의 본문을 유능하게 읽는 작업이 무엇을 의미하는지를 충분히 숙고하도록 도움을 받게 될 것이다.

이안 프로반 Iain Provan | 리젠트 칼리지 성서학 분야 마샬 쉐퍼드 석좌교수

나는 모든 그리스도인이 이 책을 읽기를 바란다. 존 월튼은 모든 세대의 사람들—신자와 회의주의자 모두—이 창세기를 애초에 이 책이 의도한 대로 읽는 법을 배우도록 도와줄 것이다. 성서를 공부하는 학생이라면 누구나 월튼의 학문에 매료되리라고 생각한다. 나는 이 책이 수많은 청중에게 신앙과 이해의 문을 열어주리라고 믿는다.

인간 창조 이야기의 의도에 대해 신중하게 생각하는 것, 그 이야기를 그것이 처음 쓰였을 때 화자의 목표를 통해서 살펴보는 것, 또한 그 이야기를 들었던 청중의 마음을 통해 이를 이해하고자 하는 것이 지금보다 더 중요한 때는 없었다.…많은 복음주의 학교에서 다년간 가르쳤던 저자의 경험과 탁월한 소통 능력을 감안한다면, 우리가 이런 과업을 수행하도록 인도하는 일에 존 월튼보다 더 잘 준비된 사람은 없을 것이다. 『아담과 하와의 잃어버린 세계』는 창세기 저자의 의도와 이를 동시대 히브리 문화 속에서 상황적으로 이해하는 작업에 대한 대가의 분석이다. 월튼의 교수 경력은 그로 하여금 모든 중요한 질문을 성공적으로 예견하고 그것들 각각을 아주 읽기 쉬운 방식으로 다룰 수 있게 해주었다.

존 월튼은 교회에 주어진 선물이다. 그동안 월튼은 저술과 강연을 통해, 서로 경쟁하는 과학의 주장들에 둘러싸인 환경 안에서 그리스도인들이 성서를 충실하게 읽도록 도와왔다. 이제 『아담과 하와의 잃어버린 세계』에서 그는 성서의 진술을 고대의 역사적 맥락에서 다룸으로써 성서가 아담과 하와에 대해 말하는 방식에 대해 심원하게 복음주의적인 설명을 제공한다. 이 책은 성서와 과학 사이에서 감지되는 긴장을 다루는 이들의 손에 들려져야 할 첫 번째 책이다.

티모시 곰비스 Timothy Gombis ｜ 그랜드래피즈 신학교 교수

성서의 권위를 받아들이는 우리는 성서가 확언하는 모든 것이 무오하다고 믿는다. 성서가 무엇을 확언하고 있는지 판단하는 것은 까다로운 일이다. 이 책에서 존 월튼은 바로 이 문제를 식별하도록 돕는다. 구약성서와 구약성서가 쓰인 고대의 상황에 대한 견고한 지식으로 무장한 저자는, 그리스도인들이 창세기를 우리 문화가 가진 현대적인 "과학 대 믿음" 식 이야기로부터 물려받은 방식이 아니라 창세기 자체의 방식으로 읽도록 준비시킨다. 그 결과 월튼은 견고한 학문성과 그리스도를 닮은 겸손함으로 오늘날 계속되고 있는 인간의 기원에 관한 신학적이고 성서적인 논의에 새로운 가능성을 열어 보인다.

스키에 제다니 Skye Jethani ｜ *With* 저자, SkyeJethani.com

이 획기적인 저술에서 저자는 아담과 하와를 그들이 속한 곳—고대 근동의 문화적인 세계와 문헌상의 세계—안에 확고하게 위치시킨다. 고대 근동의 시각을 통해 본, 학문적이지만 읽기 쉬운 이 책은 인간 기원의 문제에 대한 매력적이고 새로운 통찰을 제공한다. 톰 라이트가 쓴 훌륭한 글은 금상첨화다. 성서가 인간의 독특성이라는 핵심적 문제를 다루는 방식에 관심을 가진 모든 이들에게 적극 추천한다.

데니스 알렉산더 Denis Alexander ｜
성에드문드 칼리지 패러데이 과학과 종교 연구소 명예소장,
Creation or Evolution: Do We Have to Choose? 저자

The Lost World of Adam and Eve

Genesis 2-3 and the Human Origin Debate

John H. Walton

아담과 하와의
잃어버린 세계

역사적 아담의 기원과 정체에 관한 논쟁

존 H. 월튼 지음

김광남 옮김

지난 세월 동안 내가 더 나은 저자가 되도록 도와준

내 학생이자 연구 조교였던

카린 리더

리즈 클라센

멜리사 피츠패트릭

알리사 워커

숀 굿윈

존 트리시

애쉴리 에드워드

오브리 부스터

캐스린 콥

킴 칼톤

알렉사 마쿼트에게

이 책의 원고를 신중하게 읽고 유익한 조언을 해준

조나단 월튼, 오브리 부스터, 킴 칼톤에게 감사드린다.

차례

서론   **14**

명제 1 ㅣ 창세기는 고대 문서다   **22**

명제 2 ㅣ 고대 세계와 구약성서에서 창조는 그 초점이 역할과 기능을 부여함으로써   **38**
질서를 세우는 일에 맞춰진다

명제 3 ㅣ 창세기 1장은 물질적 기원이 아닌 기능적 기원에 관한 설명이다   **58**

명제 4 ㅣ 창세기 1장에서 하나님은 성소로서의 우주에 질서를 부여하신다   **80**

명제 5 ㅣ 하나님이 기능적 질서를 세우실 때 그것은 "좋다"   **94**

명제 6 ㅣ 창세기 1-5장에서 "아담"이라는 단어는 다양한 방식으로 사용된다   **104**

명제 7 ㅣ 두 번째 창조 이야기(창 2:4-24)는 첫 번째 이야기(창 1:1-2:3) 중 여섯째   **112**
날의 일에 대한 반복이라기보다 그것의 후속편으로 간주될 수 있다

명제 8 ㅣ "흙으로 짓다"와 "갈빗대로 만들다"는 원형적 주장일 뿐 물질적 기원에 관   **126**
한 주장이 아니다

명제 9 ㅣ 고대 근동 이야기에서 인간의 창조는 원형적이므로 이스라엘인들이 이런   **150**
맥락에서 사고하는 것은 특이하지 않다

명제 10 ㅣ 신약성서는 생물학적 조상으로서보다 원형으로서의 아담과 하와에게 더   **170**
관심을 갖는다

명제 11 ㅣ 비록 아담과 하와에 대한 성서의 관심 중 일부가 원형적이기는 하지만, 그   **178**
들은 실제로 과거에 살았던 실제 사람이다

명제 12 ᅵ 아담은 조력자인 하와와 함께 성소에서 섬기는 제사장으로 임명되었다   **194**

명제 13 ᅵ 동산은 성소를 위한 고대 근동의 모티브이며, 나무는 생명과 지혜의 근원   **216**

            인 신과 관련된다

명제 14 ᅵ 뱀은 무질서의 영역에서 나온 혼돈의 생물체로서 비질서를 조장한다고   **242**

            간주되었다

명제 15 ᅵ 아담과 하와는 스스로를 질서의 중심과 지혜의 근원으로 만들고자 했고,   **266**

            그로 인해 비질서가 우주 안으로 들어오도록 허락했다

명제 16 ᅵ 지금 우리는 무질서, 질서, 비질서가 공존하는 세상에서 살고 있다   **284**

명제 17 ᅵ 모든 사람이 죄와 죽음에 굴복하는 것은 유전 때문이 아니라 세상의 비질   **290**

            서 때문이다

명제 18 ᅵ 예수는 비질서를 해소하고 완전한 질서를 이루시려는 하나님의 계획의   **304**

            핵심이다

명제 19 ᅵ 아담에 대한 바울의 언급은 죄가 인간에게 미친 영향보다는 죄가 우주에   **318**

            미친 영향에 더 관심을 갖고 있으며 인간의 기원에 대해서는 아무것도 말

            하지 않는다 (톰 라이트가 쓴 아담에 관한 바울의 언급에 대한 보충 설명 포함)

명제 20 ᅵ 모든 사람이 아담과 하와의 후손이어야 할 필요는 없다   **338**

명제 21 ᅵ 비록 물질적 연속성이 있다고 할지라도, 인간은 구별된 피조물로 그리고   **354**

            하나님의 특별한 창조로 간주될 수 있다

결론과 요약   **368**

용어 해설   **388**

더 읽어야 할 문헌   **394**

서론

오늘날 교회가 직면하고 있는 논쟁들 가운데 가장 뜨겁고 중요한 것 중 하나는 성서와 (일반적으로) 과학 그리고 (특별히) 인간의 기원과의 관계다. 인간의 기원에 관한 성서의 주장과 현재의 과학적 합의(그중 일부만 언급하자면 생물 진화, 공통 조상, 비교유전체학, 화석 기록, 인류학 등을 포함하는 합의) 사이에는 본질적이고 내재적인 갈등이 존재하는가?

　과학이 적어도 조금씩 늘 변하고 있는 것은 사실이다. 대조적으로 우리는 아주 쉽게 성서를 정적이고 불변하는 것으로 여긴다. 비록 성서 자체는 변하지 않을지라도, 우리는 오늘날 성서에 대한 우리의 해석이 훨씬 더 역동적이며 그로 인해 나타나는 신학이 (핵심보다는 주변적인 것에 관한) 계속적인 재평가에 달려 있다는 것을 인정한다. 지난 이천 년 동안의 교회사를 통해 우리는 해석학에서의 몇 가지 극적인 차이들, 몇 가지 뿌리 깊은 신학적 논쟁들(그중 일부는 이단으로 간주되었고, 일부는 심각한 분열을 낳았으며, 일부는 함께 유지되고 있다), 그리고 특정한 성서 구절의 해석에 관한 몇 가지 중대한 불일치들을 목격해왔다. 특별히 창세기 1-3장에 대한 해석의 역사는 전혀 통일되어 있지 않으며, 그것과 관련된 교리나 주석은 완전한 균일성과는 거리가 한참 멀다. 이런 사실은 교회사의 가장 이른 시기에서조차 관찰될 수 있다.

　이 시기[그리스도 이후 처음 두 세기]를 피상적으로만 살펴봐도 한 가지 특징이 분명하게 드러난다. 거기서 우리는 일의적인 읽기나 단일한 방법론을 발견하지 못한다.…그러나 한 가지 지속적이고 일관성 있는

읽기의 패턴을 발견하는데, 그 패턴의 신학적 특징은 현대의 주류 신학과는 크게 다르다.[1]

이는 기독교가 창세기의 처음 장들을 해석하는 일에서 책상 위에 한꺼번에 놓여 있는 여러 가지 대안들에 만족해야 했음을 의미한다. 사실 안타깝게도 어떤 이들이 오직 자신들의 특별하고 편협한 읽기만 "참된" 그리스도인에게 적합하다는 입장을 취해왔다. 우리는 그 과정에서 피까지 흘렸던 것을 우리의 집단적 수치로 고백해야 한다.

성서 해석자와 신학자로서 우리는 성서 본문을 해석해야 할 책임이 있다. 우리의 신학적 전통이 중요하기는 하나, 우리의 해석과 그 해석의 도구로 삼고 있는 해석학조차 시대를 따라 변해왔으므로, 우리가 모든 단계의 전통에 대해 단호하게 설명할 수는 없다. 새로운 통찰과 정보는 어느 때라도 나타날 수 있다. 수백 년 전, 성서 원어에 새롭게 접근할 수 있게 된 일은 성서 해석에 중대한 영향을 주었다. 지난 수십 년간 고대 세계의 문헌을 이용할 수 있게 된 일은 성서 본문을 읽는 데 도움을 주는 주목할 만한 자료를 우리에게 제공해주었다. 우리는 이런 도구들이 우리의 해석에 중대하게 공헌할 수 있는 경우에 그것을 무시해서는 안 된다.

---

1 Peter C. Bouteneff, *Beginnings: Ancient Christian Readings of the Biblical Creation Narratives* (Grand Rapids: Baker, 2008), pp. ix-x. 그의 관심의 초점은 그리스의 교부 문헌에 맞추어져 있다.

이런 방정식 중 과학 부분을 살펴보자. 지난 150년 동안 과학 역시 혁명적인 변화를 겪었다. 진화론의 발전은 시작이었을 뿐이고, 인간 게놈 지도를 통해 얻게 된 흥미로운 정보는 아마도 우리가 인간의 기원에 관해 배울 수 있는 바를 탐구하기 위한 기초를 제공하는 가장 최근의, 그러나 확실히 마지막은 아닌 발전일 것이다. 성서를 진지하게 여기는 이들로서는 실망스럽게도, 종종 다양한 분야의 과학이 성서와 신앙에 대한 공세를 강화하는 데 이용되고 있다. 불행하게도 어떤 이들은 이를 이유로 삼아 과학을 멸시하거나 반대하고 있다. 하지만 그리스도인은 그래서는 안 된다. 왜냐하면 우리는 (성서와 예수 안에 들어 있는) 특별 계시와 (하나님이 창조하시고 과학이 우리가 이해하도록 돕는 세상 안에 들어 있는) 일반 계시 모두의 중요성을 긍정하기 때문이다. 어떤 이들이 과학을 신앙에 맞서는 무기처럼 휘두르고 있다고 해서, 그것이 우리가 과학이나 과학자를 골칫거리로 여기는 이유가 되어서는 안 된다. 자연주의(naturalism) 철학은 문제다. 결국 과학을 무기처럼 사용하는 바로 그들이, 성서를 하나님의 말씀으로 여기는 이들에게 맞서 성서를 무기처럼 사용하는 경향을 보인다. 우리가 해야 할 일은 성서를 더 잘 설명하고, 성서를 오용하는 이들에게 그들이 어떻게 잘못 보고 있는지를 분명하게 알려주는 것이다. 그리고 우리는 과학에 대해서도 같은 일을 할 수 있다.

이 책에서 나는 인간의 기원에 관한 현재의 합의에 의해 제기된다고 인식되는 위협은 과장된 것이라고 주장할 것이다. 이런 합의는 공통 조상과 진화론의 원리들을 모든 생명의 존재에 대한 설명으로 받아들인다. 과학의 원칙에 의거한 과학의 합의가 의심스러울 경우 이를 맹목적으로 수용해서는 안 되지만, 우리는 과학의 결론들이 그것들이 시간의 시험을 견뎌낼 수 있는지 없는지와 상관없이 성서의 믿음에 어떤 위협도 제기하지 않는다는 이해에 이를 수 있다. 그러나 분명히 오늘날 이런 갈등에 대한 인식은 드물지 않다.

이를 유념하면서 이 책에서 나는 과학의 주장들의 적합성이라는 문제에 대해서는 크게 주목하지 않을 것이다. 대신에 나는 고대 문서로서 **또한** 경전(Scripture)으로서의 성서에 대한 면밀한 읽기를 수행하면서 이 책의 주장을 살펴볼 것이다. 초점은 창세기에 맞추어질 것이지만, 실제로는 경전 전체를 고려할 것이다. 나는 **옳은** 답이나 해석만 고립시켜 살피기보다는 오히려 성서에 대한 충실한 읽기들(readings)이 존재하며, 이런 읽기들이 과거의 몇 가지 전통적 읽기와 얼마간 다를 수도 있으나, 본문 안에서 지지를 발견할 뿐 아니라, 최근의 과학적 발견들 중 어떤 것은 물론 우리가 고대 근동이라는 상황 속에서 발견하는 것과도 양립한다는 것을 보일 것이다. 동시에 넓은 스펙트럼을 지닌 신학의 핵심, 즉 성서의 권위,[2] 일을 이루는 데 사용했던 메커니즘이나 필요했던 시간과 상관없이 창조주 하나님의 직접적이고 적극적인 역할, 물질의 창조가 무로부터(*ex nihilo*) 이루어졌다는 것, 우리

---

2   그리고 적절하게 이해되는 바 그것의 무오성(inerrancy).

모두가 하나님에 의해 창조되었다는 것, 죄가 세상으로 들어온 시점이 있다는 것, 그리고 그로 인해 구원이 필요하게 되었다는 것 등은 유지될 것이다.

우리는 성서를 그 문화적 상황이나 현대의 과학과 일치시키도록 강요받아서는 안 된다. 그러나 만약 창세기에 대한 어떤 해석이, 예를 들어 고대 세계나 건전한 과학적 결론으로 보이는 것과 일치한다면, 이는 더 좋은 일이다. 성서를 우선시하는 접근법(Bible-first approach, 과학을 우선시하거나 성서 외의 자료를 우선시하는 접근법과 대조를 이룸)에서조차 우리는 성서에 대한 우리의 확신을 타협하지 않으면서 고대 세계나 현대 과학에 주의할 수 있다. 고대 세계의 문헌으로부터 나온 정보나 과학적 탐구를 통해 얻은 통찰이 우리로 하여금 성서로 돌아가 우리의 해석을 재고하도록 적절하게 자극할 수도 있다. 이는 우리가 성서 본문을 다른 분야로부터 제기되는 요구에 무조건 일치시켜야 한다는 의미는 아니다. 성서는 나름의 자율성을 지니고 스스로 발언해야 한다. 하지만 그것은 우리가 성서에 대한 전통적 해석을 고수할 때도 마찬가지다. 성서 본문은 전통으로부터 나름의 자율성을 지녀야 한다. 우리는 언제라도 기꺼이 성서 본문으로 돌아가 이를 새롭게 숙고해야 한다. 바로 이것이 이 책의 목표다. 분명히 나는 모든 답을 갖고 있지 않다. 하지만 나는 고대 세계로부터 나온 새로운 정보와 현대 과학에 의한 새로운 통찰에 힘입어 성서 본문으로 돌아가, 혹시 우리가 놓친 선택지나 전통적 읽기의 빙판 아래에 잠겨 있는 진실이 있는지를 살펴볼 것이다. 나는 전통적인 신학을 훼손할 의도가 없다. 나는 성서의 권위에 관한 견고한 확신과 성서에 대한 해석 위에 세워진 전통을 바탕으로 작업한다. 그러나 우리의 신학적 틀 내부에는 성서 본문을 새롭게 읽을 수 있는, 그리고 어쩌면 심지어 그로 인해 놀라게 될 수도 있는 여지가 아주 많다.

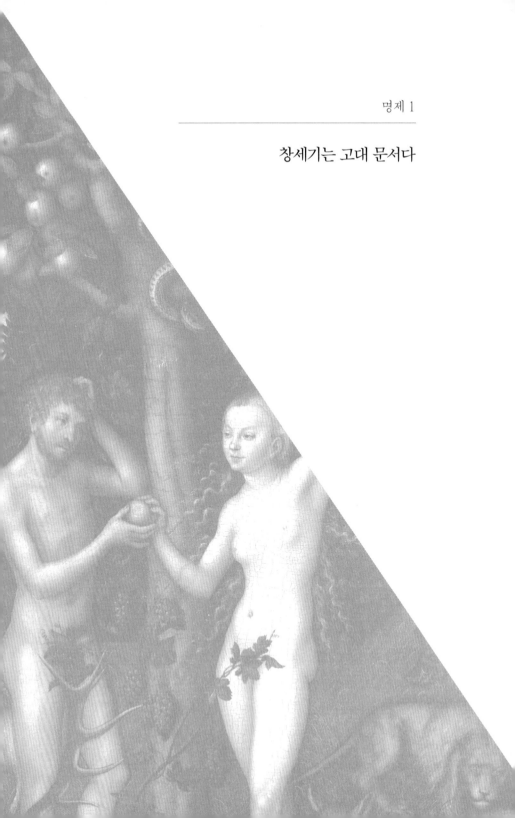

창세기는 고대 문서다

성서의 권위는 불가피하게 저자의 의도와 연결되어 있다. 하나님은 인간 저자에게 자신의 권위를 부여하셨으므로, 만약 우리가 하나님의 메시지를 이해하고자 한다면, 우리는 그 인간 저자가 말하고자 했던 바를 숙고해야 한다. 두 개의 목소리가 말을 하고 있으나, 그중 우리를 하나님의 뜻과 메시지라는 방 안으로 들어갈 수 있게 해주는 문은 인간 저자의 목소리다. 이는 우리가 창세기를 읽을 때 고대 문서를 읽는 것이며 따라서 고대 세계에서 적절했던 가정들을 사용하는 것으로 시작해야 한다는 의미가 된다. 우리는 고대인들이 어떻게 사고했는지, 그리고 그들의 소통의 근간을 이루는 개념들이 무엇이었는지를 이해해야 한다.[1]

어떤 의미에서 모든 성공적인 소통 행위는 의사 전달자의 편에서 이루어지는, 그리고 오직 그가 염두에 두고 있는 청중을 위한 다양한 정도의 적응(accommodation)을 통해 수행된다. 만약 의사 전달자와 청중이 동일한 언어, 동일한 언어 구사 능력, 동일한 문화 혹은 동일한 경험을 공유하고 있지 않다면, 의사 전달자는 마땅히 적응을 통해 그 간격을 메워야 한다. 하지만 우리는 의사 전달자가 그가 알거나 예상하지 않는 청중에게도 적응하리라고 기대해서는 안 된다. 고맥락 소통

---

1   이 장의 중요한 단락들은 다음 책의 내용을 개작한 것이다. John H. Walton and D. Brent Sandy, *The Lost World of Scripture: Ancient Literary Culture and Biblical Authority* (Downers Grove, IL: InterVarsity Press, 2013). 『고대 근동 문화와 성경의 권위』(CLC 역간).

(high-context communication, 문화인류학자 에드워드 홀[Edward Hall]의 용어로 의사소통에서 의미의 전달이 말이나 문자에 의존하는 부분이 적을수록 "고맥락 소통"이고 클수록 "저맥락 소통"이다—역주)은 의사 전달자와 청중이 많은 것을 공유하고 있는 상황에서 내부자들 사이에 발생하는 소통이다. 이런 상황에서는 효과적인 소통이 이루어지기 위한 적응이 그렇게 많이 요구되지 않는다. 따라서 이런 경우에는 외부자가 이 소통을 온전히 이해하기 위해 필요로 하는 많은 것들이 언급되지 않을 수도 있다.

이런 현상은 우리가 시카고에서 계속해서 듣는 교통정보를 통해 예시될 수 있다. 이 정보에서 이동 시간과 문제가 발생한 지점들에 대한 언급은 정보의 청취자가 그 지역의 고속도로에 관해 잘 알고 있다는 것을 전제한다. 정기적으로 통근하는 사람인 나는 여러 지점으로부터의 이동 시간과 교통 혼잡 상황을 마주할 수도 있는 길에 대한 정보를 알려주는 이런 교통 정보가 유익하다고 생각한다. "동굴"에서 "교차로"까지 38분이 걸릴 것이고 "네이글 커브길로 이어지는 경사로"로부터 교통이 혼잡하다는 보도를 접할 때 나는 자신이 무엇을 예상해야 하는지를 정확하게 안다. 그러나 다른 지역 사람들이 시카고를 방문할 경우 이 정보는 그들을 혼란에 빠뜨릴 뿐이다. 그들은 이 정보에서 언급되는 "경사로"나 "동굴"이 무엇인지 알지 못하고(사실 지도에서조차 이것들을 찾아내지 못할 것이다), 이런 장소들이 서로 얼마나 떨어져 있는지도 알지 못하며, 교통 상황이 좋은 날에 동굴에서 교차로까지 가는 데 8분밖에 걸리지 않는다는 사실도 알지 못한다.

대조적으로, 저맥락 소통(low-context communication)에서는 내부자가 외부자와 소통을 시도할 경우 고도의 적응이 요구된다. 저맥락 교통 정보는 다른 지역의 청취자나 초보 통근자들을 위해 그 지역의 표지물들과 그것들 사이의 평균적인 이동 시간을 확인해주어야 한다. 이런 교통 정보는 고맥락 상황에서보다 훨씬 더 길어질 것이다. 만약 교통 정보를 전하는 이가 이를 다른 지역의 방문자에게 이해될 만한 것으로 만들고자 한다면, 아마도 그 정보는 애초에 그것이 대상으로 삼고 있던 정기적인 통근자에게는 지루하고 짜증나는 것이 될 것이다.

내가 말하고자 하는 바는 성서에서 하나님이 의사 전달자에게, 그리고 고맥락 소통 상황에서 청중에게 적합한 의사 전달자를 고용하시는 방식으로 일차적인 청중에게 몸소 적응하셨다는 것이다. 예를 들어 예언자와 그의 청중은 역사, 문화, 언어, 그리고 그들의 동시대적 삶의 경험을 공유한다. 반면에, 성서를 읽을 때 우리는 의사 전달자의 발화 의도(illocution)와 의미의 성격을 식별하기 위해 우리의 모든 추론 도구들을 사용할 필요가 있는 저맥락 외부자의 입장에서 그 소통의 맥락 속으로 들어가는 셈이다. 우리는 고맥락 소통 상황에서 예언자가 청중에게 말할 필요가 없었던 모든 정보를 얻어내기 위해 이런저런 연구 결과를 사용해야 한다. 바로 이것이 현대 독자인 우리가 고대의 본문을 다루는 방식이 되어야 한다.

성서를 진지하게 다루는 이들은 하나님이 인간 의사 전달자들이 그들 공동의(신적+인간 저자) 발화 의도(illocution)[2]를 이루기 위해 사용한 발화(locution, 말이나 글로 표현된 단어들)에 영감을 불어넣으셨으나(이것은 의도, 주장, 감정, 궁극적으로 의미에 대한 이해로 이어진다), 기본적인 발화는 인간 의사 전달자의 세계와 묶여 있다고 믿는다. 하나님은 의사 전달자들과 그들의 청중 사이에서 이루어지는 고맥락 소통에 적응하셨는데, 이는 권위 있는 발화 의도를 통해 의미의 전달을 최적화하고 촉진하시기 위함이었다. 영감은 **발화**(이는 그 자원을 하나님 안에서 얻는다)에 묶여 있고, **발화 의도**는 권위의 특징을 지닌 것으로 정의될 수 있는 의미에 이르는 필요한 길을 규정해준다.

때때로 고대의 의사 전달자와 우리 사이에 존재하는 거리는, 우리가 지금 우리에게 낯선 요소들로 인해 혹은 우리가 그와 동일한 사고 방식을 갖고 있지 않기에 그가 한 말을 오해할 수도 있음을 의미한다. 비교 연구는 우리가 성서 저자들이 사용한 장르들의 형태와 수사학적 장치의 성격을 보다 충분히 이해하도록, 그래서 그것들이 결코 의도하지 않았던 무언가 때문에 이 요소들을 오해하지 않도록 도와줄 수 있다. 이런 활동은 성서의 권위를 손상시키지 않으나, 권위의 이유를 의사 전달자가 실제로 소통하고 있는 것 때문으로 돌린다. 또한 우리는 우리에게 낯선 의사 전달자의 인지 환경(cognitive environment)[3]의 여

---

2   발화 의도(illocution)는 화행(speech-act), 즉 약속, 명령, 축복 혹은 교훈의 초점이다. 발화 의도는 의사 전달자가 그의 말로 행하는 것을 확인해준다.

3   이런 용어들에 대한 정의로는 이 책 뒷부분에 있는 용어 해설을 참고하라.

아담과 하와의 잃어버린 세계

러 측면을 인식하고 성서 본문을 그것의 세계 및 세계관에 비추어 읽기 위해 비교 연구의 도움을 받을 필요가 있다.

그러므로 우리는 성서 본문의 종류와 그것이 제공하는 메시지의 성격을 있는 그대로 인정함으로써 그 본문을 존중할 의무가 있다. 그 점과 관련해서 우리는 이미 오랫동안 성서가 과학적 본문이 아님을 인정해왔다. 다시 말해, 하나님의 의도는 과학을 가르치거나 과학적 진실을 드러내시는 것이 아니다. 그분은 세상에서 자신이 하시는 일을 드러내시지만, 세상이 작동하는 방식을 드러내시지는 않는다.

인지 환경의 낯선 측면에 대한 한 가지 예로서, 고대 세계의 사람들은 오늘날 우리가 자연법(natural law)이라고 부르는 것을 위한 범주를 갖고 있지 않았다. 원인과 결과에 대해 생각할 경우 고대인들은, 비록 그들이 우리가 하는 것과 같은 모든 관찰을 할 수 있었을지라도(예를 들어, 당신이 무언가를 밀면 그것은 움직인다; 당신이 무언가를 떨어뜨리면 그것은 떨어진다), 여전히 세계가 작동하는 것을 신적 원인이라는 측면에서 보려는 경향을 보였다. 모든 것이 나름의 방식으로 작동하는 것은 하나님이 그것들이 그런 식으로 작동하도록 정하셨고 그 시스템을 유지하고 계시기 때문이다. 그들은 우주를 기계(machine)가 아니라 왕국(kingdom)으로 보았고, 하나님은 그들에게 세상을 이런 맥락에서 설명해주셨다. 하나님의 계시는 자연계의 역학에 대한 세련된 이해를 그들에게 제공하는 데 맞춰져 있지 않았다.

또한 하나님은 후세의 독자들이 발견하도록 성서 본문 안에 그런 종류의 정보를 숨겨두지도 않으셨다. 우리가 그분이 그렇게 하셨다고 가정하는 것은 믿을 만하지 않다. 예를 들어, 정상 우주론(steady state universe, 우주는 시간과 공간에 관계없이 항상 변하지 않는다는 이론－역주)을 믿었던 시절에, 사람들은 쉽게 성서로 돌아가 거기에서 그런 과학에 대한 확증을 발견할 수 있었다. 그러나 오늘날 우리는 정상 우주론이 참이라고 믿지 않는다. 오늘 우리는 빅 뱅 이론(Big Bang theory, 우주가 약 137억 년 전에 한 점에서 폭발적으로 팽창하면서 시작되었다고 설명하는 이론－역주)과 팽창하는 우주에 대한 확증을 발견하고 있다고 생각할 수도 있다. 하지만 어쩌면 언젠가 우리는 더 이상 그런 것들을 참이라고 여기지 않게 될 수도 있다. 그러므로 이런 접근법이 권위라는 틀 안에서 채택되어서는 안 된다.

같은 방식으로 성서 본문의 권위는, 고대 과학의 일부인 성서 내의 진술들이 마치 현대의 과학적 이해에 대한 하나님의 설명인 것처럼 사용되는 경우에는 존중되어서는 안 된다. 성서 본문이 우리의 심장이나 창자를 사용해서 생각하는 일(thinking with our hearts or intestines)에 대해 말할 때, 이는 우리가 성서의 권위를 진지하게 여긴다면 반드시 인정해야 할 과학적 개념을 제시하고 있는 것이 결코 아니다. 우리는 혈액의 펌핑을 위한 기관이나 소화기 계통이 인간의 인지 과정에 생리학적으로 관여하는 방식을 제시하고자 애쓸 필요가 없다. 이는 고대 과학의 맥락에서 이루어진 소통일 뿐이다. 같은 방식으로, 성서 본문이 궁창 아래의 물과 궁창 위의 물에 관해 말할 때(창 1:6) 우리는 궁창

　　　　　　　　　　　　아담과 하와의 잃어버린 세계

아래의 물과 위의 물을 가진 우주의 체계를 구성할 필요가 없다. 고대 세계에서는 누구나 궁창 위에 물이 있다고 믿었는데, 이는 비가 올 때 하늘에서 물이 내려왔기 때문이다. 그러므로 성서 본문이 "궁창 위의 물"(창 1:7)에 관해 말할 때, 이는 과학적 사실에 관한 권위 있는 계시를 전하는 것이 아니다. 설령 우리가 엄격하게 말해서 궁창 위의 물은 없다고 결론을 내릴지라도, 이는 성서 안에 존재하는 오류를 확인하는 것이 아니다. 오히려 그동안 우리는 하나님이 다른 곳에서 성서 본문의 권위를 인정하시는 것을 인식해왔다. 권위는 저자가 하나님의 계시의 대리인으로서 전하고자 하는 메시지와 연결되어 있다. 하나님은 그 계시를 가르치기 위해 몸소 고대 이스라엘의 세계에 적응하셨다. 그러므로 우리는, 비록 성서가 우리를 위해(사실은 모든 사람을 위해) 쓰인 것이 사실일지라도, 성서가 우리의 문화를 향해 제시되지 않았으며, 우리의 현대적 상황과 쟁점들로부터 제기되는 세계와 그것의 작동에 관한 질문들을 예상하지 않고 있음을 인정해야 한다.

현대적 개념들을 성서 본문 안으로 집어넣어 읽는다면, 우리는 권위가 우리 자신과 우리의 개념에 있다고 여기면서 성서 본문의 권위를 피하는 것이며 그 결과 이를 훼손하는 셈이다. 이것은 특별히 우리가 성서 본문을 마치 그것이 현대 과학—성서의 저자와 청중은 그것에 대한 지식을 갖고 있지 않았다—에 대해 언급하고 있는 것처럼 해석할 때 해당된다. 성서 본문은 그것이 결코 의미하지 않았던 것을 의미할 수 없다. 물론 성서 본문이 말하는 것이 현대 과학과 일치할 수도 있다. 하지만 그 본문은 현대 과학과 관련해 권위 있는 주장을 하지 않는다(예를 들어, 어떤 진술은 빅 뱅 우주론과 일치할 수도 있으나, 그 본문이 빅 뱅 우주론을 권위 있게 확증해주지는 않는다). 저자가 의미하는 것과 청중이 이해하는 것이 어떤 정보가 권위를 갖는지에 대해 제약을 가한다. 우리가 구약성서의 저자들이 의도한 것을 넘어서 확신을 가지고 나아갈 수 있는 유일한 길은, 다른 권위 있는 목소리(예를 들어 신약성서의 저자들)가 우리를 위해 그 본문의 의미를 확장해주는 경우뿐이다.

대신, 나는 성서에 관한 우리의 교리적 확언들(권위, 무오성, 무류성 등)은 인간 의사 전달자들이 의도했던 메시지에 부속된다고 주장한다(그 메시지가 신적 의사 전달자에 의해 주어지기 때문이다). 따라서 이는 우리가 그들이 믿었던 모든 것을 믿어야 한다는 것이 아니라(그들은 견고한 하늘[궁창—역주]이 있다고 **믿었다**), 오히려 우리가 소통 행위에 대한 우리의 연루됨을 드러내야 한다고 말하는 것이다. 인간 의사 전달자들의 메시지의 형태는 그 기초를 그들의 언어와 문화에 두고 있다. 따라서 우리로서는 우리의 입장에서 그들이 믿는다고 추론할 수 있는 것과 그들이 의도했던 가르침의 핵심을 구별하는 것이 중요하다.[4] 그러므로, 예를 들어 이스라엘 백성이 견고한 하늘을 믿었고, 하나

---

4   Jerome조차 이런 구별을 인정했다. 그는 이렇게 지적한다. "성서의 많은 것들이… 그 문제의 실제적 진실을 따라서가 아니라 그 사건들이 발생한 시대의 의견을 따라서 말해졌다." Jerome, *Commentary on Jeremiah*, 28:10-11, trans. Michael Graves, Ancient

아담과 하와의 잃어버린 세계

님이 이스라엘과 소통하시면서 그런 모델에 적응하셨던 것은 놀랄 일이 아니다. 그러나 그 본문의 메시지는 우주의 지형의 참된 모양에 대한 단언이 아니므로 우리는 성서의 권위나 무오류성을 위험에 빠뜨리지 않은 채 그 상세한 내용을 안전하게 부인할 수 있다. 이런 우주의 지형은 인간 의사 전달자의 믿음의 세트(belief set) 안에 있으며 그들의 메시지의 내용이 아니라 소통의 틀 안에서 사용된 것일 뿐이다. 그런 믿음은 (특별하게는) 그들이 자신들의 개념을 고안하는 방식을 통해 혹은 (일반적으로) 의사 전달자가 하는 말의 맥락을 통해 식별할 수 있다. 종종 우리는 저자가 자신의 세계에 대해 가졌던 믿음을 본문의 메시지에 부적합하거나 중요하지 않은 것으로, 또한 그러하기에 본문의 권위와 무관한 것으로 여긴다. 같은 방식으로, 사람이 그의 창자를 통해 생각한다는 개념은 그들이 사용하는 표현과 성서의 인간 의사 전달자들의 믿음에 부속되어 있었던 것일 뿐, 그 계시의 의도가 생리학이나 해부학에 관해 어떤 확언을 하려는 것은 아니었다. 나는 이런 경우에 우주의 지형학과 해부학/생리학은 그저 소통의 틀의 일부일 뿐이라고 주장할 것이다. 이렇게 문화적으로 묶여 있는 개념들을 무시하는 것은 그 본문의 메시지나 권위를 위태롭게 하지 않는다. 장르 역시 소통의 틀의 일부이며 따라서 문화적으로 묶여 있다. 우리는 인간 의사

Christian Texts (Downers Grove, IL: InterVarsity Press, 2012), p. 173. 나는 Michael Graves가 이를 인용해준 데 대해 감사한다.

전달자의 의도를 적절하게 이해하기 위해 먼저 장르의 문화적 측면과 형태를 설명해야 한다.[5] 그 스펙트럼의 다른 쪽 끝에서 우리는, 일단 본문의 메시지를 이해한 후에 이를 우회하면서 일반적인 적용(예를 들어 "하나님과 이웃을 사랑하라. 그러면 충분할 것이다" 같은)만을 얻으려 해서는 안 된다. 이는 의사 전달자가 사용한 장르에 내포되어 있는 메시지를 그저 하나의 적응으로 그리고 잠재적으로 잘못된 것으로 일축하는 셈이다.

성서 본문의 권위와 무오성은 그것이 확언하는 것에 부속되어 있으며 전통적으로 그래왔다. 이런 확언들은 과학적 성격을 갖고 있지 않다. 성서 본문은, 비록 그것이 고대의 청중이 그렇게 믿었던 것이기에 그런 용어를 사용해 뜻을 전하기는 할지라도, 우리가 우리의 창자를 통해 생각한다고 확언하지 않는다. 또한 성서 본문은 궁창 위에 물이 있다고 확언하지 않는다. 그러므로 우리가 다뤄야 하는 문제는, 과연 성서 본문이 그것의 권위를 실어서 인간의 물질적 기원에 관해 무언가 확언을 하고 있는가 하는 것이다. 그러므로 비록 성서 본문의 소통이 고대 세계의 모든 사람이 믿었던 "과학"과 개념들을 채택할지라

---

5   이런 기법은 K. Lawson Younger Jr., *Ancient Conquest Accounts: A Study in Ancient Near Eastern and Biblical History Writing* (Sheffield: JSOT Press, 1990); John H. Walton, *The Lost World of Genesis One: Ancient Cosmology and the Origins Debate* (Downers Grove, IL: InterVarsity Press, 2009; 『창세기 1장의 잃어버린 세계』[그리심 역간])에서 예시된다.

도(생리학과 궁창 위의 물에 대해 그렇게 했듯이), 우리는 이를 그 본문의 권위적인 계시나 확언으로 여기지 않을 것이다.

그렇다면 문제는 성서 안에 과학과 관련된 어떤 새로운 계시가 존재하는가 하는 것이다. 이 문제는 성서가 세상에서 발생하는 역사적 사건들—예를 들어 역병이나 홍해의 갈라짐 같은—에 대해 하는 진술과는 상관이 없다. 이런 역사적 사건들은 본질상 (현상적 측면뿐만이 아니라 사전 경고, 타이밍, 선택적 표적 삼기의 측면에서도) 과학의 설명 능력을 넘어서는 특별한 발생을 포함한다. 오히려 문제는 정기적으로 발생하는 사건들과, 우리 주변 세계의 정상적인 역학 및 작용과 상관이 있다. 성서는 이런 것들에 대한 개정되거나 최신의 설명을 제공하는가? 나는 그렇지 않다고 주장할 것이다. 성서에서 묘사되는 바 세계의 규칙적인 운영의 모든 측면은 고대 세계의 관점과 개념, 즉 이스라엘이 고대 세계의 다른 모든 민족과 더불어 믿었던 개념들을 반영한다. 비록 성서 본문이 하나님과 그분의 성품 및 그분의 사역의 본질과 관련해 많은 계시를 제공하기는 하나, 거기에는 하나님이 세상의 규칙적인 운영(우리가 자연과학이라고 부르는 것)과 관련해 이스라엘에게 제공하시는 새로운 정보는 단 하나도 들어 있지 않다. 성서 본문은 철저히 고대의 것이며 그 상황 속에서 의사를 전달한다.

이는 성서 본문이 고대인들이 이해하지 못했던 과학(예를 들어 홍수의 역학 같은)을 포함하는 역사적 사건들을 보도하는 것을 배제하지 않는다. 이런 경우에 성서는 과학적 계시를 **제공하는 것이** 아니다. 성서는 과학의 문제들에 대해 **침묵하는 것이다.** 우리가 상정하는 과학적 설명이 무엇이든, 그것은 (우리의 해석이 그런 권위를 갖지 않는 것처럼) 성서 본문으로서의 권위를 갖지 않는다. 이런 통찰을 인간의 기원에 관한 성서의 견해에 적용할 때, 우리는 그 본문이 신학적 확언(행동하시는 하나님, 그분의 형상을 입은 인간 등)을 제공하기도 하고 역사적 사건들에 대한 설명을 제공할 수도 있으나(이는 장르 분석의 문제가 될 것이고 나중에 논의될 것이다), 자연의 메커니즘에 대한 설명을 제공하지는 않는다는 것을 발견하게 된다. 하나님이 그 일을 하셨다. 하지만 성서 본문은 그분이 그 일을 하신 방법에 대한 과학적 설명을 제공하지 않는다. 대신 그 본문은 기원의 문제를, 비록 정확한 신학에 의해 정보를 제공받고 있기는 하나, 고대 세계의 관점에서 묘사한다.

우리는 무엇보다도 그 본문이 말하는 것과 말하지 않는 것에 면밀하게 주목하는 방식으로 하나의 고대 문서로서의 본문의 주장들을 이해하기 시작할 수 있다. 우리가 우리 자신의 문화, 인지 환경, 전통 혹은 문제들에 기초해서 억지스러운 가정을 하기는 아주 쉽다. 우리가 외부인 독자로서 우리의 현대적 견해를 취해 이를 본문에 강요하지 않으려면 어느 정도의 훈련이 필요하다. 종종 우리는 자신이 이런 일을 하고 있다는 사실을 인식조차 못하는데, 이는 우리 자신의 상황이 우리의 사고에 너무나 깊이 내재되어 있고 고대 세계는 우리에게 알려져 있지 않기 때문이다. 고대의 사고와 현대의 사고 사이의 차이를 인식하는 최선의 길은 고대 세계에 주의를 기울이는 것이다. 이는 고대

아담과 하와의 잃어버린 세계

세계의 문헌을 살피는 일에 몰입함으로써 이루어진다. 고대 문헌은 결코 성서를 대체하지 않는다. 하지만 고대 문헌은 성서를 이해하기 위한 도구가 될 수 있다. 창세기의 처음 장들을 이해하고자 할 때 우리가 몰입해야 할 대상은 단지 고대 세계의 우주론 관련 본문에만 국한되지 않는다. 당대의 인지 환경을 이해하기 위한 단서들은 다양한 고대 문헌의 내용을 잘라 맞추는 식으로 얻어질 수 있다. 분명히 모두가 이 과업을 수행할 수 있는 것은 아니다. 모두가 히브리어와 그리스어를 마스터하기 위해 필요한 시간을 낼 수는 없는 노릇이기 때문이다. 원어에 대한 재능과 소명과 열정 그리고 그것을 공부하고 연구하고 사용할 기회를 가진 이들은 그렇지 못한 이들의 유익을 위해 그들의 전문적 지식을 사용할 수 있다.

이런 연구는 종교개혁자들이 전파했던 성서의 명확성(perspicuity)을 해치지 않는다. 종교개혁자들은 성서의 모든 부분이 어떤 평범한 독자들에게도 명쾌하다고 주장했던 것이 아니다. 사실, 이렇게 믿었다면 그들은 주석적 차원과 신학적 차원 모두에서 이루어진 복잡한 해석들을 설명하기 위해 그토록 수많은 책을 쓸 필요가 없었을 것이다. 오히려 그들은 심원하거나 신비롭거나 풍유적이지 않으며 오직 영적으로만 분별할 수 있는 성서의 "평범한 의미"(plain sense)가 있다고 주장하려 했다. 그리고 이런 평범한 의미에는 누구나 접근할 수 있었다.

역사의 대부분의 기간에 학자들은 고대 세계로부터 나온 정보에 접근할 수 없었고 따라서 자신의 해석에 이런 정보를 이용할 수 없었다. 초대 교부들 역시 (3세기 바빌로니아의 제사장 베로수스[Berossus]를 자주 언급했던 것을 통해 드러나듯이) 고대 세계에 관한 정보를 얻는 데 관심을 갖고 있었으나, 당시에 그들은 매우 제한된 자료만을 갖고 있었다. 그러나 19세기 중반 이라크에서 대규모의 고고학적 발굴 작업이 이루어지기 시작한 이후로, 1백만 개 이상의 설형문자로 된 문서가 발굴되었고 그로 인해 우리가 고대 세계에 관한 중요하고도 새로운 통찰을 얻을 수 있는 고대 문헌이 드러나게 되었다. 그리고 이는 하나의 고대 문서로서의 창세기의 처음 장들에 대한 우리의 해석을 위한 기초를 제공해준다.

창세기를 고대 문헌으로 다루는 과정에서 우리는 그동안 교회사를 가득 채워왔던 수많은 해석자들의 통찰을 무시하기를 원치 않는다. 한편, 우리는 이런 해석자들이 단일한 목소리를 낸 적이 거의 없음을 알고 있다. 신조와 공의회들이 핵심적인 신학적 쟁점들에 관한 나름의 결론을 제시했고 종종 그런 결론들이 오늘날의 교리를 위한 합의가 되었던 것은 사실이다. 그러나 창세기의 처음 장들을 해석하기 위한 새로운 시도를 조롱하는 것은 해석자들의 습관이 아니었다. 왜냐하면 그들의 선조들은 나름의 다양한 결론에 도달했었기 때문이다. 마르틴 루터(Martin Luther)는 창세기에 관한 자신의 논의를 다음과 같은 주장으로 시작한다. "오늘날까지 교회 안에서 그 장의 모든 내용을 적절한 솜

아담과 하와의 잃어버린 세계

씨로 설명했던 이는 아무도 없었다."⁶ 그러므로 우리는 재해석으로 이어질 수도 있는 새로운 지식을 찾는 일을 단념하라는 설득에 넘어가서는 안 된다. 왜냐하면 이런 일을 할 때 우리는, 비록 그들의 어깨 위에 올라타고서이기는 하나, 우리보다 앞선 해석자들의 발자취를 따르고 있는 셈이기 때문이다.

---

6   Theo M. M. A. C. Bell, "Humanity Is a Microcosm: Adam and Eve in Luther's Lectures on Genesis (1534-1545)," in *Out of Paradise: Eve and Adam and Their Interpreters*, ed. Bob Becking and Susan Hennecke (Sheffield: Sheffield Phoenix, 2010), pp. 67-89의 논의를 보라.

고대 세계와 구약성서에서 창조는
그 초점이 역할과 기능을 부여함으로써
질서를 세우는 일에 맞춰진다

우리는 물질적인 것에 궁극적이지는 않을지라도 높은 가치를 부여하는 문화에서 살고 있다. 우리의 인지 환경 안에서 과학은 가장 믿을 만한 진리의 근원으로서의 탁월한 지위를 갖고 있으며, 지식과 관련해서는 절대적 권위의 역할을 한다. 그 결과, 우리가 (일반적으로) 우주의 기원에 대해 혹은 (특별하게) 인간의 기원에 대해 생각할 때, 우리의 인식론(epistemology, 무언가를 안다는 것은 무엇을 의미하는지 그리고 우리는 우리가 아는 것을 어떻게 아는지를 탐구하는 학문)은 과학적 기준에 의해 좌우되고, 우리의 존재론(ontology, 무언가가 존재한다는 것은 무엇을 의미하는가 그리고 무언가의 존재를 구성하는 것은 무엇인가를 탐구하는 학문)은 본질적으로 분명하게 물질적인 특성을 지니게 된다. 우리 문화 속의 많은 이들은 경험적이거나 물질적인 것만을 인정하는 엄격한 물질주의자이자 (혹은) 자연주의자다.

이런 분위기에서 살아가는 우리가 기원의 문제에 관해 생각할 때 물질적 맥락에서 생각하는 것은 놀랄 일이 아니다. 만약 존재가 물질적으로 정의된다면, 무언가를 존재하게 하는 것(즉 창조하는 것) 역시 물질적 맥락에서 이해될 것이다. 그동안 이런 식의 사고가 우리의 문화를 너무나 강력하게 지배해왔기에, 우리는 혹시 우리가 달리 생각할 여지가 있지 않을까 하는 의문조차 갖지 못한다. 우리는 우리를 위한 다른 선택에 대해 생각하지 않을 뿐 아니라, 다른 시대와 장소에 속한 다른 문화들이 달리 생각할 수도 있다는 가능성에 대해서도 고려하지 않는다. 창세기의 처음 장들을 읽을 때 우리는 그 장들이 창조에 대해 논의하고 있으니 당연히 그것들이 물질적 우주의 문제에 초점을 맞추고 있다고 생각한다. 우리는 성서 본문의 내용을 무차별적으로 우리의 물질적 관점에서 읽고는 자신이 이를 문자적으로 읽고 있다고 여긴다.

그러나 앞 장에서 논의했듯이, 고대 세계의 인지 환경은 우리와 크게 달랐다. 그러므로 우리는 성서 본문에 우리의 문화적 가정들을 반사적으로 적용하지 않도록 조심해야 한다. 사실, 이렇게 하는 것은 그 본문을 그것이 말하고 있지 않은 개념과 연결시킴으로써 그것의 권위를 훼손하는 일이나 다름없다. 성서를 진지하게 다루는 사람으로서 우리는 이 본문을, 인간 의사 전달자가 하나님의 계시에 관해 우리에게 알려주는 바를 얻기 위해 읽어야 한다. 그리고 인간 의사 전달자는 그의 고유한 인지 환경이라는 상황 속에서 그 일을 수행할 것이다.

그러므로 이 책에서 우선 우리는 가능한 한 우리 자신의 문화적 가정들을 밀쳐두고 성서 본문이 말하는 것을 얻기 위해 이를 읽고자 애쓸 것이다. 성서 본문에 대한 연구를 통해 얻은 통찰들로 무장한 후에 우리는 더 광범위한 고대 근동의 문화적 상황을 살핌으로써 성서가 그것과 공통의 이해를 드러내는 방식을 헤아리고, 하나님의 계시가 실재에 대한 새로운 비전을 통해 이스라엘인들을 그들에게 익숙한 사고방식으로부터 빼내어 해방시키는 방식을 확인할 것이다. 우리는 성서에서 우리의 과학적 질문의 답을 찾는 일로 시작해서는 안 된다. 성서는 과학을 계시하지 않으며, 성서의 저자들과 청중은 우리의 과학적 사고에 대해 알지도 못하고 관심도 없다. 우리의 질문은 그들의 마음속에

아담과 하와의 잃어버린 세계

서는 공명하지 않으며 그들에게 어떤 의미도 주지 않는다. 또한 우리는, 만약 아직 우리가 성서 본문을 그 원래 맥락에서 이해하지 못하고 있다면, 성서가 어떻게 그리고 어디에서 오늘날 우리가 가진 과학적 사고와 조화를 이루는지를 살펴보는 일로부터 시작해서도 안 된다. 우리는 성서의 저자들과 청중 사이의 내부자 소통과 인지 환경을 이해하기 위해 고대 문헌과 고대 세계를 이해할 필요가 있다. 우리는 그들이 어떤 질문에 답하고 있었는지, 그리고 성서의 의사 전달자가 그의 관점에서 확언하는 것이 무엇인지 알고자 해야 한다. 권위를 갖고 있는 것은 성서의 주장이다. 그러므로 우리는 그런 주장들이 원래 의도했던 바에 초점을 맞춰야 한다.

그러므로 시작 단계에서 우리는 우리 자신이 고대 세계에서 "창조하다"(create)가 어떤 종류의 활동을 의미했는지를 알고 있다고 가정해서는 안 된다. 어떤 이들은 성서 본문을 "문자적으로" 취급하는 것에 가치를 둔다. 그리고, 비록 용어가 약간 애매하기는 하나, 우리 모두는 성서 본문을 더도 말고 덜도 말고 그것이 말하고자 하는 바를 얻기 위해 읽는 일의 가치를 인정한다. 그럼에도 불구하고 우리는 우리가 갖고 있는 영어 성서의 본문을 그렇게 주목을 받아야 할 궁극적인 것으로 여기며 만족해서는 안 된다. 왜냐하면 우리는 영어 성서의 본문이 오류가 있을 수도 있는 누군가의 해석이라는 것을 이미 알기 때문이다. 모든 번역은 해석이다. 그리고 우리는 영감을 받은 번역을 갖고 있지 않다. 그러므로 우리는 할 수 있는 최선을 다해 히브리 용어들과 그것의 뉘앙스를 분석해야 한다.

만약 "창조하다"(create)라는 번역어가 우리를 옳은 방향으로 이끌어간다면(나는 그렇다고 믿는다), 우리는 자신이 비존재로부터 존재로의 이동을 표현하는 동사를 다루고 있다는 개념으로부터 시작해야 한다. 결과적으로, "창조하다"로 번역된 동사에 대한 더 나은 이해를 얻을 수 있기에 앞서, 우리는 고대의 인지 환경 안에서 궁극적 존재를 구성하는 것이 무엇인지를 살펴보아야 한다. 우리는 고대인들이 우리의 물질주의적·자연주의적·과학적 관점과 가치 혹은 물질계에 대한 과도한 관심 등을 우리와 공유하고 있다고 여겨서는 안 된다. 우리는 이런 것들을 밀쳐두고 본문을 새롭게 읽어야 한다.

만약 창조가 비존재로부터 존재로의 이동을 포함한다면, 창조나 기원에 관한 이야기는 비존재에 대한 설명으로 시작될 가능성이 크다. 그러므로 어떤 이야기가 창조 이전의 원래 상황을 묘사하는 방식은 우리가 비존재가 무엇을 의미하는지 이해하도록 도울 수 있다. 이런 순서를 염두에 두고 우리는 기본적으로 다음과 같이 묻는다. 이것은 어떤 종류의 기원 이야기인가? 우리는 그것이 우리가 쓰는 것과 동일한 종류의 이야기라고 여겨서는 안 된다. 또한 우리는 우리의 직관이 우리를 바른 방향으로 이끌어 가리라고 여겨서도 안 된다. 직관은 문화적으로 형성된다.

최초의 상황은 창세기 1:2에서 묘사된다(그리고 창 2:5-6에서 다시 묘사된다). 사실, 고대 세계에서 나온 여러 우주론 관련 본문들을 살펴는 경우에, 우리는 이런 본문들이 공통적으로 비창조(non-creation) 즉 창조 이전 상황에 대한 묘사로 시작된다는 것을 알게 된다. 우리는 성서의 이야기를 살핀 후 이 문제로 다시 돌아올 것이다. 성서의 이야기는 창세기 1:1로 시작되는데 이 구절은 하나님의 어떤 실제적인 행동에 관한 서술이 아니다.[1] 대신, 널리 인정되는 것처럼 창세기 1:1은 그 장이 논의할 주된 문제에 대한 문학적 도입절의 역할을 하면서 하나님이 그 일에 개입하여 행하실 일에 대해 진술한다. 이런 결론을 지지해주는 중요한 증거는 (1) 창세기 전체를 통해 각 단락이 문학적 도입절과 함께 시작된다는 것(창 2:4; 5:1; 6:9 등), (2) 이 이야기가 제7일에 하나님이 그분의 일을 완료하셨다는 진술로 결론이 나는 형식을 갖고 있다는 것(창 2:2) 등이다. 이 일은 창조의 일이었고(창 1:1과 동일한 단어가 사용되는 창 2:3), 이때 창조된 것은 하늘과 땅이었다(창 2:1). 그러므로 하나님이 하늘과 땅을 창조하시는 일이 7일에 걸쳐 일어난 것이다. 창세기 1:1이 묘사하는 바는 그 7일에 속해 있지 않다. 그렇게 해서 우리는 창세기 1:1이 독자에게 그 7일 동안 무슨 일이 일어

---

1   우리가 이것을 알 수 있는 한 가지 방법은, 만약 하나님이 창 1:1에서 실제로 창조를 하셨다면 이는 그분이 그것을 "형태가 없게"(tōhû, 창 1:2의 상황) 창조하셨다는 것을 의미할 것이다. 하지만 사 45:18은 분명하게 그분이 세상을 "형태가 없게 창조하지 아니하시고"(he did not create it tōhû)라고 말한다. "그분은 그것을 공허하게 창조하지 않으셨다"(he did not Create it to be empty)라는 NIV의 번역은 유감스럽게도 "to be"라는 단어들을 덧붙여야 하는데, 이는 히브리어 본문에 나타나지 않을 뿐 아니라 히브리어 본문의 구문이 의미하는 것도 아니다.

날 것인지에 대해 말해주고 있음을 알 수 있다. "첫 번째 기간에[in the inaugural period, 이것이 '태초에'라는 히브리어의 본뜻이다] 하나님이 하늘과 땅을 창조하셨는데 그 대략은 이러하다." 그러므로 실제 이야기는 창세기 1:2에서 시작되는데, 거기서 우리는 창조 이전의 상황에 대한 서술을 발견한다.

창세기 1:2에서 우리는 물질(땅과 바다)이 이미 존재하고 있었고 이제 막 시작 단계에 있는 세상이 물과 흑암으로 덮여 있었음을 발견한다. 다시 말하지만, 우리는 고대 근동의 우주론들이 이런 특징을 공유하고 있었음을 알고 있다. 흑암과 바다는 무질서의 상황이다. 그러나 만약 물질이 이미 존재하고 있었다면, 우리는 그 본문을 통해 즉각 다음과 같이 질문하지 않을 수 없다. 만약 이 본문이 물질적 기원에 대한 설명을 하려 한다면, 어째서 물질이 없는 상황에서 시작하지 않는 것일까? 이는 우리의 궁금증을 유발한다.

창세기 1:2에서 제시되는 가장 중요한 표현은 NIV에서 "형태가 없고 공허하며"(formless and empty)라고 번역되는 "토후 와보후"(tōhû wābōhû)라는 히브리어의 조합이다. 이 단어들이 함의하는 바는 대체로 물질 같은 것이 존재는 했으나 형체는 없었다는 것, 그리고 무대는 있으나 연기자들이 없었다는 것이다. 우리는 과연 이것이 그 히브리어 단어들이 실제로 의미하는 바였는지를 살펴보아야 한다.

성서의 저자들은 우리에게 많은 책을 남겼다. 하지만 그 책들 중에 사전은 없었다! 그러므로 우리는 그들이 사용한 단어의 의미를 판단하기 위해 애를 써야만 한다. 그동안 이런 어휘 연구를 위한 방법론은 견고하게 확립되었으며, 이는 언어 및 언어가 작동하는 방식과 관련해 인정되고 있는 바에 기초를 둔 건강한 것으로 인정받고 있다. 단어는 그것이 보통 의미하는 바를 의미한다. 단어가 어떻게 쓰일 수 있는지 그리고 그것이 무엇을 의미하는지에 관한 일종의 사회적 계약 같은 것이 존재한다. 단어는 작은 집단에 속한 개인들 사이에서 사용되도록 새로운 의미를 얻을 수도 있다. 혹은 사회적 필요에 부응하기 위해 그 단어에 새로운 의미가 부가될 수도 있다. 이 모든 경우에 우리는 단어가 가진 의미를 그것이 사용되는 상황에 비추어 판단할 수 있다.[2]

"토후"(tōhû)와 "보후"(bōhû)의 조합은 히브리어 성서에서 두 번 더 나타난다(사 34:11과 렘 4:23; "보후"[bōhû]는 결코 단독으로 나타나지 않는다).[3] 이런 용례는 "보후"가 공허를 가리킨다고 판단해야 할 기초를 제공해주지 않는다. 용법은 단어의 의미를 정하는 데 충분하지 않다. 그러므로 유감스럽게도 우리는 "토후"의 의미와 관련해 판단할 수 있는 것에 만족해야 한다. 이 단어가 나타나는 스무 번의 경우에(그중 절

---

2 여기에 대한 더 많은 정보로는 John H. Walton, "Principles for Productive Word Study," in *New International Dictionary of Old Testament Theology and Exegesis*, ed. Willem A. VanGemeren (Grand Rapids: Zondervan, 1997), 1:161-71을 보라.

3 조합은 중요하다. 왜냐하면 때때로 단어들은 조합을 통해 의미를 가지는데 이때 의미는 그 단어들이 개별적으로 갖는 의미 이상을 전하기 때문이다(예를 들어 "assault and battery." assault는 폭행, battery는 불법적인 신체 침해를 의미하는데 이 두 단어가 합쳐져 강력한 폭행과 구타 행위를 의미하는 표현이 된다—역주).

반 이상이 이사야서에서 나타난다), 우리는 그것이 종종 광야 혹은 황무지를 묘사한다는 것을 발견한다(예를 들어 신 32:10; 욥 6:18; 12:24; 시 107:40). 이 단어는 파괴의 결과를 묘사할 수 있다(렘 4:23). 또한 아무런 목적이나 의미가 없는 것을 묘사하는 데 사용된다(예를 들어 우상들, 사 41:29; 그리고 그것을 만드는 자들, 사 44:9). 그리고 이 모든 용례들은 아무런 목적이나 가치가 없는 것이라는 개념 안에서 통합될 수 있다.

이로써 창세기 1:2이 묘사하는 처음 상황, 즉 비존재를 묘사하는 창조 이전의 상황은 물질이 결여되어 있는 상황이 아님이 분명해졌다. 오히려 그것은 질서와 목적이 결여되어 있는 상황이다. "형태가 없는"(formless)이라는 표현은 그다지 좋은 선택이 아닌데, 왜냐하면 이 표현은 여전히 초점이 물질의 모양에 있음을 의미하기 때문이다. 하지만 그것은 사실이 아니다. 이는 우리로 하여금 이스라엘 백성에게 창조는 물질의 부재가 아니라 질서의 부재를 해결하는 것이었다는 결론에 이르게 해준다. 만약 이런 "앞" 그림이 "비존재"를 의미한다면, 우리는 "존재"가 그들을 위한 물질적 범주(material category)가 아니라고 추론하게 된다. 오히려 그것은 질서정연한 상황과 관련된 기능적 범주(functional category)다.

이런 결론은 이집트의 우주론에서 더욱 확증된다. 이집트의 우주론에서 광야와 우주적인 바다는 비존재로 묘사된다. 그 분명한 물질성에도 불구하고 그것들은 존재한다고 간주되지 않는데, 이는 그것들이 질서정연한 세계의 온전한 일부가 아니기 때문이다. 이런 점은 수메르

아담과 하와의 잃어버린 세계

와 바빌로니아의 본문에서도 확증된다. 거기서 태초의 상태는 "부정적 우주론"(negative cosmology) 혹은 "존재의 부인"(denial of existence)으로 묘사된다. 창조의 부재는 주요한 신들이 살지 않고, 일광과 월광이 비추지 않고, 초목이 존재하지 않고, 의식을 집례할 제사장도 존재하지 않고, 각자의 의무를 수행하는 어떤 것도 존재하지 않는다는 특징을 갖는다. 이는 시간 밖에 존재하는 시간이다. 동일한 특징이 바빌로니아의 가장 유명한 우주론인 「에누마 엘리쉬」(Enuma Elish)의 첫 구절들을 통해 오랫동안 인식되어왔다.

> 그때 높은 곳에서는 하늘에 어떤 이름도 주어지지 않았고
> 아래에 있는 지하 세계도 이름으로 불리지 않았다.…
> 그때 어떤 신들도 나타나지 않았고
> 이름으로 불리지 않았으며, 어떤 운명도 정해지지 않았다.[4]

이런 본문은 창조 이전의 상태를 신적 대리자가 없는 상태, 즉 신들이 그들의 의무를 수행하지 않고 있던 때로 표현한다.[5] 그러나 창세기

---

4 *The Context of Scripture*, ed. William W. Hallo and K. Lawson Younger Jr. (Leiden: Brill, 2003), 1:111.

5 이는 수많은 예들 중 일부에 불과하다. 더 포괄적인 목록과 상세한 분석으로는 John H. Walton, *Genesis 1 as Ancient Cosmology* (Winona Lake, IN: Eisenbrauns, 2001), pp. 23-62을 보라. 『창세기 1장과 고대근동 우주론』(새물결플러스 역간).

에서 하나님의 성령은 수면 위를 운행하신다. 즉 신적 대리자가 행동할 준비를 하고 있는 셈이다.

창세기에 등장하는 오래된 기원 이야기의 성격을 밝히기 위한 다음 단계는 그 이야기에서 사용되는 동사를 살피는 일이다. "창조하다"로 번역된 히브리어 동사는 "바라"(bārā', 창 1:1, 21; 2:3)이고, "만들다"로 번역된 동사는 "아사"('āśâ, 창 1:7, 16, 26; 2:2, 3)다. 전자는 히브리어 본문에서 50여 차례 나타나고, 후자는 2,600번 넘게 나타난다. 나는 다른 지면에서 이와 관련된 상세한 논의를 했기에[6] 여기서는 몇 가지 결론을 요약만 하려고 한다.

우리는 성서 전체에서 동사 "바라"의 직접 목적어를 살펴보는 작업을 통해 이 동사가 본질적으로 물질적 존재와 관련되어 있지 않다는 결론을 내릴 수 있다. 비록 이 동사가 사용되는 경우 중 일부가 물질적 창조를 **가리킬 수는** 있을지라도, 그중 많은 경우는 그렇지 않다. "바라" 동사가 물질적 존재를 가리킬 수 있는 것은 그 동사의 행위의 초점이 실재물이라고 전제할 때뿐이다. 이 동사가 분명하게 실재물을 가리키지 않는 경우는 쉽게 질서, 조직, 역할, 기능 등을 초래하는 행위를 묘사하는 범주에 속할 수 있다(광야에 물이 흐르는 경우, 사 41:20; 장인이 연장을 만드는 경우, 사 54:16). "앞" 그림이 질서의 부재를 다루고

---

6   Ibid., 127-39; idem, *The Lost World of Genesis 1: Ancient Cosmology and the Origin Debate* (Downers Grove, IL: InterVarsity Press, 2009), pp. 36-43.

있기에 우리는 "바라"가, 종종 이 단어가 명백하게 그렇게 하듯이, 질서를 가져오는 일과 관련된다고 쉽게 결론을 내릴 수 있다.[7] 질서의 부재는 비존재를 묘사한다. 무언가를 "창조하는 것"(bārā')은 그것에 질서 잡힌 체계 안에서의 어떤 역할과 기능을 부여함으로써 이를 존재하게 만든다. 이는 우리가 현대 세계에서 기대하는 것과 같은 종류의 기원 이야기가 아니다. 지금 우리는 성서 본문을 고대 문서로 읽는 일에 몰입하고 있는 중이다. 이런 관점에서 보면, 창조의 결과는 **질서**다. 역할과 기능은 (고대 근동 문헌뿐 아니라 성서에서도) 분리와 명명을 통해 정해진다. 이런 것들이 창조의 행위다. 그것들은 본질상 물질주의적이지 않으며, 과학이 긍정하거나 부인하기 위해 살필 수 있는 무언가가 아니다.

두 번째 동사 "아사"(ʿāśâ)는 더 복잡하다. 히브리어를 배우는 학생들은 이 단어를 처음으로 접하면서 이것이 "~을 하다, 만들다"(to do, make)를 의미한다고 듣는다. 하지만 이런 내용은 이 동사의 용법의 범위를 포괄하지 못한다. 성서에서 2,600번 이상 나타나는 "아사"는 수많은 방식으로 번역된다. 그로 인해 우리는 이 단어가 "문자적으로 '만들다'를 의미한다"고 말할 수 없다. 이 단어는 아마도 창세기 1장에서 여섯 차례 사용된 것보다 훨씬 더 중요한 방식으로 출애굽기 20:11에

---

7 이는 Augustine가 사 45:7에 대한 논의에서 지적한 사항이다. *The Catholic and Manichean Ways of Life*, Fathers of the Church Patristic Series 56 (Washington, D.C.: Catholic University of America Press, 1966), pp. 71-72을 보라.

서 사용된다. "이는 엿새 동안에 나 여호와가 하늘과 땅과 바다와 그 가운데 모든 것을 만들고[ʿāśâ] 일곱째 날에 쉬었음이라." 이 구절은 창세기 1장의 여섯 날에 관한 그리고 그날들에 벌어진 일에 관한 논의에서 두드러지게 나타난다.

출애굽기 20:8-11의 맥락을 주의 깊게 살필 때, 우리는 6일 동안은 사람들 모두가 그들의 일을 "하고"(ʿāśâ), 제7일에는 어떤 일도 "하지"(ʿāśâ) 말아야 한다는 것을 알게 된다. 그러므로 우리는 이 본문에서 주어진 그 이유가, 하나님이 창세기 1장의 여섯 날 동안 그분의 일을 "하셨"기 때문이라는 납득할 만한 결론을 내릴 수 있다. 그분이 하신 일은 하늘과 땅과 바다를 만드신 것이었다. 사실 출애굽기 20장은 창세기 2:2-3을 언급하는데, 거기서는 제7일에 하나님이 그동안 "해"(ʿāśâ)오신 일(출 20장에서 "일"로 번역되는 것과 동일한 히브리어)을 완료하셨다는 점이 지적된다. 이어서, 가장 중요하게 우리는 창세기 2:3에서 그 일이 무엇이었는지에 대해 듣는다. 그 일은 그분이 "해"(ʿāśâ)오신 "창조"(bārāʾ)였다. 출애굽기 20:11에서 하나님은 그분의 일을 하시는데 그 일은 창세기 2:3에서 묘사된 창조다. "창조"(bārāʾ)는 하나님이 "하시는"(ʿāśâ) 일이다. "창조"는 질서 및 기능과 관련되는데, 바로 그것이 하나님이 하신 일이다.

만약 우리가 창세기 1장에서 "만들다"로 번역되는 모든 구절에 "하다"라는 동사를 대입한다면, 그로 인해 만들어진 영어 표현은 그다지 좋지 않을 것이다("하나님이 두 큰 광명체를 **하셨다**"와 같이). 그러나 다

아담과 하와의 잃어버린 세계

른 선택지는 얼마든지 활용이 가능하다. 실제로 NIV는 여러 곳에서 "아사"를 "제공하다"(18×) 혹은 "준비하다"(46×)로 번역한다. 만약 우리가 "하나님이 두 큰 광명체를 준비하셨다"거나 "하나님이 두 큰 광명체를 제공하셨다"로 읽는다면, 창세기 1장은 아주 다르게 읽힐 수도 있다. 이런 번역은 마찬가지로 "문자적"이다. 아마도 "아사"(*ā́sâ*)의 일반적 의미를 이해하기 위한 한 가지 방법은 그것이 어느 수준의 인과관계를 반영한다고 이해하는 것이다. (예를 들어 창 50:20과 암 3:6 같은 구절을 주의 깊게 살펴보라.[8]) 다시 말해, 어떤 수준에서든 인과관계는 이 동사에 의해 표현될 수 있다.[9]

이 동사의 다른 흥미로운 용법에는 다음과 같은 것들이 있다.

- "아사 네페쉬"(*ā́sâ nepeš*)는 "사람들을 너의 돌봄 아래로 이끌라"를 의미할 수 있다(창 12:5; 참조. 전 2:8).
- 바로의 명을 거역했던 산파들에게 하나님은 가족을 **제공해주셨다** (*ā́sâ bāttîm*, 출 1:21).
- 이스라엘인들은 대를 이어 안식일을 **기념해야** 한다(출 31:16; 참조. 출 34:22; 민 9:4-14; 등).

---

8   비록 Aristotle가 발전시킨 전문적으로 철학적인 범주들에서는 그렇지 않겠지만 말이다.

9   교회에서 이루어지는 유치부 수준의 교육에서 우리가 "하나님이 우리 모두를 만드셨어요"라고 말하는 것을 주저하지 않는다는 데 주목하라.

- 레위인들에게 직무가 **주어진다**(민 8:26).

- 제사장은 **임명된다**(왕상 12:31).

- "아사 샬롬"(*āśâ šalôm*)은 "질서를 세우다"를 의미한다(욥 25:2; 참조. 사 45:7).

창세기 1:26에서 하나님은 자신의 형상을 따라 인간을 "만들기로" 결심하신다. 이는 중요한 진술이지만, 우리는 그 진술이 그분이 단지 최초의 인간(들)에게만 독특하게 행하시는 일과 관련되지 않았음을 알아야 한다. 성서는 여러 곳에서 하나님이 우리 각각을 "만드신다"(*āśâ*)고 분명하게 전한다(욥 10:8-9; 31:15; 시 119:73; 139:15; 잠 22:2; 사 27:11; 43:7).

마지막으로, 동사 "아사"(*āśâ*)와 함께 사용되는 직접 목적어를 살필 때, 우리는 그 목적어가 물질이 아닌 경우를 여럿 보게 된다.

- 하나님은 이스라엘 백성(신 32:6, 15; 시 149:2; 호 8:14)과 다른 민족들(시 86:9)을 만드신다.

- 하나님은 달로 절기를 정하셨고(*āśâ*, 시 104:19),[10] 큰 빛들로 낮과 밤을 주관하게 하셨다(시 136:7-9).

---

10 여기서 초점이 "다스림"이라는 기능에 맞춰지는 데 주목하라(창 1:16). 이스라엘인들은, 비록 그들이 달을 하나의 물체라고 여기지는 않았을지라도, 여기서 "아사"(*āśâ*)라는 단어를 사용할 수 있었다.

- 하나님은 별자리를 만드셨다('āśâ, 욥 9:9; 암 5:8).
- 바람은 측정된다('āśâ, 욥 28:25).
- 하나님은 각각의 날을 정하신다('āśâ, 시 118:24).
- 하나님은 번개가 친 후 비가 내리게 하신다('āśâ, 시 135:7; 렘 10:13).

이런 예는 히브리인 의사 전달자들이 "아사"라는 동사를 사용할 때 반드시 물질적 형성과 관련된 행위를 염두에 두고 있지 않았음을 보여준다.

지금까지 우리는 창조의 행위를 나타나는 주요한 동사 중 오직 두 개만을 살펴보았다. 성서 전체를 통해 창조와 관련된 광범위한 진술들을 살핀다면, 우리는 성서의 의사 전달자들이 물질적이지 않은 것, 특별히 우주적 질서를 다루면서 자주 우리가 물질적 형성을 가리킨다고 여기는 단어들을 사용했음을 발견하게 될 것이다.

- 여름과 겨울을 만드셨다(시 74:17).
- 남쪽과 북쪽을 창조하셨다(시 89:12).
- 산이 태어나고 세계가 조성되었다(시 90:2; 산은 물질적이지만, 산을 태어나게 하는 것은 그 기원에 관한 물질적 묘사가 아니다).
- 레바논의 백향목을 심으셨다(시 104:16; 나무는 물질적이지만, 나무를 심는 것은 그 기원에 대한 물질적 묘사가 아니다).
- 하늘 위의 물을 지으셨다(시 148:4-5; 우리가 알기로 존재하지 않는

것에 용어가 적용되었다).

- 지혜로 집을 세우신다(잠 8:12, 22-29).
- 인간의 심령을 지으신다(슥 12:1).

결론적으로, 우리는 이런 동사들이 본질적으로 물질적 생산을 반영한다고 생각해서는 안 된다. 왜냐하면 이 동사들의 직접 목적어가 물질이 아니거나, 그것들이 우리가 과학적으로 실행 가능한 것으로 받아들이는 종류의 이해를 반영하지 않기 때문이다.

더 나아가, 우리는 하나님이 이런 창조 활동을 하시는 방식(창조하다, 만들다, 야기하다)이 때때로 "분리"(separating)와 "명명"(naming)을 통해서라는 점을 발견한다. 무언가를 다른 것으로부터 구분하는 일이 곧 그것을 창조하는 것이다. 무언가에 이름을 붙이는 일이 곧 그것을 창조하는 것이다. 예를 들어, 어떤 방에 이름을 붙이고 구별된 기능을 부여하는 것이 그 방을 다른 방들로부터 구분하고(분리하고) 그 방의 "창조"를 보여준다. 우리 집에 있는 방 하나는 이전 집주인들에 의해 식당으로 사용되었는데, 우리는 그 방을 그렇게 사용하는 것을 원치 않았다. 우리는 그 방을 "은신처"라고 부르기로 했고, 거기에 은신처로서의 기능을 부여하고 은신처에 필요한 가구를 배치했다. 그리고 그 방을 그런 식으로 사용하기 시작했다. 그 이름과 기능에 의해 그 방은 우리 집에 있는 다른 방들과 구별되었고, 그렇게 해서 은신처가 창조되었다. 그리고 그것은 좋았다(우리가 그것에게 의도했던 기능을 했다). 이

아담과 하와의 잃어버린 세계

는 명명, 분리, 기능을 정하는 일이 어떤 방을, 그리고 그런 방으로서의 존재를 창조하는 일에서 수행하는 역할을 보여주는 좋은 사례가 될 수 있다. 또한 중요한 것은, 분리와 명명이 고대 근동의 나머지 지역에서도 주요한 창조 활동이었음을 깨닫는 것이다. 예를 들어, 앞서 인용했던 바빌로니아의 유명한 창조 서사시 「에누마 엘리쉬」(*Enuma Elish*)의 첫 구절들을 보라(47쪽 참고).

논의의 이 단계에서 우리는 짧게나마 "무로부터"(*ex nihilo*)라는 개념에 관해 말해야 한다. 창세기 1장 본문을 어떤 물체를 만들어내는 것이 아니라 질서와 기능성을 초래하는 것으로 이해하는 해석은, 그 7일 동안의 활동이 무로부터의 창조가 아님을 인정하는 것이다. "무로부터"는 물질적 범주다. 하지만 그것이 늘 창조의 핵심이었던 것은 아니다.[11] 만약 창세기 1장이 물질적 기원에 관한 이야기가 아니라면, "무로부터"는 그 이야기에 적용되지 않을 것이다. 그러나 하나님이 물질적 우주를 창조하셨을 때(분명히 그분은 그 일을 하셨다), 그분은 이를 "무로부터" 창조하셨음에 주목하라. "무로부터"라는 가르침은 창세기 1장이 아니라 요한복음 1:3과 골로새서 1:16로부터 나온다. 이 두 신약성서 구절 모두에서 강조점은 창조된 물체가 아니라 하나님의 아들의 권위와 지위에 있다. 다시 말해 "무로부터"의 창조는 여전히 신학적

---

11 교부 문헌에서(예를 들어 Athanasius) 대화의 주제는 존재론적이었고 비우연성(non-contingency)을 다뤘다. 내게 이런 점을 지적해준 Jonathan Walton에게 감사한다.

으로 건전하지만(사실 하나님은 비우연적 존재이시기에, 핵심적이지만),
문학적으로 이것은 창세기 1장의 논의에 속해 있지 않다. 여기서 성서
본문이 하는 이야기는 물질적 기원에 관해서가 아니다. 성령의 인도
를 받았던 성서의 저자들은 자신에게 가장 중요한 이야기(질서 잡히고
제 역할을 하는 우주의 기원)의 일부를 썼다. 그리고 틀림없이 이것은 신
학적으로도 중요했을 것이다. 하나님은 단지 우주를 만드신 것이 아니
라, 무슨 이유에선가 우주가 어떤 방식으로 작동하도록 만드셨으며 매
순간 그것의 질서를 유지하고 계시다.

고대 우주론들은 물질적 우주가 여러 기능을 수행할 수 있도록 질
서가 잡혀 있음을 인정했지만 물질적 기원에 대해서는 별 관심이 없었
다. 나는 다른 지면에서 이에 대해 길게 논의한 적이 있기 때문에 여기
서는 그 설명을 되풀이하지 않을 것이다.[12] 하지만 이 장의 결론을 내
리기에 앞서 우리는 창세기가 전하는 7일간의 이야기 속에 전반적으
로 물질에 대한 관심이 결여되어 있다는 데 주목할 필요가 있다. 이것
은 증거의 세 번째 분야이고(이미 우리는 출발점에 대해, 그리고 비존재로
부터 존재로의 이행을 의미하기 위해 사용되는 동사들에 대해 논의했다) 다
음 장의 주제다.

결론적으로, 창세기 1장이 질서의 확립과 관련된다는 개념은 필
연적으로 다음과 같은 두 가지 개념과 연결되어 있다(이것들을 이어지

---

12 Walton, *Genesis 1 as Ancient Cosmology*.

는 장들에서 다룰 것이다). 첫째, 성서의 맥락에서 질서는 성소와 관련되어 있다. 질서를 가져오고 성소를 세우는 것은 하나님의 임재다. 하나님이 질서의 근원이시라면, 성소는 질서의 중심이다. 그러므로 질서의 확립에 관해 말할 때, 우리는 결국 성소의 확립에 관해 말하는 셈이다. 우리는 4장에서 이 문제에 대해 더 상세하게 논의할 것이다.

둘째, 우리는 이 모든 논의가 이 책의 실제 초점, 즉 인간의 기원에 관한 질문을 제기한다는 사실에 유념해야 한다. 우주의 기원에 관한 이야기가 창세기 1장에 대한 우리의 생각보다 덜 물질적이라는 사실을 발견하듯이, 우리는 인간의 기원에 관한 논의가 우리의 생각보다 물질에 대한 관심이 덜하다는 점을 발견하게 될 것이다.

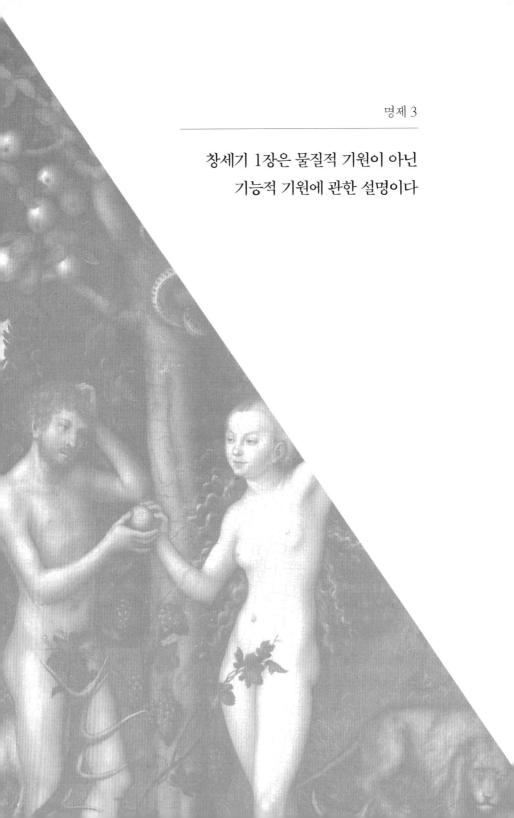

창세기 1장은 물질적 기원이 아닌
기능적 기원에 관한 설명이다

앞 장에서 나는 성서 본문을 포함해 고대 세계에서 창조 활동이 주로 질서를 가져오고 기능과 역할을 부여하는 측면에서 설명되었다는 증거를 제시했다. 이 활동에는 명명과 분리가 포함되어 있었다. 이런 견해는 고대 근동 전역에서도 발견된다. 이 장에서 나는 다음 단계로 나아가 7일간의 이야기가 어떻게 물질적 생산보다 질서와 기능에 초점을 맞추고 있는지를 보일 것이다.

앞 장에서 우리는 창세기 1장에서 시초가 아무런 질서나 기능도 없었던 때였음을 보았다. 고대 세계에서 이런 서술이 의미하는 바는 아무것도 존재하지 않았다는 것인데, 왜냐하면 존재는 오직 질서가 잡힌 상태와만 관련되기 때문이다. 이제 우리는 그 7일 각각을 살피면서 과연 이야기의 강조점이 물질과 질서 잡힌 환경 중 어느 쪽에 놓이는지를 알아볼 것이다.

첫째 날

첫째 날 활동의 최종적 결과는 낮과 밤이라는 이름을 부여하는 것이었다. 우리는 하나님이 빛을 "빛"이라고 부르지 않으신다는 데 주목한다. 그분은 빛을 "낮"이라고 그리고 어둠을 "밤"이라고 부르신다. 그렇게 해서 우리는 이야기의 초점이 빛과 어둠이 아니라 낮과 밤에 놓여 있음을 알게 된다. "낮"은 빛의 기간에 대한 이름이고, "밤"은 어둠의 기간에 대한 이름이다(창 1:5). 이런 기간들은 그것들이 서로에게서 분리되었을 때 "창조되었다." 이는 물리학에 대한 논의가 아니다. 그리고 이스라엘의 청중은 여기서 물질과 관련된 어떤 것도 보지 못했을 것이다. 이 첫째 날에서 성서 본문은 물질적인 무언가가 존재하게 되는 일에 대해 이야기하고 있지 않다. 그보다는 빛/어둠 그리고 밤/낮 기간의 교차가 시간의 기원을 구성하는 일에 관해 말한다. 시간은 우리의 존재에 질서를 부여한다. 시간은 물질이 아니라 기능이다. 첫째 날에 하나님은 낮과 밤 즉 시간을 창조하신다. 이 기원 이야기가 시작될 때, 이스라엘의 청중은 이야기가 물질에 초점을 맞추고 있다고 여기지 않았을 것이다.

이 모든 일은 하나님이 "…있으라"라고 말씀하시는 것을 통해 이루어지는데, 이는 하나님의 말씀의 능력을 보여준다. 그분의 명령이 빛을 존재하게 한다. 다시 반복하지만, 우리는 이 본문의 진술을, 이스라엘의 청중이 "존재"가 의미한다고 여겼던 바를 인식하며 이해해야한다.

둘째 날

둘째 날은 또 다른 분리 활동과 더불어 시작된다. 궁창 위의 물과 아래의 물이 분리된다. 고대 세계의 모든 이들은 (때때로 물이 쏟아지기에) 궁창 위의 물과 (땅을 파면 물이 발견되고 물이 솟구치는 곳에는 샘이 있기에) 궁창 아래의 물이 있다고 믿었다. 여기서는 어떤 새로운 과학적 정

아담과 하와의 잃어버린 세계

보도 제공되지 않는다. 이 본문은 고대 세계의 모든 이들이 우주에 대해 생각했던 방식을 반영하며 그들이 기후와 관련해서 믿었던 바에 대해 특별한 의미를 지닌다. 하나님은 "궁창"(rāqîaʿ, 영어로 vault, expanse, firmament 등으로 번역된다)을 사용해 분리 작업을 수행하신다. 기원후 두 번째 천년기의 중반 이전까지 계속해서 이 용어는 비를 붙들어두고 있는 견고한 하늘로 이해되었다. 하늘이 견고하지 않다는 사실이 널리 인식되었을 때, 대기권의 더 낮은 층에 초점을 맞추는 번역, 즉 "창공"을 의미하는 expanse나 vault 같은 비기술적인 용어가 사용되기 시작했다.

고대 세계에서는 누구나 견고한 하늘을 믿었다. 그러나 그 하늘의 구성에 대해서는 다양한 의견이 존재했다. 이스라엘인들 역시 의심할 바 없이 견고한 하늘을 믿었다. 하지만 "라키아"(rāqîaʿ)가 견고한 하늘에 해당하는 단어인지는 불확실하다. 오랫동안 나는 이 단어가 그렇다고 믿었다.[1] 그러나 더 깊은 성찰과 최근의 연구를 통해 현재 나는 예전과는 다른 결론에 이르게 되었다. 내가 믿기에, 나는 견고한 하늘을 가리키는 또 다른 히브리어를 발견했다.[2] 만약 실제 사정이 이렇다면,

---

1 이 용어에 대한 내 논의로는 John H. Walton, *The Lost World of Genesis One: Ancient Cosmology and the Origins Debate* (Downers Grove, IL: InterVarsity Press, 2009), 55-57; idem, *Ancient Near Eastern Thought and the Old Testament: Introducing the Conceptual World of the Hebrew Bible* (Grand Rapids: Baker Academic, 2006; 『고대 근동 사상과 구약성경』[CLC 역간]), pp. 168-70을 보라.

2 이 히브리어 단어는 "쉐하킴"(šĕḥāqîm)이다. 특히 욥 37:18, 21에서 이 단어가 사용

라키아는 ("궁창"이 아니라—역주) 견고한 하늘에 의해 붙들려 있는 물의 분리를 통해 만들어진 "공간"을 가리키게 된다. 이 공간은 모든 피조물이 살아가는 공간이 될 것이다. 이 공간은 고대 근동의 우주론, 특히 그 공간을 수(Shu) 신과 연결시키는 이집트의 우주론에서 아주 중요하다. 고대의 우주론은 히브리어 성서에서도 드러난다. 거기서 해와 달은 이 공간 안에 함께 있다. 그러나 우리의 논의를 위해 가장 중요한 지점은, 여기서 우리가 물질의 형성을 소개받고 있는 것이 아니라는 사실을 인정하는 것이다.[3] 고대 이스라엘인들의 이해라는 측면에서 볼 때, 이 공간은 물질적이지 않다. (우리는 수소와 산소의 분자들이라는 개념을 도입해서는 안 된다. 이는 더 이상 그 본문으로 사고하는 것이 아니다.) 물의 분리, 견고한 하늘의 존재, 살아 있는 모든 것을 위한 공간의 설치는 (일반적으로는) 환경과 그리고 (특별하게는) 기상 체계(궁창 위의 물의 조절)와 관련되어 있다.

된다는 데 주목하라. 여기에 대한 온전한 논의로는 John H. Walton, *Genesis 1 as Ancient Cosmology* (Winoa Lake, IN: Eisenbrauns, 2001), pp. 155-61; or idem, *Job*, NIV Application Commentary (Grand Rapids: Zondervan, 2012), pp. 371-73을 보라.

3 만약 누군가가 라키아가 견고한 하늘을 가리킨다는 견해를 견지한다면, 여전히 창 1장을 물질적 기원에 관한 이야기로 여기는 것과 관련해 문제가 제기된다. 아마도 이스라엘인들은 견고한 하늘을 물질적 측면에서 생각했을 것이다. 하지만 우리는 물질적으로 견고한 하늘이 실제로 존재한다고 믿지 않기에, 결국 우리는 하나님이 실제로는 존재하지 않는 무언가를 창조하셨다고 주장하는 것으로 끝나게 될 것이다.

셋째 날

이 본문을 면밀하게 살필 때 우리는 비록 이런 활동들이 물질계의 구성 요소(물, 마른 땅, 식물)를 포함하고는 있지만, 거기에 사용된 동사들이 하나님이 그런 것 중 어느 것이라도 만드시는 일을 묘사하지 않는다는 사실을 발견하게 된다. 물이 모이고, 마른 땅이 드러나고, 식물이 자라난다. 이는 조직화 작업이고 질서를 세우는 일이지 형성 작업이 아니다. 식물이 성장하는 기능이 시작된다. 이런 질서를 세우는 것이 식량 생산을 위한 기초를 제공한다.

첫째 날부터 셋째 날에 이르기까지 우리는 논의의 초점이 인간 실존의 주요한 기능으로 확인될 수 있는 것이라는 측면에서 세상에 질서를 지우는 일에 맞춰지고 있음을 발견한다. 즉 이것들은 시간, 기후, 음식이다. 이 세 가지는 어느 장소 어느 문화에서나 그런 것으로 인정될 것이다. 왜냐하면 모두가 이것들이 우리가 존재하는 틀을 제공한다고 인정해왔기 때문이다. 이것들은 우리의 과학적 지식이나 지적 교양이 어떠하든지 간에 우리에게 우주에 대한 가장 중요한 이해를 전해준다. 우리는 창세기 본문이 이 세 가지를 반영하고 있음을 알 수 있다. 왜냐하면 하나님은 홍수로 인해 질서가 무너진 후에 이것들을 다시 세우시기 때문이다. 창세기 8:22에서 하나님은 이렇게 약속하신다.

땅이 있을 동안에는

심음과 거둠과 [음식]

추위와 더위와

여름과 겨울과 [기후]

낮과 밤이 [시간]

쉬지 아니하리라.

그러므로 첫째 날부터 셋째 날이 다루는 것은 물질의 형성이 아니라 질서를 세우고 기능을 확정하는 일이다.

넷째 날

처음 세 날의 이야기가 질서정연한 우주에 필요한 주요한 기능을 다뤘다면, 넷째 날부터 여섯째 날의 이야기는 이런 기능을 수행하는 존재들(functionaries)에 관해 논의한다.[4] 만약 이것이 물질에 관한 설명이 아니라면, 우리는 물질과 관련된 사건들의 순서에 대한 설명을 기대하지

---

4   구조 가설(framework hypothesis)이라고 불리는 창 1장에 대한 읽기는 첫째 날부터 셋째 날이 넷째 날부터 여섯째 날에 병행하는 것을 찾아내는 방식(첫째 날/넷째 날; 둘째 날/다섯째 날; 셋째 날/여섯째 날)을 인정한다. 나는 이런 문학적 구조화가 의도적이며 의미 있는 것이라는 주장에 동의한다. 그러나 구조 가설을 택하는 많은 이들은 거기서 만족하고 멈춘다. 그들은 7일 구조가 단지 문학적인 것일 뿐이라고 주장하고는 계속해서 앞으로 나아간다. 나는 우주에 질서를 지운다는 요소가, 문학적 구조화에 더하여, 그 이야기의 온전한 의도를 포착하기 위해서도 필요하다고 믿는다.

않을 것이다. 그러므로 우리에게는 첫째 날에, 비록 그때까지 해와 달과 별들이 창조되지 않았음에도, 빛에 대한 언급이 나오는 것이 문제가 되지 않는다. 첫째 날의 초점은 빛이 아니라 시간이었다. 그리고 지금까지 각각의 기능은 이런 기능을 수행하는 존재들과 별개로 취급되어 왔다.

우리로서는 기능을 수행하는 존재들에 관한 이 논의 안에 물질적 기원의 요소 역시 들어 있는지를 살피는 조사를 계속해 나갈 필요가 있다. 가장 먼저 말해야 할 것은, 고대 세계에서 사람들은 해와 달과 별들을 물질로 여기지 않았다는 점이다. 고대 이스라엘인들은 그것들을 빛을 만들거나 반영하는 물질이 아니라, 창세기 본문이 일컫듯 "빛"(lights, 개역개정에서는 "광명체"로 번역된다—역주)이라고 믿었다. 고대 세계의 다른 곳에서도 그것들은 신으로 간주되었다. 당시에는 아무도 태양이 불타는 가스 덩어리이며 달이 태양빛을 반사하며 궤도를 도는 바위 덩어리라는 것을 알지 못했다. 고대인들은 이 두 개의 빛이 매우 가까이 있다고(견고한 하늘 안에 박혀 있다고, 창 1:17) 믿었다. 그것들은 물체 혹은 물체가 되는 일이 아니라, 질서정연한 인간의 체계 안에서 지정된 역할을 얻는 일의 측면에서 논의된다. 예를 들면 다음과 같다.

- 낮을 밤으로부터 분리시킴
- 표시, 기념(날씨에 따른 계절이 아니라, 종교적 절기에 대한), 날과 해

• 낮과 밤을 주관함

고대 세계에서 별은 멀리 떨어져 있는 태양이라기보다는 견고한 하늘의 밑면에 새겨져 있는 것으로 간주되었다. 이스라엘인들이 이런 견해를 공유했는지는 분명하지 않다.[5] 그럼에도 이스라엘인들은 넷째 날에 일어난 일이 물질의 기원에 초점을 맞추고 있다고 여기지 않았을 것이다. 왜냐하면 그들은 별을 물질로 인식하지 않았기 때문이다. 오히려 그들은 이 이야기가 하나님이 이런 기능을 수행하는 존재들에게 할당하신 역할에 주목한다고 여겼을 것이다.

다섯째 날

이날의 이야기가 시작될 때 우리는, 하나님이 자신이 그것들을 만들었다고 말씀하시는 것이 아니라 물을 향하여 생물을 번성케 하라고 말씀하시는 것을 보게 된다. 넷째 날로부터 여섯째 날까지가 세상을 채우는 일과 관련되어 있다고 주장해왔던 이들은 옳다. 그럼에도 나는 하나님이 어떤 기능을 수행하는 존재들을, 마치 가구가 방을 채우고 아

---

5 유사한 견해에 대한 암시가 욥 9:7과 시 8:3; 147:7로부터 추론될 수 있다. 여기에 대한 추가적인 논의로는 John H. Walton, Victor H. Matthews and Mark W. Chavalas, *IVP Bible Background Commentary: Old Testament* (Downers Grove, IL: InterVarsity Press, 2000), loc. cit를 보라.

아담과 하와의 잃어버린 세계

름답게 장식하면서도 방의 역할을 수행하는 방식으로, 임명하시는 일에 관해 말하고자 한다. 이날, 새들은 둘째 날에 확립된 공간을 아름답게 수놓고, 바다 생물들은 궁창 아래의 물을 아름답게 수놓는다(이 생물들은 인간의 관찰 영역 안에 있는 것들이다—인간은 궁창 위의 물속은 들여다보지 못한다).

창세기 1:21에서 본문은 창세기 1:1 이후 처음으로 "창조하다"(*bārāʾ*)라는 동사를 다시 사용한다("하나님이 큰 바다 짐승들과⋯창조하시니"). 앞 장에서 우리는 "창조하다"가 이 이야기의 주된 활동을 보여준다는 것을 살펴본 바 있다. 왜냐하면 창세기 2:3은 "만들다"(*ʿāśâ*)라는 활동이 하나님이 "창조"(*bārāʾ*)를 이행하시는 방식을 보여주고 있음을 알려주기 때문이다. 역사를 통해 해석자들은 이런 구별의 의미에 대해 의구심을 보여왔다. 만약 "창조"를 질서정연한 시스템 안에서 어떤 역할과 기능을 부여하는 행위로 여기는 것이 옳다면, 이 구절은 놀랄 만한 주장을 하고 있는 셈이다. 고대 근동에서 바다 생물들은 경계 지역(liminal zone)에 속해 있었다. 결국 바다는 무질서의 화신이다. 그러므로 이 바다 생물의 역할에 관한 (그리고 과연 그것이 무언가 역할을 갖고 있었는지에 대한) 의문이 제기될 수 있다. 바다의 생물이든 사막의 생물이든 간에, 이 경계 지역의 짐승들은 때때로 무질서를 대표하는 것으로 언급된다(때로 이것은 그리스어로 다이몬[*daimon*]이라고 불리는 혼돈의 생물로 언급되는데, 그중 많은 것이 훗날 마귀[demons]로 분류되었다). 여기서 언급되는 "탄니님"(*tannînim*, NIV: "커다란 바다 짐승들"[great creatures of the sea])은 구약성서에서 혼돈의 생물에 속한 것으로 간주된다(욥 7:12; 시 74:13; 사 27:1; 51:9; 겔 32:2; 참조. 우가리트 문서에서 혼돈의 생물은 "툰나누"[tunnanu]다). 창세기 1장에서 이런 짐승들이 질서정연한 세계에 속한 것으로 묘사된다는 점은 주목할 만하다. 그리고 이는 "창조하다"(bārā')라는 동사의 사용을 통해 분명해진다. 이날 있었던 창조 사건들 역시 물질의 생산이 아니라 질서에 초점을 맞춘다.

"그 종류대로"라는 표현은 짐승이 번식하는 일에서도 질서가 우선함을 알리는 진술이다. 상어는 상어를 낳지, 게를 낳지 않는다. 전자리상어는 전자리상어를 낳지, 노랑가오리를 낳지 않는다. 이는 셋째 날에 하나님이 식물에게 각기 다양한 종류대로 씨를 낳으라고 명령하셨던 것과 같은 종류의 진술이다.

어떻게 질서를 지킬 수 있는지를 논의한 후에, 본문은 이제 다산(多産)의 축복을 통해 표현되는 기능에 초점을 맞춘다. 여기서 말하는 축복의 경우처럼, 고대 근동의 우주론에서 동물의 창조는 다산의 문제를 다룬다.[6] 바다 짐승의 역할은 하나님의 형상을 입은 인간들을 위해 준비되고 있는 세상을 장식하고 아름답게 만드는 것이다. 모든 기능과 이런 기능을 수행하는 존재들은 바로 그 의도된 목적, 즉 인간을 섬기는 일에 비추어 논의된다. 하나님이 우주에 질서를 세우시는 것은 그 우주가 자신을 섬기게 하시기 위해서가 아니라 인간을 섬기게 하기 위

---

6 Walton, *Genesis 1 as Ancient Cosmology*, pp. 173-74을 보라.

아담과 하와의 잃어버린 세계

해서다. 이는 우리가 고대 근동의 나머지에서 발견하는 바와 전적으로 다르다. 고대 근동의 다른 문서에서 신들은 우주가 자기들을 위해 어떤 역할을 하도록 만든다. 그리고 인간은 실용적인 측면에서 나중에 추가시킨 존재일 뿐이다.

여섯째 날

여섯째 날에 대한 묘사가 하나님이 땅을 향해 생물을 생산하라고 명령하시는 것으로 시작된다는 사실은 주목할 만하다. 이날이 이런 명령으로 시작됨을 볼 때, 우리가 이를 하나님이 다양한 계층의 짐승들을 "만드신"(ʿāśâ, 창 1:25) 중간 단계의 메커니즘에 대한 묘사라고 추론하는 것은 논리적으로 타당하다. 이런 연관성은 현대의 어떤 과학적 견해도 표현하지 않으며, 우리는 그것을 기대해서도 안 된다. 하지만 이것은 고대 세계의 견해와 일치한다.[7] 많은 짐승의 출생이 보호된 장소(동굴, 은신처 등)에서 일어나기에, 고대인들은 땅이 짐승을 낳는다고 (어린 짐승이 땅에서 솟아오르는 것처럼) 보았다. 이는 짐승의 최초의 출현만 가리키는 것이 아니었다.[8] 이는 한 가지 중요한 문제를 제기한다. 이 이

7　「니누르타의 공훈」(*Exploits of Ninurta*)이라고 알려진 작품의 본문 한 구절은 이렇게 말한다. "산들은 너를 위한 네발짐승을 많이 내어라."
8　목자였던 그들이 실제로 양과 소의 출생 과정을 보았고 그것과 인간 출생의 유사성을 인식했으리라는 것은 사실이다. 하지만 우리는 그들의 견해가 과학의 논리를 대표하

야기의 설명은 최초로 일어난 일이 아니라 늘 일어나는 일에 초점을 맞춘다. 밤과 낮은 계속해서 교차하고, 식물은 늘 싹을 내고, 태양은 늘 빛을 비추고, 짐승은 늘 새끼를 낳는다. 이런 사실을 인식할 때 우리는 이 이야기에 "하나님과 세계 질서"(God and World Order)라는 제목을 붙이고 싶어질 수도 있다.[9] 이런 제목은 본문에 새로운 정체성을 부여하며, 우리에게는 그것이 묘사하는 내용에 관한 다른 관점을 제공해줄 것이다.

다섯째 날에서처럼 짐승은 각기 종류대로 새끼를 낳으라는 명령을 받는다. 그러나 흥미롭게도 그 역할은 바다/공중 생물과 인간의 경우처럼 다산의 축복으로 표현되지 않는다. 즉 본문은 육지 짐승에게 부여된 생육하고 번성하라는 축복을 포함하지 않는다. 그러므로 우리는 그들의 역할이 번성하여 세상을 채우는 것이라고 말할 수 없다. 실제로 창세기 1:24-25은 이런 육지 짐승들의 기능을 지적하지 않으며, 그것들의 물질적 기원의 과정을 가리키지도 않는다. 하나님은 그것들을 만드셨다(ʿāśâ). 그런데 하나님은 도대체 왜 그것들을 만드신 것일까?

지 않는다는 것을 기억해야 한다. 이는 그들이 실제적이고 물리적인 출생 과정에 대해 논의하고 있었던 것이 아니라는 또 다른 증거다.

9 「엔키와 세계의 질서」(Enki and World Order)라고 불리는 고대 근동 문헌은 수메르의 신 엔키가 우주에 질서를 부여하는 모습을 묘사한다. http://etcsl.orinst.ox.ac.uk/cgi-bin/etcsl.cgi?text=t.1.1.3#을 보라. 내가 이 두 이야기가 내용적으로 공통점을 많이 가진다고 주장하는 것이 아님에 주의하라. 분명히 말하지만, 나는 성서가 수메르의 이 두 이야기로부터 무언가를 빌려왔다고 주장하지 않는다. 다만 나는 이 두 이야기가 결국 그 상황과 관련된 신의 명령에 의한 질서의 확립과 연관되어 있다고 주장할 뿐이다.

아담과 하와의 잃어버린 세계

육지 짐승은 온갖 종류의 서로 다른 역할을 갖고 있다. 그리고 하나님은 인간에게 그런 역할들을 식별하고 그것들을 할당하는 과업을 맡기실 것이다. 이런 한 가지 측면은 "여호와 하나님이 흙으로 각종 들짐승과 공중의 각종 새를 지으시고 아담이 무엇이라고 부르나 보시려고 그것들을 그에게로 이끌어 가시니 아담이 각 생물을 부르는 것이 곧 그 이름이 되었더라"라고 전하는 창세기 2:19에서 관찰된다. 여기서 우리는 이름을 부여하는 일이 창조 활동이며 역할과 관련된다는 것을 다시 한번 상기할 수 있다. 그러나 우리는 창세기 1장에 있는 여섯째 날에 관한 이야기로부터 또 다른 측면을 식별할 수 있다. 우리가 아는 대로, 여섯째 날에 관한 언급은 짐승에 관한 이야기로 끝나지 않으며, 따라서 여섯째 날의 기능적 질서는 창세기 1:24-25에서는 아직 나타나지 않는다고 할 수 있다. 나는 질서가 잡힌 체계 안에서 짐승이 가지고 있는 다양한 기능과 역할은 창세기 1:26에서 다뤄진다고 주장하고자 한다. 인간이 짐승들을 정복하고 다스릴 때 인간은 짐승들을 위해 이런저런 기능을 확인하고 그것들이 수행할 역할을 결정하게 될 것이다. 이 일, 즉 질서를 가져오는 과정을 지속함으로써 하나님을 위한 대리 지배자(vice-regents) 노릇을 하는 것이 인간이 맡은 역할의 일부다.

또한 여섯째 날의 이야기는 인간이 자신을 위해 질서가 잡혀가고 있던 세상에서 수행할 역할의 문제를 다룬다. 여기서 우리는 "만들다"(āsá, 창 1:26)와 "창조하다"(bārā', 창 1:27)라는 단어 모두가 사용되고 있음을 다시 발견한다. 동시에, 하나님의 형상에서 발견되는 것 중 가장 중요한 기능들에 분명하게 초점이 맞춰진다.

종종 하나님의 형상과 연관되는 독특하게 인간적인 능력(예를 들어 자기 인식, 하나님에 대한 의식 등)은 하나님의 형상으로서 우리가 맡은 역할을 수행할 능력을 우리에게 제공하지만, 이런 능력들 자체가 그 형상을 규정하지는 않는다. 이런 능력은 우리의 물질적 발전 과정에서 나타나는 신경학적 발달로서 적절하게 발전할 수 있다. 그러나 하나님의 형상은 하나님의 선물이지, 신경학적으로나 물질적으로 규정될 수 있는 것이 결코 아니다. 구약성서에서 하나님의 형상 개념은 다음 네 가지 범주로 이해될 수 있다.[10] 하나님의 형상은 하나님이 인간에게 주신 **역할과 기능**(예를 들어 창 1:23의 "정복하라"와 "다스리라" 같은 명령에서 발견되는),[11] 그분이 우리에게 주신 **정체성**(정의상 우리의 본질은 인간이다), 그리고 우리가 세상에서 그분의 임재를 드러냄으로써 그분의 **대리자**로서의 역할을 하는 방법과 관련되어 있다. 아시리아의 왕들이 자기가 정복한 도시나 중요한 경계에 자신의 형상을 세웠을 때, 결과적

---

10 범위를 신구약성서 전체로 확대하면, 몇 가지 범주를 더 확인할 수있다..

11 이는 우리에게 착취를 위한 면허를 주지 않는다. 우리는 하나님의 장소를 돌보는 자들이다. "정복하다"(subdue)로 번역된 히브리어(*kbš*)는 누군가 혹은 무언가를 통제하는 일을 가리킨다. "다스리다"(rule)로 번역된 히브리어(*rdh*)는 창 1:16-18에서 사용된 것과 다르다. 이 단어는 본질적으로 수여되거나 승인된 권위를 행사하는 일을 가리킨다. 여기에 대한 더 상세한 논의로는 John H. Walton, *Genesis*, NIV Application Commentary (Grand Rapids: Zondervan, 2001; 『NIV 적용주석-창세기』[성서유니온 선교회 역간]), p. 132에 있는 히브리어에 대한 설명과 pp. 139-45에 있는 몇 가지 실제적인 관찰 의견을 보라.

으로 그 형상은 왕이 그곳에 계속해서 임재한다는 것을 알려주는 역할을 했다. 마지막으로, 하나님의 형상은 하나님이 우리와 맺고자 하시는 **관계**를 나타낸다.

하나님의 형상의 이런 네 가지 측면은 각 개인만이 아니라, 더 중요하게는 집단으로서의 종 즉 인류와 연관된다. 이 주제는 이 책의 9장과 21장에서 상세하게 논의될 것이다. 지금 우리에게 중요한 것은 모든 인간이 나이, 육체적 능력이나 무능력, 도덕적 행위, 인종적 정체성혹은 성별과 상관없이 하나님의 형상을 입고 있다고 확언하는 것이다. 이 형상은 다른 이보다 어떤 이에게서 더 강력하게 나타나지 않는다. 그리고 이는 우리 모두에게 하나님의 특별한 은사를 받은 피조물로서의 위엄을 제공하는 그 무엇이다. 하나님의 청지기인 우리는 이 세상에서 그분의 일을 수행하는 과제를 맡고 있다. 우리는 그분이 시작하신 질서를 세우는 과정에서 그분의 조력자가 되어야 한다.[12]

창조의 6일에 대한 검토를 마치면서 우리는 그 6일 중 대부분의 날이 물질을 만들어내지 않았음을 알게 되었다. 물질성이 관심사일 수도 있다는 유일한 암시는 "만들다"($\bar{a}s\hat{a}$)라는 동사가 사용되는 것을 통해 나타난다. 그러나 오늘날의 독자가 그 단어의 사용을 당연한 것으로

---

12 하나님의 형상이 타락에 의해 흐려지고 그리스도 안에서 회복된다는 것은, 우리가 우리 길을 걸어갈 때 하나님의 프로그램 안에서 대리 지배자 노릇을 하는 우리의 능력이 방해를 받는다는 사실을 강조해준다. 이것은 우리의 정체성을 바꾸지 않는다. 하나님의 형상은 21장에서 상세히 논의될 것이다.

여길 수도 있는 구절들 중 일부에서조차 이스라엘인들은 물질적인 것에 대해 생각하지 않고 있었다. 더 나아가 나는 이 히브리어 동사 자체가 실제로 혹은 직접적인 물질적 인과관계가 나타나는 경우에만 본질적으로 물질적인 것으로 분석되는 것을 보면서, 그것이 과도하게 특수화되고 있다고 주장했다.

다른 한편으로, 우리는 이 본문이 질서와 기능에 대한 관심으로 가득 차 있음을 보았다. 이는 창세기 본문에서만 분명하게 드러나는 것이 아니라, 고대 세계의 우주론들이 기원에 관해 말하는 기본적인 방식이기도 하다. 이는 고대 세계에서 사람들이 존재와 기원에 관해 생각하는 지배적인 방식이다. 또한 아마도 이것은 더 중요한 신학적 주장이며, 모든 곳에 있는 모든 이들이 자신의 과학적 교양의 수준과 상관없이 이해할 수 있는 주장일 것이다. 만약 우리가 어째서 그것이 물질적인 동시에 기능적인 것이 될 수 없느냐고 묻는다면, 그 질문에 대한 답은 분명하다. 그것은 그렇게 될 수도 있다. 하지만 물질이 미리 정해진 해석(default interpretation)으로 간주되어서는 안 된다. 오히려 그것은 입증되어야 한다. 만약 이 본문의 날들(days)에 대한 보도가 하나님이 물질을 창조하시는 일에 관해 이야기하지 않는다면, 우리는 기원 이야기가 본질적으로 물질에 관한 이야기라는 문화적으로 결정된 전제를 기꺼이 무시해야 한다.

창세기 1장을 물질적 기원에 관한 이야기라고 여기는 이들조차 발설된 말의 효능에 대한 반복적인 언급에 주목해왔다는 사실은 흥미롭

아담과 하와의 잃어버린 세계

다. 어떤 연구자들은 다른 고대 우주론들을 살펴본 후, 이집트의 본문 하나(Memphite Theology)를 제외하고는, 창조가 결코 신이 발설한 말에 의해 수행되지 않는다고 결론 내렸다. 하지만 유감스럽게도 이것은 지나치게 협소한 견해를 제공할 뿐이다. 신들이 창조세계에 속한 모든 것의 운명(처음에만 해당되든 아니면 매년 반복되든 간에)을 결정하는 법령을 포고한다는 생각은 고대 근동 전역에 만연해 있었다.[13]

여러 고대 근동 문헌이 창조를 본질상 기능적인 것으로 말하고 있기는 하지만,[14] 「메리카레의 교훈」(*Instruction of Merikare*)을 간단히 살펴보는 작업은 독자에게 좋은 사례를 제공해줄 것이다.

신의 소 떼인 인간은 좋은 돌봄을 받는다.

신은 그들을 위해 하늘과 땅을 만드셨다.

그는 바다 괴물을 정복하셨다.

그는 그들의 코에 숨을 불어넣어 그들을 살게 하셨다.

그들은 신의 형상으로, 신의 몸으로부터 나왔다.

신은 그들을 위해 하늘에서 빛을 비추셨다.

그는 그들을 위해 식물과 소 떼를 만드셨고

그들을 먹이기 위해 새들과 물고기들을 만드셨다.

---

13 Walton, *Genesis 1 as Ancient Cosmology*, pp. 46-68에서 인용되는 본문들에 관한 더 충분한 논의를 보라.

14 Walton, *Genesis 1 as Ancient Cosmology*를 보라.

그는 그들을 위해 빛을 만드셨다.

그는 그들을 보기 위해 항해를 하셨다.

그는 그들 주위에 자신의 성소를 세우셨다.

그래서 그들이 울 때 그는 그들의 울음소리를 들으셨다.[15]

이 본문은 신이 우주에 명령을 내려 자신의 형상을 지닌 인간들을 위해 어떤 역할을 하게 한다는 개념을 분명하게 보여준다.

끝으로, 그동안 나는 이 자료를 제시하면서 사람들이 기원 이야기가 물질에 관한 것이라기보다 전적으로 기능과 역할과 질서에 관한 것이라는 개념을 이해하는 데 어려움을 겪고 있음을 알게 되었다. 우리가 창조에 대해 그저 추상적으로 말할 때(예를 들어 기능적인 창조나 물질적인 창조에 대해 말할 때), 이는 결국 현대적 범주로 되돌아가고 있는 것 아닌가? 그러므로 여기서는 우리가 하나의 유비를 사용해 설명하는 것이 바람직할 수 있다.

새로운 도시로 이주해야 할 필요가 있을 때 대개 미국인들은 새로운 거처를 찾아야 한다. 한 가족이 머물 곳을 찾아 이곳저곳을 방문할 경우, 그 가족 중 어떤 이들은 주택(house)의 물리적 구조를 살필 것이다. 지붕, 기초, 전기, 배관, 난로, 대체적인 상태 등을 무엇보다도 중요

---

15 Miriam Lichtheim, *Ancient Egyptian Literature* (Berkeley: University of California Press, 1973), 1:106.

하게 여기는 것이다. 반면에 다른 이들은 그 주택이 집(home)으로서의 역할을 잘할 수 있는지를 평가할 것이다. 가장 기본적인 것은 가정 내의 동선과 열린 디자인이 되는 것이다. 어느 방을 어떤 방식으로 사용할 것인가? 가구는 어디에 놓아야 적합할까? 아이들은 무엇보다 위층으로 달려 올라가 어느 방이 자기 것이 될지부터 살필 것이다. 이런 식으로 가족 중 어떤 이들은 주택에 대해 생각하고 다른 이들은 집에 대해 생각할 것이다.[16]

같은 방식으로 우리는 주택의 기원에 관해 혹은 집의 기원에 관해 말할 수 있다. 학생들이 저녁식사 초대를 받아 우리 집으로 올 때, 그들은 우리 가족이 사는 곳에 관해 물을 수 있다. 그때 그들이 알고 싶어하는 것은 배관이나 지붕의 상태가 아니다. 대개 그들은 우리가 살고 있는 주택이 언제 어떻게 지어졌는지에 대해 관심이 없다. 그들이 묻는 것은 그 주택이 언제 어떻게 우리 집이 되었는가 하는 것이다.[17]

---

16 이 유비를 내게 처음으로 제안한 이는 Leith Anderson이다.
17 여기서 나는 상세하게 말하기 어려운 이런 종류의 구분들에 관한 여러 다른 예들을 발전시켜왔는데, 그중에는 다음과 같은 것이 있다. 하나의 조직(집)의 기원 vs. 구성원들에게 거처할 곳을 제공하는 건물(주택)의 기원; 지역 교회(집)의 기원 vs. 사람들이 그 안에서 서로 만나는 건물(주택)의 기원; 나라(집)의 기원 vs. 사람들이 그 안에서 살아가는 지역과 지형(주택)의 기원; 사명과 교수진과 커리큘럼과 학생들을 가진 대학(집)의 기원 vs. 그 대학의 캠퍼스 건물들(주택)의 기원; 또한 우리는 이웃이 어떻게 묘사되는지에 관해 생각해볼 수 있다. 이웃은 이웃한 건물과 거리(주택)로 묘사될 수도 있고 그곳에서 살아가는 사람들(집)로 묘사될 수도 있다. 약간 다른 관점을 취하자면, 우리는 휴대용 컴퓨터의 물리적 특징(폴리머, 마더보드 위의 납땜)─물질적 논의─에 관해 말할 수도 있고, 소프트웨어와 애플리케이션들─질서와 기능─에 관해 말할 수도 있다.

나는 고대 세계에서 사람들이 주택의 기원보다는 집의 기원에 대해 훨씬 더 큰 관심을 갖고 있었다고 주장해왔다. 즉 그것은 어느 이야기를 말하느냐의 문제다. 고대인들은 주택을 이루는 물질이 어떻게 존재하게 되었는지에 대해 관심을 가졌던 것이 아니다. 하나님이 그 일을 하셨고 그들로서는 그것으로 충분했다.[18] 그들이 더 큰 관심을 가졌던 대목은, 그 주택(우주)이 어떻게 해서 인간을 위한 집이 되었는가였다. 하지만 그들이 그보다 훨씬 더 중요하게 여기며 관심을 가졌던 것은, 하나님이 어떻게 그 주택을 그분 자신의 집으로 만드셨는가였다. 창세기의 7일에 걸친 기원 이야기는 **"집 이야기"**(home story)이지 **"주택 이야기"**(house story)가 아니다. 이는 현대 세계에서 살아가는 우리가 기대하는 것과는 다른 종류의 기원 이야기다. 하지만 우리가 그것이 왜 중요한지를 이해하는 것은 어렵지 않다.

---

18 구약성서와 신약성서 모두에서 등장하는 구절들이 이를 확증해준다. 구약성서에서 하나님이 땅을 만드시거나(시 136:6; 사 42:5; 44:24) 땅의 기초를 놓으신다(욥 38:4; 시 24:2; 102:25; 104:5; 사 48:13; 슥 12:1)는 진술은 그분이 주택의 건설자라고 지적한다. 신약성서 중 요 1:3에서는 유사한 확언이 발견된다. "만물이 그로 말미암아 지은 바 되었으니 지은 것이 하나도 그가 없이는 된 것이 없느니라." 골 1:16 역시 유사한 진술을 한다. "만물이 그에게서 창조되되 하늘과 땅에서 보이는 것들과 보이지 않는 것들과…." 한편 바울은 특별히 "왕권이나 주권이나 통치자나 권세들"에 대해 묘사하는데, 이것들은 질서 및 역할과 관련된다. 히 1:2은 그리스도를 하나님이 그로 말미암아 "모든 세계"(universe)를 지으신 분이라고 확인해준다. 하지만 이 본문이 우주(*kosmos*)가 아니라 영원(*aiōnas*)을 가리키면서 결국 물질적 지향보다는 기능적 지향을 드러내고 있음은 주목할 만하다(히 11:3도 마찬가지). *Aiōnas*는 대체로 공간성과 물질성의 측면이 아니라 시간과 역사의 측면에서 세상을 가리킨다.

아담과 하와의 잃어버린 세계

요한복음 14:2-3에서 예수는 다음과 같이 말씀하신다.

내 아버지 집에 거할 곳이 많도다. 그렇지 않으면 너희에게 일렀으리라. 내가 너희를 위하여 거처를 예비하러 가노니 가서 너희를 위하여 거처를 예비하면 내가 다시 와서 너희를 내게로 영접하여 나 있는 곳에 너희도 있게 하리라.

그분은 미래에 관해 말씀하고 있다. 하지만 동시에 그분은 자신이 과거에 한 일에 대해 언급하고 계신다. 우주는 특별한 목적을 위해 우리를 위한 장소로 준비되었다. 그 목적이란 우리가 그분이 계신 곳에 있는 것이다. 바로 이것이 언제나 하나님의 계획이었다. 우리가 주목해야 할 것은 우주 안에 하나님이 임재하고 계신다는 것이다. 그분은 자신의 임재를 통해 우주를 성소로 바꾸셨다. 우리는 그 개념을 다음 장에서 발전시켜나갈 것이다.

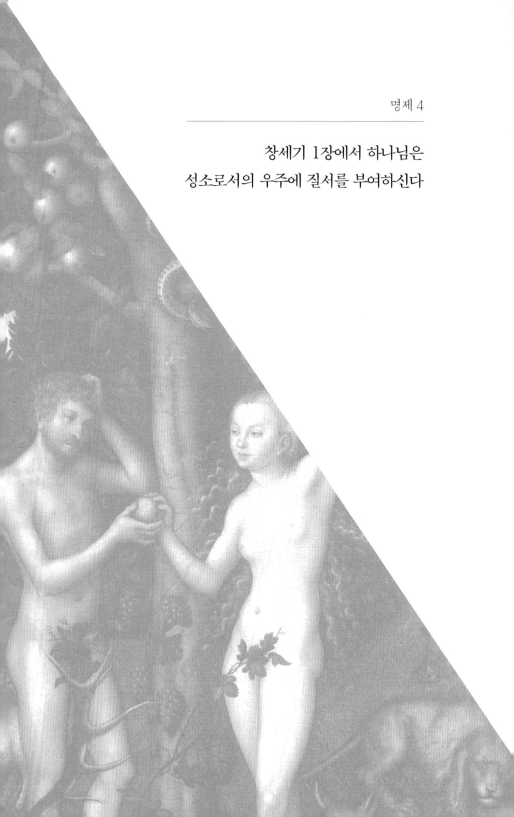

창세기 1장에서 하나님은
성소로서의 우주에 질서를 부여하신다

창세기 1:1-2:3은 6일이 아니라 7일간의 기원 이야기를 담고 있다. 우리가 자주 6일간의 이야기를 하는 것은 부분적으로, 제7일과 관련해 무슨 설명을 해야 할지 알지 못하기 때문이다. 하나님이 안식하신다는 것은 창조와 무슨 상관이 있을까? 도대체 어째서 하나님은 안식을 하셔야 했을까? 하나님이 안식하신다는 것은 무엇을 의미하는가? 아마도 이런 수수께끼와 마주하게 되는 주요한 이유 중 하나는, 우리가 이 이야기를 물질에 관한 것이라고 여기기 때문일 것이다. 하지만 일곱째 날에는 물질과 관련된 어떤 일도 일어나지 않는다. 반대로, 나는 일곱째 날이야말로 기원 이야기의 절정이라고 주장하고자 한다(비록 사람이 6일간의 창조의 절정이기는 하지만 말이다). 실제로 그것이 이 기원 이야기의 목적이며, 다른 6일은 그것 없이는 온전한 의미를 갖지 못한다. 안식은 창조의 목적이다.

앞 장의 끝부분에서 나는 주택과 집을 대조하는 예화를 제시한 바 있다. 우리가 이 유비를 다음 단계로 넘긴다면 상황을 더 잘 이해하게 될 것이다. 어떤 가족이 마침내 주택 하나를 자신의 집으로 삼기로 결정하고, 모든 짐을 꾸려 그들이 살아갈 새 장소로 이주한다고 해보자. 조금 어수선한 첫 날, 그들의 주택은 개봉되지 않은 박스들과 이곳저곳에 놓여 있는 가구로 가득 차 있다. 그곳에 질서는 존재하지 않는다. 이 **주택**은 (배관, 전기, 지붕, 기초 등 모든 것이) 충분히 잘 기능하고 있다. 하지만 그곳에는 제 기능을 하는 **집**이 존재하지 않는다. 그래서 가족은 날마다 시간을 들여 가구를 배열하고 박스들을 열어 짐을 부리면서 질서를 잡아가기 시작한다. 그들은 이 주택에서 살아갈 자신들에게 속한 모든 것을 살펴 정리하면서 그곳을 안락하고 제 기능을 하는 집으로 만들기 시작하는 것이다.

왜 이들은 자신의 집에 질서를 세우는가? 무슨 목적으로 그렇게 하는가? 이는 어리석은 질문처럼 보인다. 그들이 짐을 부리는 작업을 하는 까닭은 그 작업을 끝낸 후 그곳에서 살기 위해서다. 그들은 일을 마친 후 낮잠을 자기 위해 그 일을 하는 것이 아니다. 또한 모든 일을 마친 후 그곳을 떠나기 위해서도 아니다. 그들이 모든 일을 하는 것은 그곳에서 살기 위해서다. 자신이 하던 모든 일, 즉 집에 질서를 세우는 일에서 물러나 안식할 때, 그들이 하는 안식은 **편히 쉬는 것**이 아니라 그 질서정연한 공간 안에서 자신의 역할을 **수행하는 것**이다. 질서를 세우는 활동을 그칠지라도(이는 히브리어 어근 *šbt*로 대표된다), 그들은 이렇게 확정된 질서의 평형 상태를 즐기기 시작한다(이는 히브리어 *nwḥ*["쉬었다"]에 의해 대표된다; 예를 들어 출 20:11처럼). *šbt*가 중간 기점이라면, *nwḥ*는 종착역이다. 이 개념은 성서에 등장하는 안식의 신학에 대한 분석을 통해서도, 고대 근동 세계에서 나타나는 신의 안식에 대한 분석을 통해서도 파악될 수 있다.

성서에 등장하는 안식의 신학

하나님이 이스라엘 백성에게 적들로부터의 안식(*nwḥ*)을 주겠노라고

아담과 하와의 잃어버린 세계

말씀하셨을 때(신 12:10; 수 1:13; 21:44; 삼하 7:1; 왕상 5:4), 그분은 잠이나 휴식이나 여가에 관해 말씀하셨던 것이 아니다. 하나님이 그분의 백성에게 주시는 안식은 그들이 평화롭게 살면서 방해받지 않고 매일의 삶을 이어나갈 수 있도록 적의 침입과 충돌로부터 자유롭게 되는 것을 가리켰다. 이는 사회 안에서 질서의 상태를 이루는 것을 가리켰다. 이런 안식은 이스라엘 백성이 그 땅에서 그들이 살 곳을 확보하기 위해 수행할, 모든 질서를 확립하는 활동의 목표였다.

예수께서 사람들에게 "수고하고 무거운 짐 진 자들아, 다 내게로 오라. 내가 너희를 쉬게 하리라"(마 11:28)라고 초대하실 때, 그분은 그들에게 낮잠이나 여가를 제공하시려는 것이 아니었다. 그분은 사람들에게 질서정연한 하나님 나라에 참여하라고 초대하고 계셨던 것이다. 그곳에서 그들은, 설령 멍에를 메고 있을지라도, 쉼을 발견하게 될 것이다. 더 나아가, 히브리서 저자가 하나님의 백성을 위해 남아 있는 안식에 대해 언급할 때(히 4:10-11), 그는 휴식이 아니라 하나님 나라 안에 있는 안전과 질서에 대해 말하고 있었다.

이런 용례에 비추어 우리는 안식한다는 것이 질서 잡힌 시스템이 제공하는 평정 안에서 발견되는 안전 및 안정과 연관됨을 알 수 있다. 하나님이 일곱째 날에 안식하셨을 때, 그분은 자신이 앞선 6일에 걸쳐 만들어낸 질서 잡힌 시스템 안에 자신의 주거를 정하고 계셨던 것이다. 이는 그분이 제7일에만 하셨던 무언가가 아니다. 이는 그분이 그 이후의 모든 날에 행하고 계신 일이다. 더 나아가 그분의 안식은 단지 거주지를 갖는 문제가 아니었다. 하나님은 사람들을 그 안으로 이끌어 오시고, 그들을 위해 이 시스템이 기능하도록 만드셨다. 그리고 그들과 교제할 것을 의도하셨다. 이 질서 잡힌 시스템에 대한 통제권을 행사하려 하셨다. 이것은 그분의 거처였으며 관계를 위한 장소였다. 하지만 이 모든 것을 넘어서 그것은 또한 그분이 통치하시는 장소였다. 신전을 하나님의 "거처"(dwelling place)이자 "안식처"(resting place)로 묘사하는 시편 132:7-8에 주목하라(개역개정은 그것을 각각 "계신 곳"과 "평안한 곳"으로 번역하고 있다—역주). 시편 132:14은 계속해서 이 안식처를 그분이 "즉위해"(enthroned) 앉으신 곳으로 묘사한다.[1] 에스겔 40-48장에 나오는 신전에 대한 설명 역시 이런 요소를 분명하게 확인해준다. "그가 내게 이르시되 인자야, 이는 내 보좌의 처소, 내 발을 두는 처소, 내가 이스라엘 족속 가운데에 영원히 있을 곳이라"(겔 43:7).

예수께서 안식일에 관한 말씀을 하셨을 때, 그분은 만약 우리가 이를 휴식이라는 측면에서 생각한다면 안식하는 것과 무관해 보이는 진술을 했다. 안식일이 (우리에게 질서를 가져다주는 것으로서 우리 자신의 활동을 촉진하는 것이 아니라) 하나님의 질서정연한 시스템에 참여하는

---

1 여기서 히브리어 본문이 종종 그저 "앉다"나 "거주하다"를 의미하는 동사 *yšb*를 사용하고 있는 것은 사실이다. 그럼에도 여기서와 성서의 다른 문맥에서 본문의 정황이 분명하게 가리키는 바는, 그것이 어떤 이가 그곳에 앉아 다스리는 권력과 권위의 자리라는 것이다. 예를 들어 민 21:34; 삼상 4:4; 삼하 6:2; 왕상 1-2장 전반; 왕상 15:18; 22:10; 시 7:7; 9:7; 22:3; 29:10; 55:19; 68:16; 그 외 다른 여러 곳도 보라.

아담과 하와의 잃어버린 세계

일과 관련됨을 인식할 때, 우리는 예수께서 어떻게 안식일의 주인이 되시는지를 이해할 수 있다. 예수는 바리새인들과 논쟁하시면서 줄곧, 안식일에 하나님의 일을 하는 것은 안식일을 어기는 것이 결코 아니라고 주장하셨다. 실제로 그분은 하나님이 계속해서 일하고 계신다고 주장했다(요 5:17). 안식일은 우리가 하나님의 일에 동참할 때 가장 참되게 존중된다(사 58:13-14을 보라). 우리가 그만두어야 할 일은 우리의 삶에 우리 자신의 질서를 부여하려는 우리 자신의 시도를 드러내는 일이다.[2] 오히려 우리는 우리 자신의 이익, 우리의 자기 충족성, 그리고 우리의 자립 의식에 맞서야 한다.

고대 근동 세계에서 나타나는 신의 안식 개념

고대 근동의 어느 지역의 독자라도 이 7일간의 이야기를 훑어본다면 어렵지 않게 그것이 신전/성전 이야기(temple story)라는 결론을 내릴 것이다.[3] 이는 그들이 오늘날 우리에게는 낯선 고대 세계의 신전에 관한 무언가를 알고 있기 때문일 것이다. 고대의 신전에서 이루어지는 신의 안식은 단순히 거주의 문제가 아니었다. 우리가 시편 132편

---

2   이것은 우리가 6일 동안 하는 일이 오직 자기를 섬기는 일이라는 의미가 아니다.
3   고대 근동 지역에서 나타나는 이런 관계(우주론과 신전, 안식과 신전 등)에 대한 광범위한 증거에 대해서는 John H. Walton, *Genesis 1 as Ancient Cosmology* (Winona Lake, IN: Eisenbrauns, 2001) pp. 100-119, 178-92을 보라.

을 통해 보았듯이, 신전은 하나님의 통치의 중심지였다. 고대 세계에서 신전은 우주의 사령부였다. 이는 하나님이 질서를 유지하고, 명령을 내리고, 통치를 행사하는 관제실이었다. 우주론에 관한 이야기에서는 종종 신전을 세우는 일에 관한 이야기가 뒤따라 나왔다. 왜냐하면 일단 신이 질서를 확립하고 나면(고대 세계의 우주론의 핵심), 바로 그 신이 이 질서정연한 시스템을 통제했기 때문이다. 바로 이것이 안타깝게도 우리가 창세기의 이야기를 읽을 때 놓치는 요소다. 하나님은 우주 안에 자신의 거처를 정하시고 그것을 다스리실 목적으로 우주에 질서를 부여하셨다. 일곱째 날은 첫째 날부터 여섯째 날까지의 이유다. 그 날은 하나님의 목적의 성취다.

고대 세계에서 어떤 신이 그의 신전에 좌정하는 것은 사람들이 제의를 통해 그 신의 필요를 채움으로써 그와 관계할 수 있게 하기 위함이었다. 그러나 이것은 이스라엘의 경우에는 해당되지 않았는데, 왜냐하면 하나님은 어떤 필요도 갖고 계시지 않았기 때문이다. 그분은 전혀 다른 방식으로 자기 백성과 관계를 가지고자 하셨다. 이런 차이에도 불구하고, 고대 세계의 다른 곳처럼 이스라엘에서도 이 관계의 중심에는 신전이 있다. 하나님이 신전 안으로 들어가셨을 때, 그분은 그곳이 성소임을 확증해주셨다. 성소는 신의 임재의 결과이며 우주 안에서 질서의 중심이자 근원으로서의 역할을 한다. 이 "집 이야기"에서 하나님은 자기 백성을 위한 집을 만드실 뿐 아니라 자신을 위한 집도 만드신다. 만약 하나님이 이 질서정연한 공간 안에서 안식하지 않으신다

아담과 하와의 잃어버린 세계

면, 창조의 다른 6일은 방향을 주는 목적이 없는 날들이 되고 만다. 우주는 단순히 주택이 아니라 집이다.

이런 개념들은 성서신학, 어휘 의미론, 그리고 고대 근동과의 비교 연구 등을 통해서만이 아니라 7일이라는 기간과의 연관성에 의해서도 지지를 받는다. 만약 이 우주적인 기원 이야기가 성소로서의 우주의 시작과 연관된다면, 우리는 성서와 고대 세계에서 신전이 거론될 때 어떻게 전형적으로 성소가 시작되는지에 관해 살필 필요가 있다.

솔로몬은 예루살렘에서 하나님의 신전으로 사용될 주택을 지으면서 7년을 보냈다. 그러나 그 주택이 완성되었을 때 사람들의 눈앞에 드러난 모든 것은 신전이 아니라 어떤 구조물이었다. 그 구조물은 신전이 될 준비가 되어 있었다. 하지만 그것은 아직 신전으로서의 역할을 하지 못했다. 그리고 하나님은 그 안에 거하지 않으셨다. 그 결과 비록 신전의 구조물은 존재했으나 신전 자체는 존재하지 않았다. 도대체 무엇이 신전이 될 준비가 되어 있던 구조물을 실제로 기능하는 신전으로 바꾸었는가? 즉 그 주택은 어떻게 해서 집이 되었는가? 이것은 중요한 질문이다. 왜냐하면 창세기 1장이 실제로 신전에 관한 본문이라면, 거기에는 이루어져야 할 비교가 존재하기 때문이다.

우리는 성서와 고대 근동 지역의 문화 모두에서, 형식적이고 의식적인 차원에서 물리적 구조물로부터 제 기능을 하는 신전으로의 변화, 즉 주택으로부터 집으로의 변화를 기념하는 취임식에 대한 언급을 발견한다. 이 취임식을 통해 하나님이 자신의 지시를 따라 준비된 장소에 거주하기 위해 내려오실 때면, 신전의 기능이 선포되고 이런 기능을 맡은 자들이 임명되며, 의식들이 시작된다. 그러므로 창세기 1장에서 우리가 기능들에 대한 선언과 기능을 맡은 자들의 임명에 관한 언급을 발견하는 것은 놀랄 일이 아니다. 더 중요하게, 우리는 성서와 고대 세계에서 7이라는 숫자가 주로 성소의 개소식(inauguration)에서 두드러지게 나타난다는 데 주목해야 한다.[4]

그러므로 우리가 이 이야기에서 7일이 갖고 있는 의미에 관해 묻는다면, 성서와 고대 근동 문헌의 배경이 우리에게 답을 제공해줄 것이다. 하나님이 6일 동안 주택을 세우기로 결정하신 후 어떤 신학적 주장을 하시기 위해 안식일을 덧붙이셨던 것이 아니다. 우리는 이 이야기의 청중이 아담과 하와가 아니라 이스라엘 백성이었음을 기억해야 한다. 우리는 모세가 광야에서 이스라엘 백성에게 그 이야기를 전하는 시나리오를 상상할 수 있다(성서 자체가 그렇게 말하고 있지는 않으니 그렇다고 가정해보자). 우리의 관점에서 일어나는 이와 같은 변화는 매우 중요하다. 이 생각을 확대하면서 우리는 무대(모세가 이스라엘

4　왕상 8:65에서 두 번에 걸쳐 7일이 언급되는 것과, 대하 7:9에서 7일에 걸쳐 제단의 낙성식(ḥănukka)이 진행된(ʿāśâ) 데 주목하라. 또한 출 29:35-37에서 7일에 걸쳐 제단을 위한 속죄가 이루어지는 데 주목하라. 여기에 대한 더 철저한 논의로는 Victor Hurowitz, *I Have Built You an Exalted House: Temple Building in the bible in Light of Mesopotamian and Northwest Semitic Writings*, Journal for the Study of the Old Testament Supplement 115 (Sheffield: Sheffield Academic Press, 1992), pp. 260-61, 266-84, 특히 275-76을 보라. 이런 취임식은 유월절과 무교절, 초막절, 혹은 하누카(*Hanukkah*)와 다양하게 연결되는데, 이 모든 절기는 7일과 연결된다.

백성에게 이야기를 전하는)뿐만 아니라 하나의 사건까지도 상상해볼 수 있다. 하나의 사고 실험으로서, 모세가 시내산 밑자락에서 성막을 봉헌하기 전날 백성의 장로들과 함께 앉아 있는 장면을 떠올려보자.

모세는 이스라엘 백성에게 이제 곧 일어날 일의 막중한 의미를 이해시키고자 애쓰고 있다. 지금 그들은 에덴 이후 처음으로 하나님의 내주를 통해 구분되는 성소를 세울 준비를 하고 있다. 그는 백성에게 하나님이 자기 백성 한가운데 거주하심으로써 온 우주가 자신을 모시는 성소가 되게 하려는 계획을 세워오셨음을 설명한다. 그분은 바로 이 목적을 위해 우주를 만드셨고 거기에 질서를 부여하셨다. 그분은 자기 백성을 위한 장소를 준비하고 계셨다(참조. 요 14:3). 하지만 안타깝게도 그들은 그들 자신의 길을 택했고 그로 인해 성소를 잃어버리게 되었다. 그 후 오랜 시간이 지나고 이제 그들은 자기들 가운데 하나님이 임재하실 장소를 다시 세우려 하고 있다. 같은 방식으로, 하나님은 성소가 될 우주를 세우시고 자신이 사람들과 교제할 수 있는 장소가 될 그 성소 안에 사람들을 위치시키셨다. 다음 7일에 걸쳐 이루어질 성막의 봉헌은 같은 일을 수행하게 될 것이다. 그렇다면 이것은 세워진 성소, 잃어버린 성소, 그리고 되찾게 될 성소에 관한 이야기다. 이런 사고를 따르면, 창세기 1-2장의 이야기는 물질적 우주의 기원보다는 성소의 기원에 관한 이야기다. 그리고 창세기 1-3장은 출애굽기의 마지막 장들과 함께 수미상관(*inclusio*) 구조를 형성한다.

만약 7일이라는 기간이 성소로서의 우주의 시작과 연관된다면, 이는 오랜 세월에 걸쳐 준비되어온 물질적 우주가 하나님이 자기 백성과 관계하시는 장소로 바뀌는 기간을 나타낸다.[5] 이제 그것은 공간에서 장소로 바뀐다. 이 7일은 주택 이야기가 아니라 집 이야기와 상관이 있다. 이는 물체의 생산이 아니라 역할들의 수립 및 정리와 상관이 있다.

과거에 많은 이들은 7일이 지구의 나이와 관련된다고 믿었는데, 이는 그들이 이 성경 본문을 주택 이야기로 읽었기 때문이다. 지구의 나이는 물질적인 것과 관련된다. 그러나 만약 이것이 집 이야기라면, 이는 물리적 우주의 나이와는 아무런 상관이 없다. 즉 7일이라는 기간은 주택을 세우는 데 얼마나 시간이 걸렸는지와 상관이 없다. 오히려 이것은 주택이 집이 되는 과정과 상관이 있다. 이런 해석은 성서 본문과 고대 근동의 문화적 배경 모두에서 지지를 발견한다. 만약 그렇게 받아들여진다면, 이는 성서가 지구의 나이와 관련해서 어떤 주장도 하지 않는다는 것을 의미한다.

성소의 개념은 창세기 2장으로 넘어간다. 창세기 1장에서 우리는 하나님이 어떻게 인간을 위해 기능할 성소를 창조하셨는지에 관한 이야기를 발견한다. 이는 그 성소의 중심이 어디에 있는지에 대해 말하지 않고, 오직 하나님이 (비록 궁극적으로는 그분 자신이 계실 곳이지만)

---

5   출애굽기에서 여러 장들이 건축 자재를 설명하는 데 사용되고 있음에 주목하라. 그 후 7일에 걸친 의식이 그것을 성소로 출범시킨다.

아담과 하와의 잃어버린 세계

사람들이 집이라고 부를 장소에 질서를 부여하셨다고 말할 뿐이다. 창세기 2장에서는 성소의 중심이 확인된다. 또한 사람들이 성소를 위해 어떤 역할을 해야 하는지에 대한 설명이 주어진다. 그리고 우리는 하나님이 이 성소에서 사람들과 교제하시는 것을 보게 된다.[6]

이 장들을 집 이야기로 읽는 것은, 이를 주택 이야기로 읽을 경우에는 모호해질 수밖에 없는 풍부한 신학의 출현을 허락한다. 우리는, 비록 하나님이 우리를 부양해오셨을지라도, 중요한 것은 우리가 아니라는 것을 알아야 한다. 우주는 우리 마음대로 할 수 있는 우리의 것이

---

6 여기서 우리는 또 다른 미묘한 차이를 확인할 수 있다. 이 책의 7장에서 나는 7일간의 이야기와 에덴동산의 이야기 사이에 일정한 간격이 있었을 가능성에 대해 고찰할 것이다. 만약 이런 견해가 받아들여진다면, 성소는 두 개의 국면으로 이루어진 과정을 갖게 될 것이다. 창 1장에서 하나님은 우주가 성소가 되도록 질서를 잡으신 후 자신의 작업을 마치심으로써 안식하신다(šbt). 그 후에 그분은 우주 안에 계셨고, 추정컨대 새로운 방식으로 자신의 형상을 지닌 인간들과 교제하며 활동하셨다. 다음 단계는 에덴동산 이야기인데 그 단계에서 하나님은 실제로 성소의 중심으로 지정된 에덴동산 안에 거처를 정하신다(nwḥ). 이것은 지정된 제사장직이 수립되는 단계다. 하나님의 임재가 단계를 따라 이루어진다는 이해는 대체로 창조로부터 바벨탑으로, 언약으로, 신전으로, 성육신으로, 오순절로, 그리고 새로운 창조로 이어지는 긴 과정을 통해 지지를 얻을 수 있다(여기에 대한 충분한 토론으로는 이 책의 18장을 보라). 이런 이해는 하나님의 임재가 언약을 통해 단계적으로(창 12장에서 아브라함이 제단을 세움으로써 성소를 마련한다) 그리고 불타는 떨기나무로부터 역병을 거쳐 구름기둥과 시내산에서 그분이 현현하시고 결국에는 성막에서 절정을 이루는 식으로 실현되는 것을 통해 더 특별하게 예시되는데(출 40장), 이 성막에서 그분은 성소의 핵심에 해당하는 곳에 자신의 거처를 정하셨다. 성막/신전은 성소가 신전 안에 집중되는 오랜 과정의 정점이다. 우리는 하나님의 임재와 성소와 관한 일반적인 신학적 연속성과 일관성을 확인할 수 있으나, 비유적 묘사 역시 얼마간의 유동성을 보여준다.

아니라 우리가 그 안에서 그분의 공동 섭정으로서 일해야 하는 하나님의 공간이다. 우리가 세상을 정복하고 다스리는 것은 우리가 이를 돌보는 자라는 사실에 대한 온전한 인식 속에서 이루어져야 한다. 인간이 무슨 일을 하든, 그 일의 방향은 무질서로부터 질서를 낳는 일에 맞춰져야 한다. 우리가 환경을 이용하는 일이 세상에 무질서를 초래해서는 안 된다. 세상은 그저 우리가 거주하는 주택이 아니라, 하나님이 선물로 주신 우리의 집이다. 그리고 우리는 이를 사용하고 그 안에서 일하는 데 대해 책임이 있다.

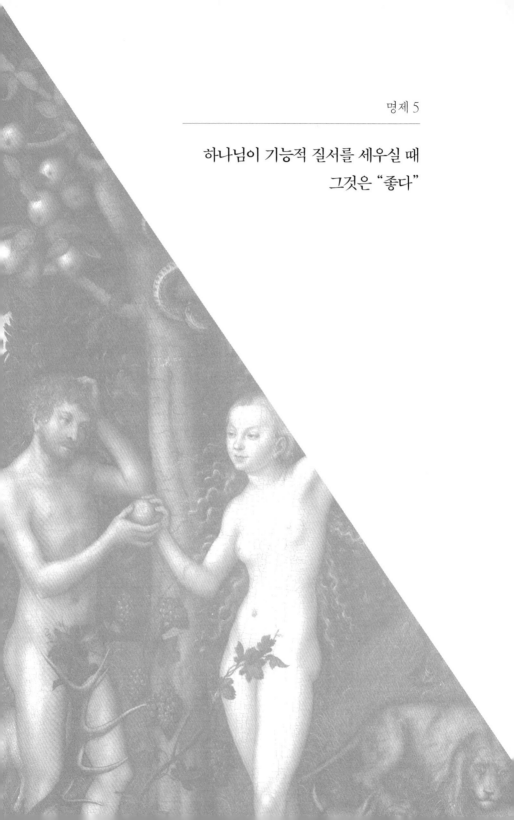

하나님이 기능적 질서를 세우실 때
그것은 "좋다"

"좋다"(*ṭôb*)로 번역된 히브리어는 모든 영어 번역에서 다양한 방식으로 번역된다. 그동안 창세기에 등장하는 이 단어의 의미에 대해서는 여러 가지 해석들이 확인되어왔다. 그런 까닭에 이 단어가 타락 이전의 창조의 상태를 묘사한다면, 이는 우리로 하여금 타락 이전의 세상이 어떤 모습이었는지 혹은 창조의 이상이 어떤 것이었는지를 흘끗 엿보게 해줄지도 모른다. 종종 해석자들은 세계가 "좋은 것이 되기" 위해서는 고통, 고난, 죽음, 약탈이 없어야 한다고, 즉 모든 것이 본래적이고 완벽해야 한다고 결론을 내려왔다. 이런 견해는 때때로 요한계시록 21장에서 언급되는 새 창조가 이 상태로 되돌아가는 것이라고 추정한다. 이런 견해는 오직 그리스도 안에서만 넘어설 수 있는 의와 지혜의 상태를 아담과 하와에게 속한 것이라고 여긴다. 이런 사고를 하는 이들은 "좋다"가 의미하는 것을 타락 이후의 죄의 상태와의 비교를 통해 추론할 수도 있다. 결론은, 저 원시적인 세계에서는 우리의 경험 속에서 부정적인 것으로 인식되는 어떤 것도 존재하지 않았다는 것이다. 이런 견해가 인기가 있기는 하지만, 실제로 이 단어는 순수하고 본래적인 완전이라는 의미를 갖고 있지 않다.[1]

우리의 견해를 재고하기 위해, 먼저 우리는 어휘 및 문맥과 관련된 질문을 제기할 필요가 있다. 먼저 어휘의 측면에서 이 단어가 구약

---

1   I. Provan, *Seriously Dangerous Religion* (Waco: Baylor University Press, 2014), p. 283의 유사한 결론들을 보라.

성서 전체에서 사용되는 방식들을 살펴보자. 그러면 우리는 "여호와는 선하시다"(Lord is good)라고 확언하는 여러 구절을 발견하게 된다(예를 들어 대상 16:34; 대하 7:3; 시 25:8, 그리고 여러 다른 구절들). 그러나 이런 본문들은 앞 단락에서 언급한 대조를 정당한 것으로 만들어주지 않는다. 이런 본문들은 선한 특성을 지니신 하나님이 선한 방식으로 행동하신다는 것을 일러줄 뿐이다. 그러므로 이 단어는 하나님이 세상에서 그분의 일을 수행하시는 방식을 설명하며, 완전(perfection)이라는 추상적 특성보다는 기능들(functions)과 관련된다. 하나님은 완전하시고 선하시다. 하지만 이런 문맥에 대한 철저한 조사가 예시하듯이, 이 단어는 하나님 외의 무언가를 묘사할 때는 그 특별한 개념을 전달하지 않는다.

또한 우리는 선이 악과 대조되는 수많은 구절을 발견한다(예를 들어 욥 30:26; 시 4:6; 52:3). 그러나 이런 문맥들 안에서 "선"은 본래적인 완전을 반영할 수 없다. 왜냐하면 우리는 그 점에서는 사람들이 오늘날에도 여전히 선할 수 있다는 것을 발견하기 때문이다(예를 들어 전 9:2). 종종 이 단어는 상대적이며("~보다 낫다"), 가장 흔하게 사람들이 자신에게 좋은 것으로 경험하거나 인식하는 상황 및 대상을 가리키는 데 사용된다.

이 단어의 세 번째로 중요한 의미론적 범주는, 무언가가 그것이 설계된 방식대로 기능하고 있음을, 즉 그것이 질서정연한 시스템 안에서 나름의 역할을 하고 있음을 가리킨다(출 18:17, 최상의 기능을 하고 있지

아담과 하와의 잃어버린 세계

않음; 대하 6:27, 질서정연한[개역개정에서는 "선한 길"로 번역됨—역주]; 시 133:1, 질서가 잘 잡혀 있음; 잠 24:23, 최상의 기능을 하고 있지 않음; 사 41:7, 최상의 기능을 하고 있지 않음; 그리고 다른 여러 구절).

한 단어의 의미를 위한 여러 가능성이 존재할 때, 이 가능성들의 목록을 훑어본 후 그중에서 우리가 좋아하는 것 하나를 택하는 것은 적절하지 않다. 오히려 우리는 그 단어가 등장하는 문맥이 의사 전달자가 염두에 두고 있는 것으로 암시하는 뉘앙스를 식별해내기 위해 애쓸 필요가 있다. 이것은 우리를 어휘에 관한 연구로부터 문맥에 관한 연구로 이끌어간다. 우리가 어느 특별한 문구("좋다")가 확언하는 내용을 이해하는 최선의 방법은 그것에 대한 부정(否定)이 어떻게 보이는지를 묻는 것이다. 예를 들어, 앞서 언급한 하나님에 관한 예에서 우리는 하나님이 선하시지 **않다**는 것이 무엇과 같은지 물을 수 있다. 마찬가지로, 창세기의 문맥에서 만약 우리가 "좋지 않음"(not good)이 무엇과 같은지를 알 수 있는 방법을 갖고 있다면, 이는 우리에게 유익할 것이다. 우리는 타락(과 세상에 대한 우리의 현재 경험)이 우리에게 "좋지 않음"에 관한 그림을 제공해준다고 생각할지도 모른다. 하지만 본문은 결코 그런 연결을 시도하지 않는다. 그럼에도 이 본문은 우리에게 무언가가 "좋지 않다"고 말한다. "사람이 혼자 사는 것이 좋지 아니하니"(창 2:18). 이런 점에서 우리는 우리가 어떤 의도된 의미를 판단할 때 따라야 할 문맥적으로 결정된 방향을 갖고 있는 셈이다.

이런 용례를 통해 우리는 사람이 혼자 있는 것이 질서정연한 시스템의 기능이 아직 완전하지 않다는 것을 의미한다는 개념을 선호할 이유를 갖게 된다. 어떤 이들은 이런 진술에 대해 의문을 품어왔는데, 이는 창세기 1:31이 모든 것이 좋았다고 말했기 때문이다. 그러나 나중에 이어지는 장들에서 주장하겠지만, 창세기 2장은 기능성(functionality)을 다른 차원에서 다루고 있다.

유효한 의미론적 범주("완전한"과 "본래의"가 이런 범주에 속해 있지 않음을 기억하라)와 문맥적 표지들(특히 부정[否定]의 사용)에 기초해서, 나는 "좋다"가 무언가가 그것이 질서정연한 시스템 안에서 수행하도록 계획된 대로 최상으로 기능하고 있는, 즉 하나님이 의도하신 방식대로 작동하고 있는 상황을 가리킨다는 결론을 내릴 것이다. 한 가지 현대적인 예화가 내가 제안하는 의미를 명확하게 밝히는 데 도움을 줄 것이다. 비행기 조종사들이 이륙 준비를 할 때, 그들은 체크리스트를 들고 모든 것이 제 기능을 할 수 있는지 하나씩 확인해나간다. 그들은 모든 기계의 작동 상태를 점검하고 비행기에 실어야 모든 중요한 것(음식, 수하물, 승객)이 비행기 안에 있는지를 판단한다. 우리는 그들이 체크리스트를 하나씩 짚어나가면서 이렇게 말하는 것을 상상해볼 수 있다. "좋아, 좋아, 좋아." 이런 과정을 통해 그들은 비행기가 이륙할 준비가 되었다는, 즉 탑승한 승객들의 필요를 채워줄 만반의 준비가 끝났다는 결론을 내린다. 나는 하나님이 창세기 1장에서 같은 일을 하고 계신다고—모든 시스템이 정상적으로 작동 중이고 모든 것이 제자리에 있음을 확인하고 계신다고—주장할 것이다.

　　　　　　　　아담과 하와의 잃어버린 세계

결론을 내리기에 앞서 우리는 몇 가지 전문적인 표현에 대해 다뤄야 한다. 많은 이들이 창세기 1장에서 둘째 날에 "좋다"라는 표현이 사용되지 않는다는 데 주목해왔다. 그러나 마소라 본문에 철저하게 매겨진 액센트 규칙에 따라 읽으면 "하나님이 보시기에 좋았더라"는 말씀에 큰 바다 짐승들(탄니님[*tannînîm*])이 포함되지 않는다는 점을 알아챈 사람은 거의 없었다. 이런 배제의 의미를 해독하기는 쉽지 않다. "좋다"의 의미에 대한 나의 해석을 감안한다면, 우리는 궁창 위의 물과 아래의 물이 무질서한 영역의 일부로 남아 있고 따라서 "좋지" 않았으리라는(즉 그것들에게 기대되었던 역할을 하지 않고 있었다는) 개념에 대해 생각해볼 수 있을 것이다. 하나님이 둘째 날에 세우시는 것은 무질서한 세상에 대한 통제였다. 즉 삶을 위한 공간과 궁창 위의 물을 통제하는 견고한 하늘인 것이다.

다섯째 날이 둘째 날과 유사하다는 점을 감안할 때 우리는 "큰 바다 짐승들"(*tannînîm*)이 계속되는 무질서의 영역에 이관되는 것을 보고서 놀라서는 안 된다. 만약 큰 바다 짐승이 혼돈의 생물이라면, 그것은 질서정연한 세계의 경계에 존재하며 사람들을 위한 역할을 하지 않는다. 그러므로 그것은 질서정연한 세계 안에서 그것이 수행하도록 계획된 역할을 하지 않는다. 즉 그것은 질서정연한 시스템 안에 존재하나, 질서정연한 시스템에 속해 있지 않다. 비행기 조종사의 체크리스트 이야기를 다시 하자면, 그것은 비행기 안에서 큰 소리로 떠드는 아이들과 같다. 이 아이들은 시스템 안에 있으나, 체크리스트 목록에는 포함되어 있지 않다.

이런 설명은 다음과 같은 두 가지 사항을 제외하고는 이 본문에 아주 잘 맞아떨어진다. 첫째, 우리는 창세기 1:31에 따르면 하나님이 지으신 모든 것이 "심히 좋았다"고 간주된다는 사실을 설명할 필요가 있다. 둘째 날에 하나님은 궁창(*rāqiaʻ*)을 지으셨다. 둘째 날에 그것을 "좋다"고 부르는 것은 적절할 수 있었다. 둘째, 본문은 다섯째 날에 하나님이 큰 바다 짐승들을 만드셨다(*bārāʼ*)고 분명하게 말한다. 그러므로 우리는, "바라"가 질서정연한 시스템 안에서 어떤 역할과 기능을 정하는 일을 가리키기에, 큰 바다 짐승이 좋은 것임이 틀림없다는 결론을 내릴 수도 있다. 그러나 어쩌면 이는 그것이 질서정연한 시스템 안에 속해 있다는 사실만으로 좋은 것이어야 할 필요는 없다.[2] 이 문제는 더 세밀한 연구를 필요로 한다.

만약 이런 해석이 옳다면 이는 첫째로, 내가 창세기 1장과 관련해 제시했던 전반적인 해석을 확증해준다. 즉 창세기 1장은 기능적이고 질서정연한 시스템을 세우는 일과 관련된다는 것이다. 다시 말해, 이 본문은 주택 이야기가 아니라 집 이야기다. 둘째로, 이는 타락 이전의 모든 것이 완벽했다고 주장하지 않는다. 하나님은 우리의 생존을 위

---

2   이런 배제와 관련해 제공할 수 있는 유일한 설명은, 둘째 날에 이런 구절이 나오지 않는 것은 본문의 전이 과정의 어느 지점에선가 필사자가 실수를 저질렀기 때문일 수 있다는 것이다. 또한 다섯째 날에 큰 바다 짐승들이 불쑥 언급되는 것은 히브리어 본문의 실제 사항이라기보다는 마소라 본문의 해석일 가능성도 있다.

아담과 하와의 잃어버린 세계

해, 그리고 그분의 계획을 펼쳐나가는 데 필요한 적절한 정도의 질서를 세우셨다. 새 창조라는 궁극적 질서에 이르기까지는 아직도 가야 할 길이 멀다. 사람은 대리 지배자의 자격으로 그 질서를 세우는 과정에서 역할을 해야 한다. 몇 가지 무질서 상태(non-order; 아직 질서가 잡히지 않은 상태—역주)가 남아 있으나 이는 결국 극복될 것이다. 하지만 세워진 질서는 제 기능을 하고 있으며("좋다") 아직 비질서(disorder, 죄로 인해 질서가 흩뜨려진 상태—역주) 상태라고 보기는 어렵다("무질서"와 "비질서"의 구분을 위해서는 16장을 보라). 이런 결론은 "심히 좋았더라"(*tôb mĕʾōd*, 창 1:31)라는 표현이 발생하는 몇 가지 다른 경우를 통해 확증될 수 있다. 예를 들어, 동일한 설명이 약속의 땅에 대해 주어진다(민 14:7). 하지만 당시에 그 땅은 약탈자인 들짐승들은 말할 것도 없고 적과 사악한 거주민으로 가득 차 있었다.[3]

결론적으로 우리는 이 단어 하나에 기초해서 타락 이전의 세상에는 고통, 고난, 약탈, 죽음 등이 없었다고 추론해서는 안 된다. 우리가 성서의 다른 진술들에 기초해 적절하게 이런 결론을 이끌어낼 만한 이유를 발견할 수 있을지도 모르지만(때가 되면 이런 문제에 대해 논의할 것이다), 단순히 "좋다"(*tôb*)라는 단어가 사용된 것이 이런 결론을 보증해주지는 않는다. 달리 추정하는 것은 본문을 문자적으로 해석하는 것

---

3 Ronald E. Osborn, *Death Before the Fall: Biblical Literalism and the Problem of Animal Suffering* (Downers Grove, IL: InterVarsity Press, 2014), p. 29.

이 아닐 것이다. 이는 본문에 저자가 사용했던 단어가 나타내지 않는 바를 집어넣어 읽는 일이 된다. 이는 문제의 본문이 전하고자 하는 바와 무관하게 그 단어에 우리 자신이 의미하고자 하는 바를 부과하는 경우가 될 것이다. 비록 죄가 아직 들어오지는 않았으나, 이 "좋다"라는 상황이 필연적으로 우리가 부정적으로 인식하는 경험이나 상황의 부재를 의미하는 것은 아니다.

마찬가지로 우리는 아담과 하와가 모든 면에서 완벽한 인간의 표본이라고 추론해서도 안 된다. 랍비와 교부들의 저작들은 타락 이전에 이 두 사람이 갖고 있었던 탁월한 지혜와 의에 대한 설명으로 가득 차 있다. 하지만 이런 상황은 본문에서 암시되지도 않고 본문에 의해 확증되지도 않는다. 그리고 해석의 역사 속에는 앞과 다른 대안적 의견도 아주 많다.

아담과 하와의 잃어버린 세계

창세기 1-5장에서
"아담"이라는 단어는
다양한 방식으로 사용된다

"아담"(*'ādām*)이라는 단어의 다양한 용법을 이해하는 일은 창세기의 처음 장들을 정리하는 데 있어 중요하다. 그러나 이 문제를 다루기 전에 언급해야 할 중요한 두 가지 관찰 의견이 있다. 첫째는 아담이라는 단어가 "인간"을 의미하는 히브리어라는 사실이다. 이 관찰 의견에 관해 말하자면, 이것이 히브리어라는 사실은 이런 ("인간"이라는) 범주 지정이 히브리어를 말하는 자들에 의해 이루어진 것임을 가리킨다. 아마도 아담과 하와는 서로를 이 이름으로 부르지 않았을 것이다. 왜냐하면 그들이 사용했던 언어가 무엇이든, 그것은 히브리어가 아니었을 것이기 때문이다. 히브리어는 기원전 이천 년대 중반 이전에는 하나의 언어로서 존재하지 않았다. 이는 이런 이름들이, 마치 다른 누군가의 이름이 빌이나 메리이듯 그들의 실제 이름이 아담과 하와이기라도 했던 것처럼, 역사적 보고의 문제가 아니라는 것을 의미한다. 비록 나는 아담과 하와가 역사적 인물, 즉 실제로 과거에 살았던 실제 사람이었다고 믿고 있지만, 이런 이름들은 그들의 역사적 이름이 될 수 없다. 이 이름들은 히브리어다. 그리고 아담과 하와가 살았던 무렵에 히브리어는 존재하지 않았다.

만약 이런 이름들이 **역사적인** 이름이 아니라면, 이는 히브리어를 말하는 이들이 특별한 의미를 전달할 의도를 지니고 그들에게 **배정한** 이름일 것이다. 이런 추론은 우리를 두 번째 관찰 의견으로 이끌어간다. 만약 영어에서 어떤 이의 이름이 "인간"(Human)이고 그의 동반자의 이름이 "생명"(Life)이라고 읽힌다면, 즉각 우리는 이런 이름을 통해 전해지고 있는 메시지에 대한 인상을 발전시킬 것이다(예를 들어 등장 인물들이 크리스천[Christian], 신실[Faithful], 소망[Hopeful] 등으로 불리는『천로역정』[Pilgrim's Progress]에서처럼). 이런 인물들은 자신에게 **배정된** 이름으로 인해 자신이 가리키는 역사적 인물 이상의 존재가 된다. 그들은 그들 너머의 무언가를 대표한다. 그 결과 우리는 처음부터 우리의 해석이 확실하지 않을 수도 있음을 알 수 있다. 처음부터 역사 속 두 인물에 관한 약간의 전기적 정보를 제공하는 것 이상의 일이 진행되고 있는 것이다.

창세기 1-5장에 나타나는 이런 단어들의 다양한 용례에서, 우리는 어떤 경우에는 아담이 하나의 종(種)으로서의 인간을 가리키고, 다른 경우에는 그 종에 속한 남성을 가리키며, 또 다른 경우에는 한 개인의 이름에 상응하는 것으로서 특정한 인물의 호칭을 가리키는 것을 보게 된다.[1] 형태론적으로(즉 형태의 측면에서), 유일한 구분은 그 단어가 정관사("the")를 갖고 있느냐 아니냐 하는 것이다. 정관사를 갖고 있을 때 이는 한 개인의 이름으로 이해될 수 없다(히브리어는 개인의 이름에 정관사를 사용하지 않는다). 구문론적으로(즉 문장 안에서 그것이 가진 역할의 측면에서), 유일한 구분은 그것이 집합적 복수로 취급되느냐 아니면 단일한 존재로 취급되느냐 하는 것이다. 아래의 데이터는 창세기에 나

---

1   이 장에 나오는 데이터 중 많은 것은 Richard S. Hess, "Splitting the Adam: The Usage of 'ādām in Genesis i-v," in *Studies in the Pentateuch*, ed. J. A. Emerton, Supplement to Vetus Testamentum 41 (Leiden: Brill, 1990), pp. 1-15에서 가져왔다.

오는 "아담"이라는 단어의 용례를 요약해준다.

- 정관사와 함께 22차례: 창 1:27; 2:7(2×), 8, 15, 16, 18, 19(2×), 20, 21, 22(2×), 23, 25: 3:8, 9, 12, 20, 22, 24; 4:1.
- 전치사와 함께 3차례: 창 2:20; 3:17, 21.
- 정관사나 전치사 없이 9차례: 창 1:26; 2:5; 4:25; 5:1(2×), 2, 3, 4, 5.

이런 자료 중 대부분에 대한 해석은 아주 복잡하지는 않으나 몇 가지 어려움이 있다. 주된 불규칙 변화들은 다음과 같다.

창세기 1:26에서는 부정형이 사용되고 이어서 1:27에서는 정관사가 사용되는 것은 특이해 보인다. 이는 그 동사의 후반부가 처음에는 단수를("그[him]를 창조하시되"; NIV "them"), 그다음에는 복수를("그들[them]을 남자와 여자로 창조하시고") 가리킴으로써 더욱 복잡해진다. 우리는 문맥이 총칭적 의미(generic sense)를 가리키는 창세기 2:5을 따르면서 창세기 1:26을 총칭적인 것으로 이해할 수 있을 것이다. "하나님이 이르시되 '우리의 형상을 따라 우리의 모양대로 우리가 사람[human species]을 만들고…'." 이것이 앞서 있었던 살아 있는 것들에 대한 창조 행위와 일치한다는 데 주목하라. 하나님은 짐승과 새와 물고기를 집단으로 창조하셨다. 인간의 경우 이것은 특히 이치에 맞는다. 왜냐하면 그 문장의 동사가 계속해서 복수의 인간들에 관해 말하기 때문이다("그들로…다스리게 하자"[they may rule]). 이는 그 문장이 집단에 대한 관심을 내포하고 있음을 보여준다. 창세기 1:27에서 정관사가 사용되는 것은 "아담"이 앞 절에서 이미 소개되었기 때문이다. 여기서 단수가 사용되는 것("그[him]를 창조하시되")은 집단(히브리어에서 이것은 종종 단수 수식어를 사용한다)을 반영하고, 이어서 복수("그들[them]을 남자와 여자로 창조하시고")로 되돌아가는 것은 한 개인이 남성인 동시에 여성(즉 자웅동체)일 수 없음을 분명히 밝히는 것이다.

- 우리는 창세기 4:1에 있는 유사한 진술 안에 정관사가 존재하기에 창세기 4:25에서도 그것을 기대하지만 그 절에서 "아담"은 정관사를 갖고 있지 않다. 문맥에 따르면 이는 총칭이 될 수 없다. 대안은 그것을 개인의 이름으로 취급하는 것인데, 이는 불가능하지는 않으나 (창 4:1 때문에) 일관적이지 않다. 히브리어 성서의 현대적 비평본의 편집자들은 성서의 필사 과정에서 관사가 부지중에 누락되었다고 주장하는데, 어떤 히브리어 사본도 이런 대안에 대한 증거를 제공하지 않는다.
- 창세기 5:1에는 정관사를 갖고 있지 않은 "아담"이 두 번 나타난다. 첫 번째는 표제에서 나타나며 창세기 전체에서 나타나는 같은 종류의 표제에 상응하는 한 개인의 이름으로 판단될 수 있다. 그러나 두 번째는 변칙적인 것으로 보인다. 그럼에도, 일단 우리가 그 문장의 동사가 창세기 1:26을 다시 언급하고 있음을 깨닫는다면, 우리가 이를 총칭적으로 해석하는 것은 논리적으로 타당하다.

아담과 하와의 잃어버린 세계

- 마소라 학자들은 전치사와 함께 나타나는 세 번의 경우를 부정형으로 여긴다. 그것들은 부정형으로는 뜻이 통하지 않는다. 그리고 자음의 형태는 한정형이 될 수도 있고 부정형이 될 수도 있다. 히브리어 성서의 현대적 비평본의 편집자들처럼 나도 한정형을 선호한다.[2]

표 1의 분석은 오직 창세기 4:1, 25만이 변칙적인 것으로 남아 있음을 암시한다. 창세기 1:26-27, 2:5, 5:1, 2에서 이 단어는 총칭적(generic)이고, 창세기 2-3장에서 정관사와 함께 등장하는 모든 경우에는 원형적(archetypal)이거나 대표적(representational)이다. 이 단어가 개인의 이름으로 사용되는 것은 족보 부분(창 5:3-5)과 그 부분의 표제(창 5:1)에서뿐이다.

총칭적(일부는 정관사를 갖고 있고, 일부는 갖고 있지 않음)	창세기 1:26-27; 2:5; 3:22; 5:1, 2
원형적(정관사 있음)	창세기 2:7, 18, 21, 22, 23
대표적 대리인(정관사 있음)	창세기 2:8, 15, 16, 19, 25; 3:8, 9, 12, 20, 24
개인의 이름(정관사 없음)	창세기 5:1, 3-5
변칙적	창세기 4:1, 25
전치사 첨부됨	창세기 2:20; 3:17, 21

표 1. 창세기에서 "아담"이라는 단어가 사용된 방식

---

2   히브리어에서 어느 단어에 전치사가 첨부될 때 이것이 정관사를 갖느냐 여부에 대한 유일한 판단 기준은 마소라 학자들이 그들의 공인된 전승을 반영해 할당했던 모음에 달려 있다.

결과적으로 우리는 아담의 프로필이 단순하지 않고 복잡하다는 것을 알 수 있다. 창세기의 이 장들은 단순히 아담이라는 이름을 가진 한 남자에 관한 전기적 정보를 제공하고 있는 것이 아니다. 이와 관련해서는 많은 진술들이 이루어지고 있다. 총칭이 사용될 때, 이 본문은 하나의 종(種)으로서의 인간에 관해 이야기한다. 정관사가 사용될 때, 그 지시 대상은 인간의 대표자 역할을 하는 한 개인이다. 이런 대표는 하나의 원형(모든 사람이 이 한 사람 안에 포함되어 있고 그의 행위에 참여한다고 간주된다)이 되거나 혹은 언약적 대표(이 경우에 그는 나머지 사람들을 대신하는 선택된 대리자의 역할을 한다)가 된다.[3] 어느 경우이든, 대표적 역할이 개인보다 중요하다. 오직 이 단어가 부정형일 경우에만, 그리고 문맥에 의해 한 개인의 이름에 대한 대체물로 사용되는 경우에만, 개별적이고 역사적인 인간으로서의 개인에게 중요성이 부여된다.

본문 자체는 우리가 이런 결정을 내릴 때 필요로 하는 바를 우리에게 제공해준다. 정관사의 사용은 "아담"이라는 단어가 그 사람 너머의 무언가를 가리키는 데 사용되고 있음을 일러준다. 원형과 언약적 대표 사이의 판단은 본문의 맥락에 기초해서 이루어진다. 만약 "하아담"(ha'ādām, 정관사를 지닌 형태)에 대해 말해지고 있는 내용이 단지 한 개인이 아니라 모든 인간에게 해당된다면, 그때 우리는 그가 원형으로

---

3 원형(archetype)은 견본(prototype)과 다르다. 후자는 단지 일련의 시리즈 중 하나일 뿐 대표성을 갖지 않는다. 이는 단지 하나의 모델일 뿐이다.

아담과 하와의 잃어버린 세계

서의 역할을 하고 있다고 결론지을 수 있다. 대조적으로, 만약 정관사가 사용되고 "하아담"이 다른 이들을 대신하는 개인의 역할을 하고 있다면, 우리는 *그*가 언약적 대표로서의 역할을 하고 있다고 결론지을 수 있다.

두 번째 창조 이야기(창 2:4-24)는
첫 번째 이야기(창 1:1-2:3) 중
여섯째 날의 일에 대한 반복이라기보다
그것의 후속편으로 간주될 수 있다

창세기 1-2장을 읽는 대부분의 사람들은 창세기 2:7이 창세기 1장 중 여섯째 날에 일어난 일을 더 상세하게 되풀이해 말하면서 그 이야기에 대한 더 특별한 설명을 시작한다고 믿는다. 그들이 이런 결론을 내리는 것은 여섯째 날이 인간의 창조에 대해 보고하기 때문이다. 또한 그들은 창세기 2장을 하나님이 그 첫 번째 인간을 만드신 방식에 대한 서술로 여긴다. 이런 견해는 창세기 2장을 창세기 1장(여섯째 날)으로 되돌아가 그 내용 중 일부를 상술하는 것으로 이해한다. 하지만 우리는 과연 이런 결론이 유일한 가능성인지에 대해 살펴볼 필요가 있다.

어떻게 해서 앞과 같은 결론이 나올 수 있는지를 살피는 것은 어렵지 않으나, 우리는 그 본문을 아주 깊게 들여다보지 않더라도 그런 식의 읽기와 관련된 문제들을 찾아낼 수 있다. 무엇보다도 이런 본문을 역사적이고 물질적인 순서를 나타내는 것으로 해석하는 경향을 보이는 이들에게는 주어진 순서와 관련해서 해결해야 할 몇 가지 문제가 있어 보인다. 만약 우리가 창세기 2장을 하나의 반복으로 읽는다면, 창세기 2:5-6은 혼란스럽다. 이 구절은 하나님이 인간을 창조하셨을 때 아직 초목이 존재하지 않았다고 말한다. 하지만 창세기 1장에서 초목은 셋째 날에 나왔고 인간은 여섯째 날에 창조되었다. 순서와 관련된 또 다른 문제는 하나님이 여섯째 날에 동물을 먼저 창조하시고 인간을 나중에 창조하셨다는 점이다. 창세기 2장에서 아담은 동물보다 먼저 창조된다.[1] 창세기의 날들을 24시간으로 이루어진 날이라고 여기는 이들에게는 두 번째 문제가 존재한다. 창세기 2장의 사건들 모두가 24시간으로 이루어진 하루 동안에 일어날 수 있었다는 것(이런 사건들 중에는 모든 짐승의 이름을 짓는 일이 포함되어 있는데, 이는 아무런 조력자가 없었음에도 분명히 완료된다)은 믿기 어려울 정도다.

이런 문제를 감안한다면, 과연 창세기 2장이 여섯째 날의 이야기를 상술하고 있는 것인지 아니면 그보다 나중에 일어난 사건에 관해 이야기하고 있는 것인지를 재고하는 작업은 가치 있는 일이 될 것이다. 그러므로 우리는 이 본문이 어떤 증거를 제공하는지, 그리고 과연 이 두 이야기를 하나의 시리즈로 읽는 것이 가능한지를 살펴보아야 한다. 만약 그것들이 시리즈라면, 우리는 창세기 2장을 여섯째 날에 끼워 맞추는 데 대해 걱정할 필요가 없다. 그러나 만약 그것들이 시리즈라면, 이는 창세기 1장에 등장하는 이들이 아담과 하와가 아닐 수도 있거나, 적어도 아담과 하와만은 아닐 수도 있음을 의미한다. 그러므로 우리가 물어야 할 질문은 어째서 우리가 창세기 1장에서 보도된 인간의 창조로부터 얼마 후에 창세기 2장과 같은 형성 이야기(forming account)를 갖게 되었느냐 하는 것이다.

더 나아가 만약 창세기 2장이 하나의 후속편이라면, 이는 창세기

---

1 어떤 번역본은 창 2:19을 "여호와 하나님께서 흙으로 모든 들짐승을 **지어놓으셨다** [had formed]"(NIV, Walton 강조)라고 번역한다. 하지만 이 구절에서 사용된 히브리어 구조가 과거완료 시제가 사용되는 일반적인 방법이 아니라는 것은 누구나 인정한다.

아담과 하와의 잃어버린 세계

2-4장에 단지 아담과 하와와 그들의 가족뿐 아니라 (하나님의 형상을 지닌) 다른 사람들이 등장하고 있을 수도 있음을 의미한다. 이는 우리가 창세기 4장을 읽을 때 분명한 이점을 갖는다. 창세기 4장에서 가인은 아내를 얻는다(창 4:17). 그가 자신의 누이와 결혼했을 가능성이 매력적인 것으로 받아들여졌던 적은 결코 없었다. 하지만 그동안 많은 이들이 이를 겉보기에 유일한 가능성으로 수용해왔다. 또한 우리는 본문에서 가인이 야웨 앞에서 쫓겨날 때 "무릇 나를 만나는 자마다 나를 죽이겠나이다"(4:16)라며 두려워하는 것을 발견한다. 그런데 도대체 그는 누구를 두려워했던 것일까? 만약 그가 야웨 앞에서 쫓겨난다면, 이는 그때 그가 그의 가족으로부터도 쫓겨나는 것을 의미하기 때문이다. 그렇다면 이는 세상에 그의 가족 외에 다른 사람들이 있었음을 암시하는 것일 수 있다. 마지막으로 우리는 가인이 성을 세운 데 주목한다(창 4:17). "성"이라는 용어는 그것이 많은 사람을 위한 얼마간의 규모를 지닌 정착촌을 의미하지 않는다면 적절한 단어가 되지 못할 것이다. 그러므로 우리는 이 본문이 실제로 당시에 다른 사람들이 있었음을 의미한다고 결론을 내릴 것이다.[2] 이어서 우리는 창세기 2장에 대

---

2 이런 견해는 널리 알려져 있고 일찍이 17세기에 Isaac La Peyrère의 저술 같은 것을 통해 널리 회자되었는데, 후자는 Willem J. van Asselt, "Adam and Eve as Latecomers: The Pre-Adamite Speculations of Isaac La Peyère (1596-1676)," in *Out of Paradise: Eve and Adam and Their Interpreters*, ed. Bob Becking and Susan Henneckle (Sheffield: Sheffield Phoenix, 2010), pp. 90-107에서 길게 논의된다. La Peyrère는 창 4장뿐만 아니라 롬 5:14에서도 그에 대한 증거를 발견하는데, 거기서 바울은 "아담의 범죄와 같은

한 이런 식의 읽기가 어떻게 해서 이치에 맞는지를 살필 것이다.[3]

창세기 2:4은 그 두 번째 이야기에 대한 도입부의 역할을 한다. "이 것이 천지가 창조될 때에 하늘과 땅의 내력[tōlĕdōt]이니 여호와 하나님이 땅과 하늘을 만드시던 날에." "이것이 X의 내력이니"라는 문학적 공식은 창세기의 이곳과 다른 열 곳에서 나타난다. 이는 그 책의 형식적 특성 중 하나다. 이 책의 다른 모든 곳에서 X는 사람의 이름이다. 이 공식은 그 사람의 아들들에 관한 이야기나 그 사람의 후손의 족보를 소개한다. 다시 말해, 이는 (비록 때때로 그 사람의 삶과 겹치기는 할지라도) 그 사람 이후에 온 것과 그 사람으로부터 발전된 것에 관해 말한다. 그런데 창세기 2:4에서 X는 어떤 이의 이름이 아니다. 같은 논리를 사용해 우리는 이 공식을 통해 소개되고 있는 단락이 7일에 관한 이야기에서 보도된 하늘과 땅의 창조 이후에 일어난, 그리고 그것으로부터 발전된 일에 관해 이야기하리라고 결론을 내릴 것이다. 다시 말해, 이 도입부의 특성은 우리로 하여금 창세기 2장을 하나의 후속편으로 여기도록 이끈다. 또한 이는 우리로 하여금 도입부 공식(introductory formula) 양쪽에 있는 본문들의 대체적인 관계가 무엇인지에 관해 질문을 하도록 이끈다. 표 2에서 볼 수 있듯이, 이 도입부가 사용되는 대

죄를 짓지 아니한 자들"에 대해 언급한다.

3   나는 창 1장과 2장이 서로 경쟁하는 기원 이야기들이며 그것들이 본질적으로 모순된다는 전제를 받아들이는 오늘날의 학문적 이론에 설득당하지 않는다. 나는 그것들을 한 편의 시리즈로 여기는 것이 이치에 맞는다고 믿는다.

아담과 하와의 잃어버린 세계

부분의 경우는 후속 이야기로 이동한다. 그러나 몇 개는 그렇지 않다.

장절	관계	연결
창세기 5:1	평행/후속	가인→셋
창세기 6:9	후속	홍수 이전 상황→노아
창세기 10:1	후속	노아와 그의 아들들→열방
창세기 11:10	반복	열방→셈의 후손들
창세기 11:27	후속	셈의 후손들→데라/아브라함
창세기 25:12	후속	아브라함→이스마엘
창세기 25:19	반복	이스마엘→이삭/야곱
창세기 36:1	후속	이삭/야곱→에서의 가족
창세기 36:9	후속	에서의 가족→에서의 가문
창세기 37:2	반복	에서의 가문→야곱의 가족

표 2. 창세기에 나타나는 도입부 공식의 용례

그중 한 가지 경우(창 5:1)는 도입부 공식에 의해 연결되는 족보들을 평행시킨다. 그러나 창세기 4:25-26은 이미 아담에게로 돌아가 있으며, 따라서 이 도입부는 사실상 아담과 그의 후손들 사이에서 이행하며 후속 관계를 보여준다. 세 가지 예(창 11:10; 25:19; 37:2)는 "반복"으로 확인될 수 있다. 이 경우들 각각에서 전환이 일어나기 이전 단락은 한 가족을 따라 이후의 역사 속 깊숙이 뿌리를 내린다. 이 도입부 공식은 이어서 독자를 가족의 다른 아들(더 중요한 아들)에게로 이끌어 가면서 그의 이야기를 전한다. 이번 경우에 본문은 가인과 셋의 가문 같은 평행하는 족보들을 포함하지 않으며, 독자를 앞선 이야기의 한가운데로 이끌어가 더 상세한 이야기를 들려주지 않는다. 서로 겹치는 부분이 있을지는 모르지만 더 상세한 설명은 없다. 나머지 여섯 개의 경우는 후속 이야기를 소개한다.

여기서 창세기 1장과 2장의 관계의 문제로 돌아가 보면, 우리는 창세기에는 창세기 2:4에 등장하는 도입부 공식이 독자를 그보다 앞선 이야기의 한가운데로 돌려보내 앞서 이야기된 사건의 일부에 대한 더 상세한 설명을 듣게 한다고 결론 내릴 만한 선례가 없다는 것을 알 수 있다. 이런 도입부 공식은 창세기의 나머지 부분에서 결코 그런 일을 하지 않는다. 그리고 "내력"(tōlĕdôt)이라는 단어는 이런 이해와 반대되는 결론을 나타낸다. 더 나아가 창세기 2장은 하나님의 호의를 입은 가문의 이야기로 돌아가기 전에 호의를 입지 못한 가문의 족보를 따르는 반복적인 사례의 패턴을 따르지 않는다. 이런 증거는 우리로 하여금 창세기 2장이 창세기 1장에서 여섯째 날에 발생한 일에 대한 추가적인 상세한 정보를 덧붙이고 있지 않다는 견해를 강력하게 선호하도록 이끌어간다. 그러므로 이는 우리가 아담과 하와를, 비록 그들이 창세기 1장에서 창조된 사람들 중에 당연히 포함되어 있을지라도, 최초의 부부 혹은 그들 시대의 유일한 사람들이라고 여기는 것이 이 본문

아담과 하와의 잃어버린 세계

에 대한 유일한 읽기가 아니라는 것을 의미한다.[4]

창세기 2:5-6의 역할과 관련해서 우리는 창세기 2:5에서 언급되는 채소가 채집인이 얻을 수 있는 창세기 1장의 일반적인 식물이라기보다 경작된 수확물을 가리킨다고 알려주기 위해 제한되고 있다는 데 주목한다. 어쨌든 땅에는 전반적으로 물이 공급되고 있었기에 우리는 거기에 식물이 전혀 없지는 않았으리라고 추론한다. 창세기 1:2("토후 와 보후"[tōhû wābōhû])에 관한 논의에서 우리는 방금 시작된 우주라는 개념을 살핀 바 있다. 이곳에서 관심은 이제 막 시작된 지구의 상황으로 향하는데 그것 역시 고대 근동의 우주론에서는 잘 알려져 있다.[5]

니푸르에서 발견된 기원전 이천 년대 초반의 본문 하나는 이런 상황을 다음과 같은 표현을 사용해 묘사한다.

---

4 이것은 La Peyrère에 의해서도 제안되었다. Asselt, "Adam and Eve as Latecomers," p. 96을 보라. La Peyrère는 아담과 하와를 최초의 유대인들로 보는데, 이는 내가 동의하기 어려운 견해다.

5 여기에 대한 논의와 사례들은 Bernard F. Batto, "Paradise Reexamined," in *In the Beginning: Essays on Creation Motifs in the Ancient Near East and the Bible*, ed. Bernard F. Batto (Winona Lake, IN: Eisenbrauns, 2013), pp. 54-85에서 찾아볼 수 있는데, 그 내용은 원래 *The Biblical Canon in Comparative Perspective*, ed. K. Lawson Younger Jr., William W. Hallo and Bernard F. Batto, Scripture in Context 4 (Lewiston, NY: Mellen, 1991), pp. 33-66; and Conzalo Rubio, "Time Before Time: Primeval Narratives in Early Mesopotamian Literature," in *Time and History in the Ancient Near East: Proceedings of the 56th Rencontre Assyriologique Internationale at Barcelona 26-30 July 2010*, ed. Lluís Feliu, G. del Olmo Lete, J. Llop and A. Millet Albà (Winona Lake, IN: Eisenbrauns, 2013), pp. 3-17에 발표되었다.

- "깊은 곳에서 물이 솟지 않아 아무것도 자라지 않았다."
- "엔릴 신의 위대한 제사장은 아직 존재하지 않았고, 거룩한 정화 의식은 아직 수행되지 않았다."
- "천사들은 아직 치장을 하고 있지 않았다."
- "햇빛은 아직 비추지 않았고 밤이 퍼져 있었다. 하지만 천국은 그의 하늘의 처소를 밝게 비춰주었다."
- "땅은 스스로 식물을 자라나게 할 수 없었다."
- "하늘의 신들과 땅의 신들은 (아직) 그들의 임무를 수행하고 있지 않았다."[6]

인간에게 더 집중하는 표현들은 기원전 1600년경에 우르에서 만들어진 수메르어 본문에서 발견된다.

- 고원은 경작되고 있지 않았다.
- 운하, 수로, 제방은 건설되고 있지 않았다.
- 땅을 가는 일은 이루어지고 있지 않았다.
- 사람들은 옷을 입고 있지 않았다.[7]

---

6   Lubio, "Time Before Time," p. 7.
7   Batto, "Paradise Reexamined," p. 70을 보라. Batto는 Thorkild Jacobsen, "The Eridu Genesis," *Journal of Biblical Literature* 100 (1981): 513-29, trans. on 516n7를 활용하고 있다.

가장 주목할 만한 것은 라가쉬의 왕실 연대기(Royal Chronicle of Lagash)에서 발견되는 홍수 이후의 재창조와 관련된 서술이다.

홍수가 땅을 휩쓸며 파괴한 후 인간의 영속성이 확보되고 그의 후손들이 보존되었을 때, 검은 머리를 가진 사람들이 다시 흙에서 일어섰을 때, 그리고 인간에게 이름이 주어지고 통치권이 확립되었을 때, 아직 안(An)과 엔릴(Enlil)이 도시들의 면류관인 왕권이 하늘로부터 (그리고) 닌기르수(Ningirsu)에 의해(?) 내려오게 하지 않았을 때, 아직 그들이 침묵 속에 있는 수많은 이를 위해 삽, 괭이, 바구니, 그리고 흙을 파 뒤집는 쟁기를 내려주지 않았을 때, 바로 그때 아무 걱정이 없는 유아 시기의 인류는 1백 년을 살았다. (그러나) 요구되는 일을 수행할 능력을 갖고 있지 않던 상태에서 그들의 수명은 줄어들었고, 크게 줄어들었다. 양 우리에서 양과 염소가 죽었다. 이때 라가스에는 물이 부족했고, 기르수에는 기근이 들었다. 운하는 건설되지 않았고, 관개용 수로는 준설되지 않았고, 광대한 땅은 방아두레박을 통해 물을 공급받지 못했고, 풍성한 물이 초원과 들판을 적시는 데 사용되지 않았고, 인간은 빗물에 의존했다. 아스난(Ašnan)은 얼룩진 것들을 낳지 않았고, 도랑은 파헤쳐지지 않았고, 열매는 맺히지 않았다! 땅은 경작되지 않았고 열매를 내놓지 않았다!…아무도 쟁기를 사용해 광대한 땅을 경작하지 않았다.[8]

---

8   Jean-Jacques Glassner, *Mesopotamian Chronicles*, Society of Biblical Literature

이런 본문들은 비교 연구를 위한 풍부한 정보를 제공한다. 하지만 유감스럽게도 여기서는 이런 정보를 상세하게 살펴볼 수 없다.[9] 지금 으로서는 이런 연구를 위해서는 유사성과 차이점 모두에 신중하게 주목해야 할 필요가 있다고 말해두는 것으로 충분할 것이다. 우리의 목적을 위해 우리는 땅의 질서가 잡히기 이전의 상황을 묘사하는 창세기 2:5-6에서 발견되는 것과 같은 서술이 고대 세계의 우주론 관련 본문들에서 공통적으로 나타나고 있다는 사실에 주목해야 한다. 창세기는 그 세계에서 알려져 있던 것과 동일한 종류의 논의를 보여준다. 그러나 창세기는 종종 그런 논의에 대해 다른 관점을 취한다.

이런 본문들에서 때때로 우리는 이제 막 시작된 땅의 상황이 이제 막 시작된 우주의 상황과 함께 논의되고 있음을 알 수 있다. 창세기 1:2에서는 이제 막 시작된 우주가 묘사되는 반면, 창세기 2:5-6에서는 이제 막 시작된 지구가 묘사된다. 바로 이것이 창세기가 2장을 연대기적으로 여섯째 날이 아닌 일곱째 날 뒤에 배치하고 있는 또 다른 이유다.

Writings from the Ancient World 19 (Atlanta: Society of Biblical Literature, 2004), p. 147.

9 이 주제에 관한 논의는 F. A. M. Wiggermann, "Agriculture as Civilization: Sages, Farmers, and Barbarians," in *The Oxford Handbook of Cuneiform Culture*, ed. Karen Radner and Eleanor Robson (Oxford: Oxford University Press, 2011), pp. 663-89에서 찾아볼 수 있다. Daniel DeWitt Lowery, *Toward a Poetics of Genesis 1-11: Reading Genesis 4:17-22 in Its Near Eastern Context* (Winona Lake, IN: Eisenbrauns, 2013), pp. 140-52도 보라.

아담과 하와의 잃어버린 세계

창세기 1-2장에 이런 해석을 적용할 경우 우리는 다음과 같은 몇 가지 결론을 얻을 수 있다.

- 창세기 1장은 하나님이 (우주) 성소가 인간을 위해 역할을 하도록 명령하셨다는 개념을 제시하면서 하나님의 형상을 입은 온 인류의 창조에 대해 이야기한다.
- 창세기 1장은, 그곳에서 사용된 불명확한 용어를 통해 드러나듯이, 총칭으로서의 일반과 관련된다. 이것은 고대 세계에서 인간의 창조에 관해 보고하는 일반적인 방식과 잘 조화된다. 따라서 여기서 지시 대상이 총칭으로서의 일반이라는 것은 놀랄 일이 아니다.
- 창세기 1장은 이런 창조 행위에 사용된 메커니즘이나 과정에 대해 보고하지 않는다. 다만 그것이 하나님의 행위라는 사실만 가리킬 뿐이다.
- 창세기 1장이 더 큰 우주 안에 존재하는 질서 없음의 상태와 함께 시작하듯이, 창세기 2장은 지구라는 영역 안에 존재하는 질서 없음의 상태와 함께 시작한다.
- 창세기 2장은 인간이 어떻게 성소에서 그리고 성소를 위해 자신의 역할을 할 것인가에 대해 설명한다(이는 성소가 어떻게 인간을 위해 역할을 하는지를 다루는 창 1장과 대조된다).
- 창세기 2장은 단순히 우주가 성소가 되도록 세워졌음을 가리켰던 창세기 1장과 대조적으로 성소의 핵심(에덴동산)을 가리킨다.

남는 문제는, 만약 창세기 1장이 이미 인간의 창조에 관한 이야기를 했다면 창세기 2장의 의미는 무엇인가 하는 것이다. 창세기 2장이 창세기 1장의 사건들 이후의 어느 때를 묘사하거나 심지어 다른 과정을 나타낸다면(예를 들어 개인에 대한 집중 vs. 집단에 대한 집중), 어째서 우리는 쉽사리 최초의 인간들에 대한 특별한 형성을 묘사하는 것처럼 보일 수 있는 형성 이야기들(forming accounts)을 갖고 있는 것일까? 바로 이것이 우리가 이 책의 다음 몇 장을 통해 다루게 될 질문이다.

아담과 하와의 잃어버린 세계

"흙으로 짓다"와 "갈빗대로 만들다"는
원형적 주장일 뿐
물질적 기원에 관한 주장이 아니다

창세기 1장을 (이 책의 처음 몇 장을 통해 요약되었듯이) 물질보다는 질서와 관련된 기원 이야기로 여기는 나의 견해를 처음 접할 때, 사람들은 곧 다음과 같은 질문을 제기한다. "그러나 창세기 2장은 어떠한가?" 이어서 그들은 자기에게 분명해 보이는 것에 대해 말한다. "지음"(forming)은 명백히 물질과 관련된 용어이며 "흙"(dust)은 물질적 구성 요소라는 것이다(참조. 창 2:7). 그러므로 독자들은 아주 쉽게 창세기 1장이 질서에 초점을 맞추고 있으나 적어도 창세기 2장은 인간의 **물질적 기원에 관한 이야기를 하고 있다는 결론을 내릴 수 있다.**

여기서 성서가 확실하게 인간의 물질적 기원의 메커니즘과 과정에 관련된 어떤 주장을 하고 있는 것이라면, 우리는 이를 진지하게 다뤄야 한다고 주장할 것이다. 창세기 2장을 하나님이 인간을 어떤 신속하고 완벽한 과정을 거쳐 만드시는 일—인간이 앞선 종으로부터 물질적으로 발전되어 나온 것이 아니라—에 관한 이야기로 읽는다면, 우리는 인간의 신규 창조(de novo creation, 나는 이 책의 나머지 부분에서 계속해서 이 용어를 사용할 것이다)[1]를 긍정할 것이다. 신규 창조에 맞서는 것은 종(種)들 사이의 물질적 연속성의 특징을 지닌 창조다.[2]

---

1 "신규"(de novo)가 "무로부터"(ex nihilo)와 같지 않다는 데 주목하라. 전자는 구성 요소들은 사용할 수 있으나 우리가 "자연적"이라고 여기는 어떤 과정도 사용하지 않는다. 이는 인간이 아닌 것으로부터 인간의 출현을 나타낸다. 반면에 "무로부터"는 어떤 구성 요소도 사용하지 않는다. 이는 성서에서 인간의 기원과 관련해서 결코 제기되지 않은 주장이다.

2 진화론은 물질적 연속성에 관해 생각하는 데 필요한 설명적인 모델을 제공한다. 하

이 책에서 우리는 일어난 일에 대한 과학적 설명을 제공하려 하지 않을 것이다. 우리는 성서가 주장하는 혹은 주장하지 않는 것에 초점을 맞출 것이다. 비록 우리가 성서가 인간에 대한 신규 창조를 주장하지 않는다는 사실을 발견할지라도, 과학적 의문은 해소되지 않을 것이다. 따라서 우리는 여전히 과학이 제공하는 선택지나 설명에 대해 살피고 그것을 그것 자체로서 고찰해야 한다. 그러나 만약 성서가 분명하게 신규 창조를 주장하지 않으며 그러하기에 물질적 연속성을 배제하지 않는다면, 그때 성서는 물질적 연속성에 기초를 두고 있는 과학적 모델과 본질적으로 모순되지 않을 것이다. 다시 말해, 우리는 성서가 상호 배타적인 주장을 구성하는 경쟁적인 이론으로 이를 배제한다고 말함으로써 물질적 연속성이라는 개념을 거부해서는 안 된다.

지음

먼저 우리는 "짓다"(form)로 번역된 단어(히브리어 *ysr*)가 반드시 물질적 행위를 의미한다는 가정에 대해 다룰 것이다. 분명한 것은, 이 단어의 용례가 보여주듯이, 사실은 그렇지 않다는 것이다. 가장 분명한 예들 중 하나는 스가랴 12:1에서 발견된다. "여호와 곧 하늘을 펴시며 땅의

지만 물질적 연속성을 수용하는 것이 필연적으로 설명적 모델로서의 진화론을 수용하는 것과 같지는 않다.

터를 세우시며 사람 안에 심령을 지으신[ysr] 이가 이르시되." 여기서 "짓다"라는 동사의 직접 목적어는 "심령"인데, 범주적으로 이는 물질적인 것이 아니다. 이는 "지음"(forming)이 본질적으로 혹은 필연코 물질적 행위인 것은 아님을 예시해준다. 그런데 이것은 단 하나뿐인 경우가 아니다. 히브리어 성서에서 이 동사가 나타나는 42번의 경우에,3 이는 다양하게 비물질적인 방식으로 사용된다.

- 하나님이 지금 발생하고 있는 사건들이 오래전부터 **정해진**(NIV: "planned") 것이라고 말씀하신다(왕하 19:25//사 37:26; 참조. 사 22:11; 46:11; 렘 18:11).4
- 성서가 하나님이 마음[heart]을 **지으셨다**고 말할 때, 그 "마음"이 가리키는 것은 혈액 펌프가 아니라 생각과 성향이다(시 33:15).
- 하나님은 봄과 겨울을 **만드셨다**(시 74:17).
- 악한 재판장은 율례를 빙자해 재난을 **꾸민다**(NIV: "brings on," 시 94:20)
- 우리의 날들은 하나님에 의해 **정해진다**(NIV: "ordained," 시 139:16).
- 이스라엘은 하나님에 의해 하나의 백성으로서 **지어진다**(사 43:1,

---

3 창세기에서 3번, 왕하 19:25에서 1번, 시편에서 7번, 그리고 예언서에서 31번(그중 16번은 사 43-46장에서 나타남) 등장한다.
4 만약 "하나님이 땅의 흙으로 인간을 계획하셨다[planned]"라고 읽는다면 이것이 창 2장에 대한 우리의 이해에 어떤 영향을 미칠지에 대해 생각해보라.

21; 44:2, 21, 24; 45:11; 렘 10:16; 51:19).

- 하나님은 빛을 **지으시고** 어둠을 창조하신다(사 45:7).[5]
- (고레스로 확인된) 종은 비록 정상적인 인간적 과정을 통해 태어나지만 하나님에 의해 모태에서 **지음 받는다**(사 49:5; 참조. 렘 1:5).
- 하나님은 메뚜기 떼를 **지으신다**(NIV: "prepares," 암 7:1).

이 동사가 나타나는 경우의 절반 이상은 문맥상 물질과 관련된 것으로 보이지 않는다. 위에 언급된 경우들 중 많은 것은 하나님이 어떻게 현상, 사건, 운명, 역할 등을 정하시는지 혹은 명령하시는지에 대해 알려준다. 여기서 언급되지 않은 사례들 중 많은 경우는 "준비하다", "정하다" 혹은 "명하다" 같은 다른 동사로 쉽게 번역될 수 있다. 이런 이해는 창세기 1장에서 제시된 기능적 기원에 관한 견해와 정확하게 일치한다. 그러므로 "짓다"(yṣr)를 물질적 행위로 이해하려고 하는 우리의 성향은 히브리어 원문보다는 영어 번역과 더 상관이 있다. 문자적 해석에 몰두하는 이들이라도, 어떤 문자적 읽기도 영어가 아닌 히브리어에 기초를 두어야 한다는 점을 인정해야만 한다.

---

5 이것은 물질적 의미로 사용되고 있지 않다. 왜냐하면 확실히 이스라엘인들은 빛을 본질상 물질적인 것이라고 여기지 않았기 때문이다.

흙

종종 창세기 2:7이 물질적 측면에서 말하고 있다고 여기도록 우리를 이끌어가는 또 다른 요소는, 많은 이들이 물질적 구성 요소라고 여기는 흙(dust, "흙"으로 번역된 히브리어는 사실은 "티끌"이나 "먼지"에 더 가깝다. 실제로 『현대인의 성서』는 이것을 "티끌"로 번역하고 있다―역주)에 대한 언급이다. 그러나 지금까지 우리는 서둘러 어떤 결론을 내리기 이전에 그것에 대해 철저하게 생각해보아야 한다는 것을 배웠다.

흙에 대해 생각하는 가장 기본적인 방법은 흙을 인간의 몸의 화학적 구성이라고 여기는 것이다. 하지만 이런 접근법은 즉각 몇 가지 결함을 드러낸다. 첫째, 이스라엘인들은 인간의 몸을 화학적 관점에서 생각하는 쪽으로 기울어져 있지 않았다. 그들은 그렇게 할 수 있는 수단을 갖고 있지 않았다. 따라서 그 상세한 내용에 대해 고찰할 때 그들은 무언가 다른 것을 염두에 두고 있었다. 둘째, 우리의 유리한 관점에서 볼 때 우리는 이를 결함이 있는 화학이라고 여길 수밖에 없다. 왜냐하면 흙이 인간의 몸의 주요한 재료로 간주될 수는 없기 때문이다.

화학적 관점에서 생각하는 것에 대한 일반적인 대안은 본문의 진술을 장인의 솜씨를 가리키는 것으로 이해하는 입장이다. 이런 사고에서 그 진술이 드러내는 상(像)은, 애정 어린 관심을 가지고 자신의 피조물을 지으시고 거기에 생명의 숨결을 부여하시는 "실제적인" 하나님이다. 이런 대안이 가지고 있는 심각한 문제는, 만약 그것의 주된 개념이 장인의 솜씨라면, 그 장인이 선택한 재료가 무엇이냐는 별 의미가 없어진다는 것이다. 우리는 진흙을 빚지, 흙(티끌)을 빚지 않는다. 흙(티끌)은 그 본성상 무언가로 빚어지기 어렵다.[6]

그러므로 우리는 다른 대안을 찾아야 한다. 그리고 그 대안을 찾기에 본문 자체보다 나은 곳은 없다. 우리는 창세기 3:19에서 결정적인 단서를 발견한다. "너는 흙이니 흙으로 돌아갈 것이니라." 여기서 우리는 흙이 죽을 운명(mortality)을 가리킨다는 것을 알게 된다. 이런 연상은 가족묘의 석판 위에 놓여서 1년 안에 한 무더기의 뼈와 바싹 건조된 살로 훼손되어가는 시체에 대한 생각에 익숙한 이스라엘의 독자에게는 뜻이 통했을 것이다.

그럼에도 어떤 이들은 성서의 다른 구절들이 이와 모순된다는 이유로 그런 견해를 수용하기를 꺼려해왔다. 특히 그동안 많은 이들은 바울이 "모든 사람이 죄를 지었으므로 사망이 모든 사람에게 이르렀느니라"(롬 5:12)고 말하는 데 근거해서 사람은 불멸하도록 창조되었다는 결론을 내려왔다. 우리는 이것이 바울이 말하고 있는 바인지에 대해 신중하게 생각해보아야 한다. 창세기 3:19이 사람이 죽을 운명을

---

6 같은 논점이 Bob Becking, "Once in a Garden: Some Remarks on the Construction of the Identity of Woman and Man in Genesis 2-3," in *Out of Paradise: Eve and Adam and Their Interpreters*, ed. Bob Becking and Susan Hennecke (Sheffield: Sheffield Phoenix, 2010), pp. 1-13 중 7쪽에서도 지적되고 있다. 고대 근동 문헌으로부터 나온 예들에 대해서는 9장에서 논의할 것이다.

지니고 창조되었음을 암시할 가능성을 제외하더라도, 창세기에 있는 또 다른 구절은 더 강력한 증거를 제공한다. 에덴동산에서 하나님은 생명나무를 제공하셨다. 불멸의 사람에게는 생명나무가 필요 없다. 그러니 생명나무가 제공되었다는 것은 사람이 죽을 운명을 지니고 있었음을 암시한다.[7]

이제 우리는 바울의 진술이 창세기와 조화를 이루지 않는다고 생각하지 않기 위해, 그가 확언하고 있는 바를 더 신중하게 살펴볼 필요가 있다. 창세기에서 우리는 사람들이 죄를 지었을 때 하나님 앞에서 쫓겨나고 그들이 생명나무에 접근하지 못하도록 동산 입구에 그룹들이 배치되는 것을 본다(창 3:24). 만약 사람이 죽을 운명으로 창조되었다면, 생명나무는 이런 운명에 대한 치유책으로, 즉 그의 죽을 운명에 대한 치료법으로 제공된 것일 수 있다. 사람은 죄를 지었을 때 그 치료법에 접근할 길을 잃었고 그로 인해 치유책 없이 남겨짐으로써 결국

---

7   Mark E. Biddle, *Missing the Mark: Sin and Its Consequences in Biblical Theology* (Nashville: Abingdon, 2005), p. 11; Terence E. Fretheim, *God and the World in the Old Testament* (Nashville: Abingdon, 2005), p. 77; and I. Provan, *Seriously Dangerous Religion* (Waco: Baylor University Press, 2014), pp. 280-81. 또한 Terje Stordalen, *Echoes of Eden: Genesis 2-3 and Symbolism of the Eden Garden in Biblical Hebrew Literature* (Leuven: Peeters, 2000), p. 291을 보라. 또한 Stordalen은 생명나무가 허락되었을 뿐 아니라 아담과 하와는 그동안 이것을 먹어왔다고 주장한다. 그는 어떤 이들이 창 3:22을 근거로 이런 견해에 맞서 문법적 주장을 하는 것을 효과적으로 반박한다 (*Echoes of Eden*, pp. 230-32). Peter C. Bouteneff, *Beginnings: Ancient Christian Readings of the Biblical Creation Narratives* (Grand Rapids: Baker, 2008), p. 6도 보라.

죽게 되었다(즉 본래의 죽을 운명에 굴복하게 되었다). 이 경우에 바울은 단지 우리 모두가 죄로 인해 죽을 수밖에 없다는 사실을 말하고 있을 뿐이다. 죄는 우리가 죽을 운명에 대한 해결책을 잃게 만든다. 그로 인해 우리는 우리의 죽을 운명의 덫에 빠진다. 그러므로 바울은 사람이 불멸하도록 창조되었다고 확언하는 것이 아니라 창세기로부터 나온 정보와 일치하는 입장을 보이고 있는 것이다.

어떤 이들은 만약 사람이 죽을 운명을 지니고 창조되었고 도처에 죽음이 존재했다면, 하나님이 자신이 지으신 세계가 "좋다"(good)고 말씀하시는 것은 불가능했으리라며 이런 견해에 반대해왔다. 앞서 주장했듯이(5장), 우리가 "선한"(good) 창조를 이런 식으로 이해해야 할 타당한 이유는 존재하지 않는다. 그러므로 창세기 2:7이 말하는 흙(티끌)이, 사람이 죽을 운명으로 창조되었음을 가리킨다는 의미를 갖고 있다는 명제로 되돌아가 보자.[8] 이런 해석은 우리가 이 본문을 문자적으로 취급하려면 "흙으로 지음 받는다"라는 표현이 과학적 함의를 갖고 있다고 믿어야 한다는 너무나 피상적인 전제와 대조를 이룬다. 그럼에도 이런 해석자들이 종종 같은 이해를 창세기 2:19에는 적용하지 않는 것

---

8 이런 결론은 실제로 교회사 초기에 나타났다. 4세기에 안디옥 사람들은 이미 인간의 불멸에 대해 생각하는 두 가지 방식을 제시했다. 그들은 아담의 타락 이후의 상황을 "징벌적인"이 아닌 "자연적인" 죽을 운명으로 여겼다. 여기에 대한 논의로는 George Kalantzis, "*Creatio ex Terrae*: Immortality and the Fall in Theodore, Chrysostom, and Theodoret," *Studia Patristica* 67 (2013): 403-13을 보라.

은 이상하다. 거기서 짐승들은 "흙으로 지음을 받는다." 더 중요하게, 그들은 창세기 1:24("땅은 생물을 그 종류대로 내라")에 대해서는 과학적 의미를 거의 부여하지 않는다.

아담과 우리 나머지

우리가 숙고해야 할 다음 질문은 과연 아담에 관한 이 진술이 독특하게 그에게만 상관이 있는지, 아니면 우리 모두와 상관이 있는지 하는 것이다. 이 책의 핵심적 제안은 아담과 하와의 형성 이야기가 그들 두 사람이 어떻게 독특하게 지음을 받았는지에 관한 이야기로서가 아니라 원형적으로 이해되어야 한다는 것이다. 원형(archetype)이라는 단어를 사용할 때 나는 문학이 "원형들"을 사용하는 방식을 언급하는 것이 아니다. 오히려 나는 원형이 그 그룹에 속한 다른 것들을 상징한다는 단순한 개념을 가리킨다. 성서에서 원형은 한 개인이 될 수 있고 또한 언제나 개인이다. 나는 아담이 한 개인—실제로 과거에 존재했던 실제 인간—이라는 개념을 긍정할 준비가 아주 잘 되어 있다. 그럼에도 우리는 아담('ādām)이라는 단어의 용법에서 정관사의 사용이 아담을 모종의 대표자로 이해하는 쪽을 지지하는 경향을 보인다는 데 대해 살펴본 바 있다. 그리고 원형은 대표성의 한 형태다.

바울은 모든 사람이 아담 안에서 죄를 지었음을 지적하면서 아담을 하나의 원형으로 다룬다(롬 5:12). 이런 식으로 모든 이가 한 사람

안에 포함되고 그 사람의 행위에 참여한 것으로 간주된다. 본문이 아담을 취급하는 방식이 무엇보다도 원형으로서의 그에게 집중하는지 혹은 한 개인으로서의 그에게 집중하는지를 판단하기 위해, 우리는 한 가지 단순한 질문을 제기해볼 수 있다. 이 본문은 독특하게 아담에게만 해당되는 무언가를 설명하고 있는가, 아니면 우리 모두에게 해당되는 무언가를 설명하고 있는가? 만약 오직 아담만이 흙으로 지음을 받았다면, 이 본문은 그를 하나의 구별되고 독특한 개인으로 다루고 있는 것이다. 만약 하나님이 오직 아담에게만 생명의 숨결을 불어넣으셨다면, 그로 인해 아담은 우리 나머지와 구분된다. 만약 하와의 형성이 오직 그녀에게만 해당하는 그녀에 관한 진실을 전한다면, 이 본문은 그저 한 개인의 역사일 뿐이다. 그러나 만약 이런 것들 중 어느 하나 혹은 전부가 우리 모두에게 해당된다면, 이 본문은 하나의 독특하고 개별적인 사건에 대한 언급이 될 수 없으며, 그것이 의도하는 의미를 포착할 수 있도록 더 광범위하게 해석되어야 한다.

이런 문제를 염두에 두고 증거를 살피기 시작할 경우, 어쩌면 우리가 발견하는 것이 우리를 놀라게 할지도 모른다. 첫째, 우리는 우리 모두가 생명의 숨결을 갖고 있으며 그것이 하나님으로부터 온다는 것을 발견한다(욥 27:3; 32:8; 33:4; 34:14-15; 사 42:5). 이어서 우리는 모든 피조물이 아마도 하나님에 의해 부여되었을 생명의 숨결을 갖고 있음을 발견한다(창 7:22). 그러나 이것은 놀랄 일도 아니고 논쟁이 될 만한 일도 아니며 인간의 기원에 관한 질문과는 아무런 상관도 없다.

아담과 하와의 잃어버린 세계

더 중요하게, 성서의 증거를 살필 때 우리는 우리 모두가 흙으로 지음 받았다고 결론을 내려야 한다. 시편 103:14은 다음과 같이 진술한다.

우리가 어떻게 만들어진 것을 아시며
우리가 먼지(흙)에 불과한 존재임을 기억하심이라(『현대인의 성경』).

여기서 사용된 어휘("만들어지다"와 "먼지")는 창세기 2:7과 동일하다.[9] 바울은 흙에서 온 "첫 사람"과 하늘에서 온 "둘째 사람"을 대조하면서 이런 보편성에 대해 언급한다. 이어서 그는 땅 위에서 살아가는 우리 모두가 "흙"이라는 정체성을 공유하고 있음을 가리킨다.

첫 사람은 땅에서 났으니 흙에 속한 자이거니와 둘째 사람은 하늘에서 나셨느니라. 무릇 흙에 속한 자들은 저 흙에 속한 자와 같고 무릇 하늘에 속한 자들은 저 하늘에 속한 이와 같으니(고전 15:47-48).

그러므로 우리는 성서의 증거에 기초해서 모든 사람이 흙으로 지음 받았다는 결론을 내려야만 한다(전 3:20도 보라). 이는 우리가 창세

---

9 한 가지 구별되지는 않으나 차이가 있다면, 이는 창 2:7에서 *ysr*가 동사 형태인 반면, 여기서는 그 어근이 명사 형태들 중 하나로 사용된다는 점이다. 같은 어근에서 온 명사와 동사들이 자동적으로 혹은 언제나 동일한 의미론적 족적을 갖는 것은 아니다. 하지만 이 경우에 단어들의 용법은 그것들이 그런 족적을 갖고 있음을 보여준다.

기 3:19에서 흙이 죽을 운명에 대한 표현이라는 것—우리는 흙이고 흙으로 돌아간다—을 배울 때 확증된다. 우리 모두는 이 죽을 운명을 공유하고 있다. 그런 까닭에 우리는 아담이 흙으로 지음 받은 것이 독특하게 그와만 관련된 것이 아니라 모든 인간과 관련되어 있음을 발견한다. 또 다른 증거는 욥기 10:9에서 찾아볼 수 있다.

기억하옵소서. 주께서 내 몸 지으시기를 흙을 뭉치듯 하셨거늘,

다시 나를 티끌로 돌려보내려 하시나이까.

여기서 욥은 자신이 하나님에 의해 지음 받았다고 여기는데 이는 자기가 다른 모든 이들처럼 여자에게서 태어나지 않았다고 주장하는 것이 아니다. 성서 본문이 아담이 흙으로 지음 받았다고 보도할 때, 이는 아담이 어떻게 나머지 우리 모두와 다른지를 확인할 수 있는 무언가를 나타내고 있는 것이 아니다. 오히려 이는 어떻게 그가 우리 모두와 같은지를 확인할 수 있는지를 알려준다. 흙으로 지음 받는다는 것은 우리의 본질과 정체성에 관한 진술이지, 우리의 구성 요소에 대한 진술이 아니다. 이런 점에서 아담은 그저 기본형(prototype)인 것이 아니라 원형(archetype)인 것이다.

만약 우리 모두가 흙으로 지음을 받았다면, 그러나 동시에 정상적인 출산 과정을 통해 어머니에게서 태어났다면, 우리는 우리 자신이 흙으로 지음 받는다는 것이, 비록 그것이 우리 모두에게 해당되기는

아담과 하와의 잃어버린 세계

하지만, 우리 모두의 물질적 기원에 관한 진술이 아니라는 것을 알 수 있다. 우리는 여자에게서 태어나지만 여전히 흙으로 지음을 받는다. 이는 아담이 흙으로 지음을 받았을지라도 여전히 여자에게서 태어났을 수도 있음을 의미한다.[10] "흙으로 지음을 받는다"는 것은 우리 중 누군가의 물질적 기원에 관한 진술이 아니다. 그리고 이것이 아담의 물질적 기원에 관한 진술이라고 여겨야 할 아무런 이유도 존재하지 않는다. 우리 모두처럼 아담에게도 우리가 흙으로 지음 받았다는 것은 죽을 운명을 지닌 자인 우리의 정체성에 관한 진술이다. 이것은 우리 모두와 상관이 있기에 원형적이다.

아담의 지음에 관한 특별한 관심은 그의 역할과 가장 잘 연결된다. 이집트의 도해에서 우리는 파라오의 대관식의 일부로서 파라오가 크눔(Khnum) 신이 돌리는 물레 위에서 지음을 받는 모습을 표현하는 양각(陽刻)을 발견한다. 신들이 그를 **왕이 되도록** 짓는다. 예레미야 1:5에서 우리는 예언자가 모태에서 특별한 역할을 위해 지음 받은 것에 관해 읽는다. "너를 여러 나라의 예언자로 세웠노라." 이런 진술은 누군가의 물질적 기원이 아니라 그의 운명 및 정체성과 관련된다. 이 모든 증거는 우리가 창세기 2:7을 같은 식으로 이해해야 한다고 알려준다. 아담의 중요성은 에덴동산에서 그가 맡은 역할 및 그곳에서 일어난 일

---

10 어떤 이들은 욥 15:7에서 증거를 발견할 것이다. 최초의 사람이 태어났다는 이해는 초기부터 있었다. 하지만 나는 이 구절이 그런 종류의 진술을 한다고 읽지 않는다.

과 상관이 있다. 이런 추론을 감안한다면, 우리는 이를 물질적 기원에 관한 이야기라고 여기는 것을 넘어서는 다른 대안을 갖고 있는 셈이다. 그리고 이런 다른 선택지들 안에서 창세기는 인간의 기원에 관한 과학적 설명과 경쟁하는 어떤 주장을 제공하지 않는다. 이는 과학이 옳다는 의미가 아니다. 이는 단지 성서가 어떤 경쟁하는 주장을 제시하지 않는다는 것을 의미할 뿐이다. 성서의 주장은, 무슨 일이 일어났든, 하나님이 그 일을 하셨다는 것이다. 바로 그분이, 메커니즘이나 경과된 시간의 길이와 상관없이, 우리 인간의 존재와 인간으로서의 우리 정체성의 원인이시다. 성서는 그분이 그 일을 어떻게 하셨는지에 대해 말하지 않는다. 결과적으로 성서는 하나님이 인간의 기원의 궁극적 원인이라고 주장하기는 하나, 인간의 기원에 대해 반드시 신규 창조를 주장하지는 않는다.

"갈빗대"

우리가 물어야 할 첫 번째 질문은, 과연 창세기 본문이 아담이 하와를 자신의 갈빗대로부터 나온 존재로 여겼다고 암시하느냐 하는 것이다. 본문은 우리에게 답을 제공한다. 그는 그렇게 여기지 않았다. 그의 입에서 나온 첫 마디 말은 이러했다. "이는 내 뼈 중의 뼈요 살 중의 살이라"(창 2:23). 여기에는 갈빗대 하나보다 더 많은 것이 포함되어 있다. 왜냐하면 그녀는 "내 뼈 중의 뼈"일 뿐 아니라 "살 중의 살"이기도 하기

아담과 하와의 잃어버린 세계

때문이다.

이는 우리로 하여금 창세기 2:21의 의미에 관해 질문하도록 만든다. NIV는 이 구절을 이렇게 번역한다. "그가 그 갈빗대 하나를 취하고 살로 대신 채우시고." 아담의 진술은 우리로 하여금 "갈빗대"가 히브리어 첼라(ṣēlāʿ)에 대한 적절한 번역인지에 대해 묻도록 만든다. 이 단어는 히브리어 성서에서 40여 차례 사용되는데, 어떤 다른 구절에서도 해부학적 용어로 사용되지 않는다. 창세기 2장 밖에서 이 단어는ー사무엘하 16:13을 제외하면ー성막/신전 관련 구절에서 건축학적 의미로 사용될 뿐이다(출 25-28장; 왕상 6-7장; 겔 41장). 이런 구절들에서 이는 널빤지나 들보를 가리킬 수 있다. 하지만 좀 더 자주 이 단어는 무언가가 두 개의 면을 갖고 있을 때 이쪽이나 저쪽을 가리킨다(증거궤의 양면에 붙어 있는 고리들, 신전의 두 측면, 즉 북쪽과 남쪽에 있는 방들 등등). 단어의 용법에 관한 이런 데이터와 함께 아담의 진술에 기초해서 우리는 하나님이 아담의 양면들 중 하나를 취하셨다는 결론을 내려야 한다. 아마도 이는 하나님이 아담을 둘로 쪼개서 그중 한편으로 여자를 지으셨음을 의미할 것이다.

이 히브리어 단어와 그것이 역사를 통해 사용되어왔던 방식을 철저히 조사할 때, 우리는 이런 식의 읽기를 지지하는 훨씬 더 많은 증거를 발견한다. 어원이 같은 단어 첼루(ṣēlu)가 아카드어(아시리아어와 바빌로니아어)에서 사용되는 방식을 살펴보면, 우리는 이 단어가 어떤 모호성을 갖고 있음을 알게 된다. 그것이 단일한 갈빗대를 가리키는 경우는 드물다. 대부분의 경우 그것은 한쪽 면 전체 혹은 흉곽 전체를 가리킨다. 이는 우리가 현대의 영어로 "소의 옆구리살"(a side of beef)에 대해 말하는 것과 비교될 수 있다.

초기의 번역들에서 우리는 타르굼(Targum)에 있는 아람어 번역(아람어 *il*)이 갈빗대든 면이든 가리킬 수 있음을 발견한다. 같은 것이 70인역(LXX)의 번역자들에 의해서도 사용된다(그리스어 *pleura*는 갈빗대도 될 수 있고 측면도 될 수 있다). 라틴어 불가타에서 히에로니무스는 코스티스(*costis*)라는 라틴어를 사용하는데, 이 단어 역시 갈빗대도 될 수 있고 면도 될 수 있다. 랍비 문헌에서 발견되는 가장 이른 시기의 논의들 중 하나는 랍비 사무엘 벤 나흐마니(Samuel be Nahmani)[11]가 쓴 「미드라쉬 라바」(*Midrash Rabbah*) 안에 있는 주석에서 나타난다. 그때 그는 이미 "갈빗대" 대신 "면"이라는 단어를 사용해야 한다고 주장하고 있었다.

우리가 마침내 영어 번역본 시대에 이르렀을 무렵에는 "갈빗대"라는 해석이 깊게 뿌리를 내리고 있었다(Wycliffe Bible, Geneva Bible, Great Bible, King James Version 등). 그러나 우리는 앞서 언급된 어휘와 관련된 정보에 기초해서 이것이 히브리어, 아람어, 그리스어, 라틴어에서 "면"을 의미할 수도 있고 "갈빗대"를 의미할 수도 있는 단어에 대한 해

---

11 3-4세기경에 활동했던 랍비이자 율법 해석자들 중 두 번째 위대한 그룹에 속했던 이들(Amoraim, 이들의 율법 해석을 집대성한 것이 탈무드다―역주) 중 한 사람.

아담과 하와의 잃어버린 세계

석이라는 것을 알 수 있다. 아담 자신의 진술과 그 단어의 더 지배적인 용법 모두가 "면"이 더 나은 선택이 될 수 있음을 암시한다.

이런 결론은 우리에게 한 가지 어려운 문제를 제기한다. 만약 하나님이 아담을 반으로 자르셨다면, 이는 과격한 외과수술이었을 것이다. 분명히 하나님은 그분이 원하시는 것은 무엇이든 하실 수 있다. 하지만 (고대) 이스라엘인들이 이를 자연스럽게 외과수술의 측면에서 생각했을까? 그들은 하나님이 아담을 깊이 잠들게 하셨을 때 그가 마취가 되었다고 여겼을까? 이스라엘인들은 마취에 대해서는 아무것도 알지 못했다. 그리고 하나님이 그런 심원한 기적을 수행하고자 하셨다면, 그분은 간단하게 아담이 고통을 느끼지 못하게 하셨을 것이다. 사실, 많은 이들이 타락 이전에는 고통이 없었고 따라서 마취 시술은 불필요했다고 주장한다.

그러나 본문은 우리를 다른 방향으로 이끌어간다. 우리는 "잠들다"(rdm)라는 어근에서 나온 "타르데마"(tardēma, 깊은 잠)라는 단어를 살펴볼 필요가 있다. 구약성서에서 이 명사는 7차례 등장하며 이 명사가 나온 어근 역시 7차례 등장한다.[12] 우리는 이 단어가 묘사하는 잠이 서로 다른 세 가지 환경에서 사용될 수 있음을 발견한다.

---

12 명사 및 명사와 관련된 동사 형태를 함께 살펴보는 작업이 언제나 타당한 것은 아니다. 왜냐하면 그것들은 서로 다른 의미 방향을 취할 수 있기 때문이다. 그러나 이 경우에 그 둘은 의미론적으로 동일한 범위 안에 남아 있고 하나의 그룹으로 평가될 수 있다.

1. 누군가가 인간의 영역 안에 있는 무언가에 의해 인간의 영역에 속한 상황에 대해 반응하지 못할 때(시스라의 탈진과 따뜻한 우유, 삿 4:19, 21; 죽음의 잠에 빠진 말과 병거, 시 76:6; 게으름으로 인한 태만, 잠 19:15; 참조. 잠 10:5).

2. 누군가가 인간의 영역에 속한 상황에 대해 그리고 동일하게 신에 대해 반응하지 못할 때(사울, 삼상 26:12; 신실하지 못한 이스라엘, 사 29:10; 요나, 욘 1:5-6).

3. 누군가가 신의 영역에서 온 소식을 받기 위해 인간의 영역에 대해 반응하지 못하게 되었을 때(아브라함, 창 15:12; 엘리바스, 욥 4:13; 다니엘, 단 8:18; 10:9; 참조. 욥 33:15).

마이클 폭스(Michael Fox)는 이 단어가 "밤에 청하는 정상적인 잠이 아닌, 때 아닌 잠이나 마비 상태"와 관련된다는 통찰을 덧붙인다.[13] 세 가지 범주 모두에서 잠은 인간의 영역에 속한 모든 이해를 차단한다.[14] 이 각각의 구절들 안에는 잠에 빠진 이가 인식하지 못하는 인간의 영역에 속한 위험이 있거나, 환상의 영역에서 얻어야 할 통찰이 있

---

13 Michael V. Fox, *Proverbs 10-31*, Anchor Bible (New Haven, CT: Yale University Press, 2009), p. 513.

14 M. Oeming, "*tardēmâ*," *Theological Dictionary of the Old Testament*, ed. G. Johannes Botterweck, Helmer Ringgren and Heiz-Josef Fabry, trans. David E. Green and Douglas W. Stott (Grand Rapids: Eerdmans, 2004), 13:338.

아담과 하와의 잃어버린 세계

다. 후자의 가능성과 관련해서, 70인역의 번역자들이 창세기 2:21에서 엑스타시스(*ekstasis*)라는 그리스어를 사용하기로 한 것은 흥미롭다. 이 단어는 그들이 창세기 15:12에서 사용한 단어와 같은데, 이는 환상(vision), 비몽사몽(trance) 그리고 황홀경(ecstasy)과 관련된 이해를 보여준다(행 10:10; 11:5; 212:17에서 이 그리스어가 사용되고 있음을 참고하라[NIV: "trance"]). 이런 해석은 교부들에게서도 분명하게 나타난다(에프렘[Ephrem]과 테르툴리아누스[Tertullian]).[15] 불가타에서 히에로니무스는 소포르(*sopor*)라는 라틴어를 택했는데, 이는 비몽사몽의 형태로 오는 것을 포함해 모든 종류의 비정상적인 잠을 가리킨다.

이런 데이터에 근거해서 우리는 아담의 잠이 외과수술 절차를 위해서라기보다 환상적인 경험을 하도록 그를 준비시켰다고 쉽게 결론을 내릴 수 있다. 아담이 절반으로 잘리고 여자가 그의 절반으로부터 만들어지는 데 대한 설명(창 2:21-22)은, 그가 육체적으로 경험한 무엇이 아니라 환상 속에서 보았던 무엇을 가리킨다. 그러므로 이는 물질적 사건을 묘사하지 않으며 그에게 그 자신이 창세기 2:23에서 웅변적으로 표현하는 어떤 중요한 현실에 대한 이해를 제공한다. 결과적으로 우리는 이 본문이 하와의 물질적 기원을 묘사하고 있지 않다는 결론을 내릴 수 있다. 이 환상은 그 남자와 존재론적으로 연결되어 있는

---

15 Andrew Louth, with Marco Conti, eds., *Genesis 1-11*, Ancient Christian Commentary on Scripture, Old Testament 1 (Downers Grove, IL: InterVarsity Press, 2001), pp. 66-67.

그녀의 정체성과 관련되어 있다. 그러므로 이 본문은 여자의 물질적 기원에 관해서는 어떤 주장도 하지 않는다.

더 나아가, 일단 본문에서 성별 정체성(gender identity)에 관한 논의가 이루어지고 있다는 것을 안다면, 우리는 그 본문이 하와에게만 해당되는 무언가를 표현하고 있지 않다는 결론을 내리게 된다. 이는 모든 여성에 해당된다. 이런 해석은 창세기 2:24에서 확증되는데, 거기서 이 본문은 모든 남성과 모든 여성에게 해당되는 관찰 결과를 제시한다. 그리고 여기서 다시 한번 원형적 요소가 분명하게 드러난다. 왜냐하면 여기서 발생한 일은 단지 독특하게 아담과 하와만이 아니라 모든 사람과 상관이 있기 때문이다. 모든 여성은 모든 남성의 "옆구리로부터" 온다. 결혼은 인간의 원래 상태를 복귀시키고 회복시킨다. 이는 결혼하지 않은 사람은 온전한 사람이 아니라거나 당신의 반쪽에 해당하는 특별한 배우자가 있다는 식으로 잘못 해석되어서는 안 된다. 이 본문은 존재론적으로 성별로 나뉜 인간 집단을 총칭적으로 언급한다.

창세기 2:24은 어째서 사람이 생물학적으로 외부자인 사람과 관계를 형성하기 위해 가장 가까운 생물학적 관계(부모 자식의 관계)를 떠나야 하는가 하는 질문에 답한다. 본문을 통해 제공되는 답은, 인간은 존재론적으로 성별로 나눠져 있기에 결혼이 생물학적 관계를 넘어서 원래 상태를 회복시킨다는 것이다. 존재론이 생물학을 이긴다. 이는 아담에게 여자가 단순히 재생산을 위해서 자기에게 맞는 짝에 불과하지 않음을 알려주었다. 여자의 정체성은 그녀가 그의 협력자요, 그의 반쪽이라는 것이다.

이제 우리는 창세기 2:24이 우리가 상상했던 것 이상의 진술을 한다는 것을 알 수 있다. 한 몸이 된다는 것은 단순히 성행위에 대한 언급이 아니다. 성행위는 그들을 결합시키는 것이 될 수 있다. 하지만 초점은 복귀에 있다. 남자와 여자가 한 몸이 될 때, 그들은 그들의 원래 상태로 되돌아가게 된다.[16]

이 장 앞부분에서 우리는 "흙으로 지음 받음"이 아담에게만 해당되는 묘사라기보다 원형적인 것이라고 결론을 내려야 할 이유를 살펴보았다. 또한 우리는 "갈빗대"를 "면"으로 이해해야 한다고 믿는 이유도 살펴보았다. 더 나아가 우리는 아담이 하와의 형성을 환상 속에서 보았고 그 환상은 하나의 원형으로서의 역할을 하는 하와와 관련된 존재론적 진리를 전달한다고 주장했다. 두 경우 모두에서 원형적 해석은 독자에게 남성과 여성의 정체성에 관한 의미심장한 신학을 제공한다. 하지만 본문은 아담이나 하와의 물질적 기원에 관해서는 명확한 진술을 하지 않는다. 만약 창세기 2장이 인간의 물질적 기원에 관한 주장을 하지 않는다면, 우리는 성서에서 우리 모두가 하나님의 피조물이라는 사실 이상의 구체적인 무언가를 제공하는 다른 진술을 발견하지 못

---

16 이것은 마 19:5-6//막 10:7-8, 고전 6:16-17, 특히 바울이 한 몸의 지체들에 관해 말하는 엡 5:31의 의미를 분명하게 만들어준다. 이 논의의 핵심은 성이 아니라 존재론이다. 그러므로 창 2:24은 결혼제도와 결혼의 본질에 관해서는 우리가 보통 생각해왔던 것보다 훨씬 더 적게 말하고 있을지도 모른다.

할 것이다. 만약 어떤 이가 과학적 증거에 기초해서 하나님이 인간의 기원에 개입하지 않으셨다고 결론을 내린다면(물론 이는 그 문제 자체가 과학이 결정할 범위에 속해 있지 않기에 비논리적이다), 우리는 우리가 이런 주장에 동의하지 않는 성서적이고 신학적인 이유를 제시할 것이다. 그러나 만약 어떤 이가 과학적 증거가 인간이 신규로 창조되지 않았다고 주장한다면, 우리는 반드시 성서가 그런 증거에 반대한다고 주장할 수는 없다. 이는 우리가 반드시 현재의 과학적 설명을 받아들여야 한다는 것을 의미하지는 않는다. 다만 이는 우리가 성서의 주장에 기초해서 과학을 일축하기보다 그 자체의 장점에 의거해 판단해야 한다는 것을 의미할 뿐이다.

아담과 하와의 잃어버린 세계

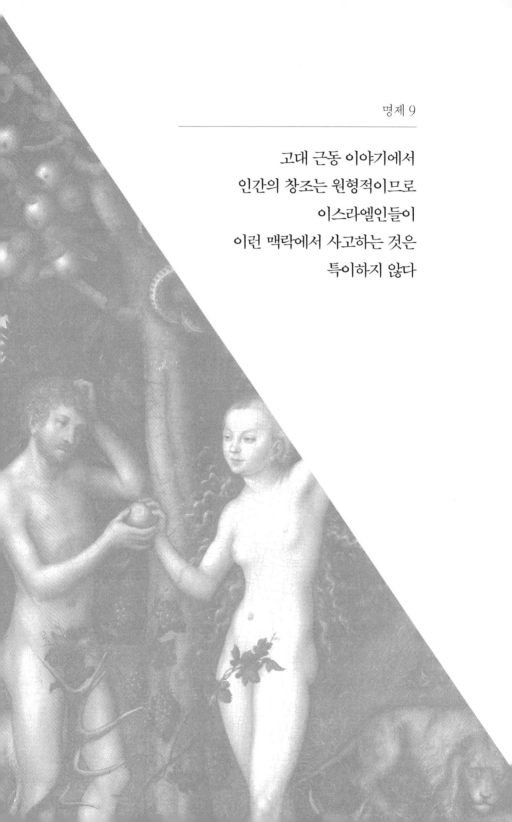

고대 근동 이야기에서
인간의 창조는 원형적이므로
이스라엘인들이
이런 맥락에서 사고하는 것은
특이하지 않다

이전 장들에서 우리는 창세기 2장에 등장하는 아담과 하와의 형성 이야기가 개인으로서 그들에게만 해당되는 물질적 기원에 관한 설명을 하기보다는 원형적 인류에 대해 이야기한다는 해석을 지지하는 증거들을 제시했다. 이런 증거는 미리 결정된 과학적 결론으로부터가 아니라 본문 자체로부터 발전되어 나왔다. 좀 더 구체적으로, 이 증거는 성서 본문에 고대 근동의 관념들을 부과함으로써 나타난 결과가 아니다. 그러나 이 시점에서 과연 인간의 기원에 관한 이런 원형적 견해가 고대 근동의 다른 지역 사람들의 사고와 조화를 이루는지, 아니면 오직 성서 본문에서만 독특하게 나타나는 것인지에 대해 묻는 일은 타당할 것이다. 다시 말해, 고대 근동에는 인간의 기원을 원형적 측면에서 생각하는 경향이 있었을까? 이 질문에 대한 간결한 답은 "그렇다"이다. 이 장의 나머지에서 우리는 좀 더 상세한 자료를 제시할 것이다.[1]

수메르어, 아카드어, 이집트어 본문 여기저기에 들어 있는 11개의 문학작품이 인간의 기원에 관해 언급하고 있다. 그것들 대부분은 간략하지만, 두 작품(「엔키와 닌마」와 「아트라하시스」)은 그 내용이 수십 행에 이른다.

---

1   이 장의 내용은 John H. Walton, *Genesis 1 as Ancient Cosmology* (Winona Lake, IN: Eisenbrauns, 2011)를 통해 이미 제시되었던 자료로부터 가져왔다.

수메르어 본문

- 「괭이의 노래」(*Song of the Hoe*):[2] 엔릴(Enlil)이 괭이와 벽돌 주형(鑄型)을 사용해 작업한 결과, 흙에서 인간이 만들어졌다. 사람의 모델이 만들어진 후에, 사람들이 대량으로 생산되고 그들에게 맡겨진 일을 시작한다. "[엔릴은] 인간의 최초의 모델을 [괭이를 사용해] 벽돌 주형에 끼워 맞췄다. 그리고 (이 주형을 따라) 그가 만든 인간이 흙을 뚫고 나와 엔릴을 향해 나아왔다."[3] 이 최초의 모델에 관해서는 그리고 그것이 어디로부터 왔는지에 대해서는 아무것도 언급되지 않는다. 신들이 이를 만들기 위해 사용했던 재료에 대한 언급도 없다. 하지만 우리는 벽돌 주형에 관한 언급을 토대로 그 재료가 진흙이라고 추론할 수 있다. 그러나 이 이야기는 인간이 무엇을 하느냐보다 괭이가 하는 모든 일에 더 관심을 보인다. 비록 여기서는 어떤 원형적 존재도 확인되지 않지만, 진흙이라는 성분은 모든 것이 만들어진 원천으로 간주된다.

---

2   *The Context of Scripture*, ed. William W. Hallo and K. Lawson Younger Jr. (Leiden: Brill, 2003), 1:157. 이 본문은 *Praise of the Pickax*라고도 불린다; Richard J. Clifford, *Creation Accounts in the Ancient Near East and in the Bible*, Catholic Biblical Quarterly Monograph Series (Washington, D.C.: Catholic Biblical Association, 1994), p. 31을 보라.

3   Hallo and Younger, *Context of Scripture*, 1:511.

아담과 하와의 잃어버린 세계

- 「에엔구라를 위한 찬송」(*Hymn to E-engura*):[4] 이 신전 찬송은 「괭이의 노래」를 떠올리게 하는 지나가는 말을 통해 단지 인간이 "식물처럼 땅의 표면을 뚫고 나왔다"고만 언급한다.

- 「엔키와 닌마」(*Enki and Ninmaḫ*):[5] 신들이 자신의 고된 삶에 대해 불평한다. 그러자 마침내 엔키가 일어나 그들에게 응답한다. 아이디어가 많은 남무(Nammu)가 제안하고 출생을 관장하는 다수의 여신들(닌마는 그들 중 우두머리다)의 도움을 받아 작업한 끝에 원형적 재료인 진흙에서 사람들이 만들어진다. 인간의 창조 과정에는 몇 가지 단계가 포함되어 있다. 남무가 아이디어를 내고 엔키의 피[6]를 지하의 우주수(宇宙水)를 저장하고 있는 압수(Apsu)—그곳은 엔키의 영역이다—꼭대기에 있는 흙과 뒤섞는다. 그 후에 출생을 관장하는 여신들이 그 진흙을 한 줌씩 떼어내 사람을 만든다. 그 사람들에게는 그동안 신들이 해왔던 일이 그들의 운명으로 주어진다. 이 이야기는 엔키와 닌마가 술에 취한 상태에서 경쟁을 벌이다가 결함이 있는 인간 원형들을 만들어놓고 과연 그들에게 적합한 기능을

---

4 Clifford, *Creation Accounts*, pp. 29-30.
5 W. G. Lambert, *Babylonian Creation Myths* (Winona Lake, IN: Eisenbrauns, 2013), 330-45; Hallo and Younger, *Context of Scripture*, 1:159.
6 Lambert, *Babylonian Creation Myth*, p. 505에서 제안된 독법이다. 이는 논쟁거리로 남아 있다.

찾을 수 있을지를 살피는 것으로 끝난다.

- 「KAR 4」:[7] 수메르어와 아카드어로 입수할 수 있는 이 이야기는 고대 근동 문헌 중 다른 곳에서는 얻을 수 없는 몇 가지 상세한 내용을 제공한다. 여기서 인간은 살해된 신들(이 이야기에서 그들은 반역자가 아니다)의 피로부터 만들어져 신들의 일을 떠맡는다. 그 일에는 관개(灌漑, 신들을 대신하는 일)뿐 아니라 신전을 세우고 유지하며 의식을 수행하는 일(신들을 섬기기 위한 일)도 포함된다. 수메르어로 된 다른 이야기들 중 몇 가지에서처럼, 인간은 일단 기본형이 고안된 후에 땅으로부터 솟아나온다. 이 작품에서 우리가 최초의 개인들에 대한 유일하게 알려진 언급을 발견하는 것은 가능하다. 하지만 그 문제는 여전히 논쟁거리로 남아 있다.[8] 다시 말하지만, 여기서 언급된 요소는 원형적이다(즉 최초의 인간들만이 아니라 모든 인간과 관련된다).

- 「에리두의 창조」(Founding of Eridu):[9] 두 개의 언어(수메르어와 아카드

---

7 Lambert, *Babylonian Creation Myth*, pp. 350-60; Clifford, *Creation Accounts*, pp. 50-51. Benjamin R. Foster, *Before the Muses: An Anthology of Akkadian Literature*, 3rd ed. (Bethesda, MD: CDL Press, 2005), pp. 491-93은 수메르어 버전과 아카드어 버전을 단일한 번역으로 통합한다.

8 Lambert, *Babylonian Creation Myths*, p. 511의 논의를 보라.

9 Ibid., pp. 366-75.

아담과 하와의 잃어버린 세계

어)로 된 이 본문에서 인간의 창조와 관련된 내용은 단 두 구절뿐이다. 마르두크(Marduk)는 아루루(Aruru)의 도움을 받아 "인간의 씨"를 창조한다. 어떤 재료도 언급되지 않는다. 본문은 계속해서 동물의 창조, 티그리스강과 유프라테스강의 창조, 그리고 그것들에 이름을 부여하는 일에 대해 보고한다.

아카드어 본문

• 「아트라하시스」(Atraḥasis):[10] 아트라하시스의 서사시는 고대 근동 문헌에서 인간의 창조에 대한 가장 상세한 설명을 담고 있다. 이 주제는 칼럼(column) 1의 중간에서 시작되어 150행 이상 지속되는데, 그 행들 중 일부는 훼손되어 있다. 인간 창조의 과정은 모신인 마미(Mami, 벨레트-일리[Belet-ili] 혹은 닌투[Nintu]라고도 알려져 있다)라는 등장인물을 통해 소개되며, 다른 이야기들을 통해 알려진 여러 요소를 포함한다(예를 들어 인간이 스스로 신들의 고된 일을 떠맡는 것 같은). 이 서사시의 창조 이야기 부분 중 가장 중요하고 독특한 특징은 인간이 반역의 주모자였던 신의 피와 신들이 침을 뱉어 이긴 진흙의 결합으로부터 만들어진다는 점이다.[11] 마미는 엔키의

---

10 Foster, *Before the Muses*, pp. 236-37의 번역과 주들을 보라.
11 Hallo and Younger, *Context of Scripture*, 1:130. 여러 상세한 사항에 대한 논의로는 Tzvi Abusch, "Ghost and God: Some Observations on a Babylonian Understanding of

도움을 받아 7쌍의 인간을 창조한다(그러나 불행하게도 이 부분에서 본문이 훼손되어 그 과정에 관한 상세한 내용을 알기는 어렵다). 이 인간들은 성장해서 자손을 낳기 시작한다.[12]

• 「에누마 엘리쉬」(Enuma Elish):[13] 여섯 번째 토판에서 마르두크 (Marduk)는 피와 뼈로 이루어진 인간을 만들어 그들에게 신들의 짐을 덜어주는 임무를 맡길 계획을 세운다. 에아(Ea)가 마르두크의 계획을 이행한다. 이 과정에서 그는 킹구(Kingu)의 피를 사용한다. 그러나 거기에는 진흙에 대한 언급은 등장하지 않는다. 이야기 전체의 분량은 35행을 약간 상회한다.

Human Nature," in *Self, Soul, and Body in Religious Experience*, ed. Albert I. Baumgarten, Jan Assmann and Guy G. Stroumsa (Leiden: Brill, 1998), pp. 363-83; and Bernard F. Batto, "Creation Theology in Genesis," in *Creation in the Biblical Traditions*, ed. Richard J. Clifford and John J. Collins, Catholic Biblical Quarterly Monograph Series (Washington, D.C.: Catholic Biblical Association, 1992)를 보라. *Athrahasis*에서는 살과 피 모두가 사용되는 반면, *Enuma Elish*와 *KAR 4*에서는 오직 피만 언급된다. *KAR 4*에는 살해된 두 신이 반역자였다는 표시가 없다. 두 개의 언어로 된 *Enki and Ninmah*는 여기서도 역시 모종의 혼합이 일어났다는 것을 암시한다. W. G. Lambert, "The Relationship of Sumerian and Babylonian Myth as Seen in Accounts of Creation," in *La Circulation des biens, des personnes et des idées dans le Proche-Orient ancien: Actes de la XXXVIIe Rencontre assyriologique internationale, Paris, 8-10 juillet 1991*, ed. Dominique Charpin and Francis Joannès (Paris: Editions Recherche sur la civilisations, 1992), pp. 129-35을 보라.

12 숫자와 관련해서는 아시리아어 버전이 명확하다.
13 Lambert, *Babylonian Creation Myths*; Hallo and Younger, *Context of Scripture*, 1:111.

아담과 하와의 잃어버린 세계

- 「신바빌로니아의 창조 이야기」(*Neo-Babylonian Creation Account*):[14] 이 본문에서 창조의 여신인 벨레트-일리(Belet-ili, "신들의 연인")는 진흙을 떼어내 진흙 인간을 지은 후 그에게 신들의 노역을 맡긴다. 노역에 지친 신들의 적대감이 폭발했기 때문이었다. 이는 창조의 행위(*banu*)로 간주된다. 본문의 이 부분은 심각하게 훼손되었고 현재로서는 그 내용 중 많은 것을 알 수 없는 상태다. 그녀는 신들의 승인을 얻기 위해 그들 앞에 인간 모델을 제시했던 것 같다. 이는 원형적 모델로 보이는데, 왜냐하면 그 한 사람에게 모든 신들의 모든 노역이 부과되었을 것 같지는 않기 때문이다. 그는 룰루 인간(lullu-man)이라고 불렸는데, 이는 인간(평범한 사람들)의 모든 범주를 가리키는 말이었다. 다음으로 그녀는 원형적 왕을 창조한다.

벨레트-일리, 당신은 위대한 신들의 연인입니다.
당신은 룰루-인간을 창조하셨습니다.
이제부터 그는 왕, 즉 생각하고 결정하는 인간입니다!
그의 모습 전체를 탁월함으로 덮으시고
그의 이목구비를 조화롭게 하시어 그의 모습 전체를 아름답게 만들어주소서!

---

14 Clifford, *Creation Accounts*, pp. 69-71.

그러자 벨레트-일리가 주요 신들과 함께 그녀 자신의 일을 수행하면서 그에게 특별한 속성을 부여했다.

위대한 신들은 왕에게 승리를 안겨주었고
아누(Anu)는 그에게 왕관을, 엔릴(Enril)은 [그에게 옥좌를 주]었다.
네르갈(Nergal)은 그에게 무기를 주었고, 니누르타(Ninurta)는 [그에게 빛나는 광채를 주]었으며
그리고 벨레트-일리는 [그에게 잘생긴 용]모를 주었다.
누스쿠(Nusku)는 교훈을 주었고 [그의 곁에 서서 섬기]면서 그에게 조언했다.

이 설명에서 우리는 한 개인 안에 내장된 것으로 말해지는 왕의 모든 원형적 특징을 볼 수 있다. 창세기 2장의 아담의 경우처럼 이런 특징은 단지 한 개인이 아니라 그 부류에 속한 모든 이에게 해당되며, 우리는 이 서술을 원형적인 것이라고 여길 수 있다.

이집트 문헌

- 관 문서(Coffin Texts)[15] (spell 80, CT II:43): 이 주문 안에는 다른 모

---

15 James P. Allen, *Genesis in Egypt: The Philosophy of Ancient Egyptian Creation*

아담과 하와의 잃어버린 세계

든 피조물과 마찬가지로 인간의 목구멍 안으로 불어넣어진 숨결에 대한 단 한 번의 지나가는 듯한 언급이 나온다.[16]

- 관 문서(spell 1130): 이 주문에는 사회 안에 있는 몇 가지 기능에 대한 언급이 포함되어 있다. 그러나 이는 인간의 기원과 관련해서 단어들에 대한 어원학적 놀이를 제공할 뿐이다. 인간의 기원은 창조주 신의 눈물 안에 있다.[17]

- 「메리카레의 교훈」(Instruction of Merikare): 이 지혜 문헌은 인간의 기원과 역할에 관한 가장 중요하고 광범위한 언급들을 포함하고 있다.[18]

신의 소 떼와 같은 인간을 부양하라. 신이 그들을 위해 하늘과 땅을 지으셨기 때문이다. 그분은 탐욕스러운 물을 격퇴하셨다. 그분은 그들이 콧구멍으로 숨을 쉴 수 있도록 바람을 만드셨다. 그들은 그분의 육체로

Accounts, Yale Egyptological Studies (New Haven, CT: Yale University Press, 1988); Ewa Wasilewska, *Creation Stories of the Middle East* (London: Jessica Kingsley, 2000); and James K. Hoffmeier, "Some Thoughts on Genesis 1 and 2 and Egyptian Cosmology," *Journal of the Ancient Near Eastern Society* 15 (1983): 29-39.

16 Hallo and Younger, *Context of Scripture*, 1:8.

17 Ibid., 1:17; 또한 1:9를 보라. 인간의 생명의 이런 근원은 주문 80에서도 지나가듯 언급된다.

18 Ibid., 1:35.

부터 온 그분과 꼭 닮은 자들이다. 신은 그들을 위해 하늘에 빛을 비추신다. 그분은 그들을 육성하기 위해 채소, 작은 가축, 그리고 물고기를 만드셨다. 그분은 그분의 적들을 죽이시고 그분 자신의 자녀를 파멸시키셨다. 그들이 반역을 꾀했기 때문이었다. 그분은 그들을 위해 햇빛을 만드신다. 또한 그분은 그들을 보기 위해 항해하신다. 그분은 그들 뒤에 성소를 세우셨다. 그리고 그들이 울 때 그들에게 귀를 기울이신다. 그분은 처음부터 그들을 통치자로, 약한 사람의 등에서 [짐을] 들어 올려주는 이로 만드셨다. 그분은 그들을 위해 혹시 발생할지도 모를 일에 맞서는 무기가 되는 마법을 제공해주셨다.[19]

여기서 우주 안에서의 인간의 위치와 신들에 대한 그들의 관계가 다뤄진다. 우주의 다른 요소들은 인간을 위해 기능하는 것으로 확인된다(창 1장에서도 보았듯이 하늘과 땅, 태양, 햇빛 등). 인간은 신에게서 식량, 리더십, 마술을 제공받는다(앞의 두 가지는 창 2장에서도 다뤄진다). 신은 반역을 징계하고 사람들을 반역자로부터 보호한다. 본문은 신이 사람들의 울음소리를 들을 수 있도록 신을 모시는 성소를 제공한다는 데 대한 언급을 덧붙인다.

---

19 Leonard H. Lesko, "Ancient Egyptian Cosmogonies and Cosmology," in *Religion in Ancient Egypt: God, Myths, and Personal Practice*, ed. Byron E. Shafer (Ithaca, NY: Cornell University Press, 1991), p. 103에서 발췌한 번역문.

- 다양한 본문들이 크눔(Khnum)에 의해 토기장이의 물레에서 빚어지는 인간에 대해 언급한다. 어떤 학자들은 이런 언급을 피라미드 본문(Pyramid Texts)만큼이나 이른 시기에 속한 것으로 인정해왔다. 하지만 이런 언급은 장례 본문과 회화적인 설명에서 더 분명하게 드러난다.[20] 중요한 것은 토기장이의 물레 위에서 빚어지는 것이 왕의 형상이며, 그의 형성이 한 인간으로서 그의 존재보다 왕으로서 그의 역할과 직결되고 있다는 사실을 인식하는 것이다. 다시 말해, 이는 물질적 기원이 아니라 그의 기능에 관한 설명인 것이다.

이집트어 본문과 수메르어 본문은 아카드어 본문과 달리 인간의 기원을 신들 사이의 갈등 상황 속에 위치시키지 않는다. 그러나 수메르어 본문 중 둘(「엔키와 닌마」와 *KAR 4*)은 인간이 신들의 일을 떠맡는다는 것을 명기한다.[21] 일반적으로 이 이야기들은 인간 창조의 과정과 사용된 물질, 그리고 인간에게 할당된 역할 혹은 기능에 대해 언급한

---

20 Hoffmeier, "Some Thoughts on Genesis 1 and 2," 37; P. O'Rourke, "Khnum," in *Oxford Encyclopedia of Ancient Egypt*, ed. Donald B. Redford (Oxford University Press, 2001), 2:231; Seigfried Morenz, *Egyptian Religion*, trans. Ann E. Keep (Ithaca, NY: Cornell University Press, 1973), pp. 183-84; and Ronald Simkins, *Creator and Creation: Nature in the Worldview of Ancient Israel* (Peabody, MA: Hendrickson, 1994), p. 70. *Amenemope* 25:13-14에 실린 유사한 요소들(진흙과 짚)에 대한 언급도 보라. 이 본문에 대한 번역은 Lichtheim, *Ancient Egyptian Literature* (Berkely: University of California Press, 1976), 2:160에서 찾을 수 있다.
21 *Atraḫasis* 1.64-66에서 젊은 신들은 그들의 연장을 불태운다. COS 1.130 (p. 450).

다. 이집트어 본문에는 전에 신들이 했던 노역을 떠안는 일에 대한 언급이 나오지 않는다. 인간은 신들의 돌봄을 받는 무리이지, 혹사당하는 노예가 아니다. 비슷하게, 이집트 문헌에는 인간으로 이어지는 그보다 앞선 시나리오나 환경에 대한 암시가 나타나지 않는다.

위의 예들을 통해 알 수 있듯이, 인간의 기원에 관한 이집트의 이야기와 메소포타미아의 이야기 사이에는 공통적인 것이 거의 없다. 예외가 있다면 두 문화 모두로부터 나온 특별한 본문들에서 진흙이 근원적인 요소로서 언급된다는 점이다. 인간 창조에서 사용된 다양한 물질은 각각의 이야기가 강조하고자 하는, 그리고 그것에 대한 설명이 제공되고 있는 원형적 요소에서 나타나는 차이를 반영한다. 그러므로 이런 인지 환경 안에서 나타나는 공통점은, 인간이 판에 박힌 듯이 인간에게 할당된 원형적 역할을 설명하는 요소(진흙, 피, 침, 혹은 눈물)로부터 창조된다고 묘사된다는 것이다.

인간의 기능

이 단락에서 우리는 인간이 우주에서 행할 수 있는 서로 다른 모든 기능을 다루지는 않을 것이다. 대신, 특별히 인간이 이를 수행하도록 창조되었다고 일컬어지는 기능과 인간이 창조 시에 받은 역할에 초점을 맞출 것이다. 일반적으로 이런 역할은 한 사람이나 부부 혹은 심지어 집단에게도 부여되지 않는다. 인간의 창조에 관한 이야기들은 **모든 인**

아담과 하와의 잃어버린 세계

간이 가지고 있는 기능에 초점을 맞춘다. 고대 근동의 본문에서 확인되는 인간의 역할 및 기능에는 세 가지 주된 측면이 있다. 인간은 다음과 같은 것을 위해 창조되었다.

- 신들이 해왔던 힘들고 단조로운 일을 떠맡는 것
- 신전에서 의식을 수행하고 신들에게 음식을 제공함으로써 신들을 섬기는 것
- 신의 형상을 입는 것

이런 역할들 중 첫 번째는 위에서 이미 다룬 바 있는데 수메르어와 아카드어 자료에서만 확인된다. 두 번째 역할은 메소포타미아의 문헌[22]에서 운명을 정하는 문맥을 통해 예시되며 이집트 문헌[23]을 통해서도 드러난다. 이 두 가지 역할은 함께, 내가 "위대한 공생"(Great Symbiosis)이라고 부르는 것을 이룬다. 메소포타미아에서 종교의 근거는 인간이 신들의 음식(희생제사), 주거(신전), 의복 같은 필요를 채워주기 위해서, 그리고 그들이 우주를 운영하는 일에 전념할 수 있도록 그들을 예배하

---

22 예를 들어 *KAR 4*에서.

23 Jan Assmann, *The Search for God in Ancient Egypt*, trans. David Lorton (Ithaca, NY: Cornell University Press, 2001), pp. 3-6을 보라. 그는 레(Re)에 대한 찬송시를 인용하는데, 이 시는 왕을 사람들을 심판함으로써 신들을 대신하는 자로 또한 신들을 만족시킴으로써 인간을 대신하는 자로 묘사한다. 174-77쪽에서 Assmann이 언급하는 추가적인 본문을 보라(*Coffin Texts spell* 1130).

고 사생활을 보장함으로써 그들을 섬기기 위해서 창조되었다는 것이다. 위대한 공생의 다른 편은 신들이 자신을 예배하는 자를 보호하고 부양하는 방식으로 자신의 투자물을 보호하리라는 것이다. 이렇게 인간은 자신이 (의식[儀式]을 통해) 우주를 운영하는 신들을 돕기 위해 이 공생관계 안에서 갖고 있는 역할에서 자신의 위엄을 발견한다.

보충 설명: 하나님의 형상

하나님의 형상은 창세기 2-3장에서는 언급되지 않으며 그러하기에 아담과 하와에게 직접 적용되지 않는다. 그럼에도 내가 제안한 관점에서 보자면, 창세기 1장과 2장은 하나의 연속체다. 그리고 창세기 1장에서 모든 사람에게 적용되는 것은 창세기 2장에서 아담과 하와에게도 적용된다. 여기서는 이 문제를 충분히 다룰 수가 없다. 하지만 몇 가지 간략한 언급을 하는 것은 적절할 것이다.[24]

---

24 이 문제에 대한 가장 포괄적인 분석은 Edward Mason Curtis, "Man as the Image of God in Genesis in Light of Ancient Near Eastern Parallels," (Ph.D Diss. [supervised by Jeffrey H. Tigay], University of Pennsylvania, 1984), ProQuest AAI8422896에서 수행된다. 다른 중요한 연구들로는 W. Randall Garr, *In His Own Image and Likeness*, Culture and History of the Ancient Near East 15 (Leiden: Brill, 2003); and Zainab Bahrani, *The Graven Image: Representation in Babylonia and Assyria* (Philadelphia: University of Pennsylvania Press, 2003)이 있다. Walton, *Genesis 1 as Ancient Cosmology*, pp. 78-85도 보라.

아담과 하와의 잃어버린 세계

1. 고대 근동의 다른 문헌과 달리, 성서에서 하나님의 형상은 단지 왕만이 아니라 모든 인간에게 해당된다(유일한 예외는 이집트의 몇 가지 지혜 문헌에 등장하는 간략한 언급들이다: 「메리카레의 교훈」과 「아니의 교훈」).
2. 메소포타미아 문헌에서 왕의 형상은 표상을 통한 대체물이라는 역할을 한다.
3. 메소포타미아 문헌처럼 성서에서도 하나님의 형상으로서의 왕은 하나님의 아들로 간주되고 하나님을 대신하는 기능을 한다.

이 모든 것을 통해 분명해지는 것은 하나님의 형상이 (단지 최초의 집단이나 부부만이 아니라) 모든 인간과 관련되는 (물질이 아니라) 기능의 한 요소라는 것이다. 이런 식으로 우리는 계속해서 그 본문이 인간의 기능에 대해 보이는 관심을 확인한다.

인간의 역할에 관한 간추린 결론

인간의 역할은 독립적인 주제가 아니다. 고대 근동의 인지 환경 안에서 이는 오직 신의 역할과의 관계 속에서만 이해될 수 있다. 우주 안에서 인간의 역할에 관한 모든 사상은—그것이 사람이 창조된 환경을 다루든, 사람을 이루는 물질(즉 구성 요소)을 다루든, 그의 기능을 다루든, 혹은 그의 증식의 문제를 다루든 간에—인간을 신과 연결시킨다.

인간에 대한 이해는 다음 두 가지 역할에 초점을 맞춘다.

1. 우주 안에서 인간의 위치나 지위와 관련된 인간의 역할
2. 우주 안에서 인간의 기능과 관련된 인간의 역할

첫 번째 역할에서 인간에게 주어진 위치 혹은 지위는 종종 창조 시에 사용된 물질적 구성 요소를 통해 언급된다. 이런 까닭에 우주 안에서 원형적 인간의 위치는 물질적 측면에서 표현된다(예를 들어 신의 눈물, 신의 피, 진흙, 티끌 등).「메리카레의 교훈」역시 더 넓은 맥락에서이기는 하나 인간의 위치에 대해 다룬다. 인간의 창조와 관련된 이집트 본문 대부분은 이 첫 번째 역할, 즉 우주 안에서 인간의 위치에 초점을 맞춘다.

두 번째 범주, 즉 우주 안에서 인간의 기능은 메소포타미아의 이야기에서 분명하게 드러난다. 거기서 인간은 신들을 위한 기능을 수행하도록 창조되며 그 과정에서 신들을 대신해 전에 신들이 스스로를 돌보기 위해 했던 비천한 일을 수행한다. 선택된 개인이 신의 기능을 수행하는 것은 나중에 고대 근동 전역에서 제왕 이데올로기의 일부가 되었는데, 이 경우에 그 기능은 무엇보다도 통치권과 관계된다. 다양한 기능이 본문들을 통해 분명하게 드러나는데, 이것들은 다음과 같은 범주로 요약될 수 있다.

아담과 하와의 잃어버린 세계

- 신들을 **대신하는** 기능(비천한 노역; 오직 메소포타미아 본문들에서만)
- 신들을 **섬기는** 기능(의식의 수행, 신전 건축; 메소포타미아, 이집트, 창 2:15)
- 신들을 **대표하는** 기능(통치, 인간이 아닌 피조물에 대해서든 다른 인간들에 대해서든; 메소포타미아, 이집트, 창 1장에서 나타나는 형상의 역할)

그러므로 우리는 고대 근동의 일반적인 인지 환경에서 지금 우리가 알고 있는 모든 이야기의 관심이 앞서 열거한 몇 가지 전형적인 범주에 들어맞는 원형적 묘사를 통해 인간의 역할을 해명하는 것이라고 결론 내릴 수 있다. 이런 일반적인 관점과 가장 급격하게 다른 것으로 유명한 것은, 창조가 인간을 위한 것이었다는 「메리카레의 교훈」의 주장이다.[25] 비록 이 본문은 다른 이야기들처럼 인간의 지위에 대해 다루지만 (그럼에도) 인간의 위치에 대해 독특한 견해를 제공한다. 이 예외적인 주장에도 불구하고, 인간에 대한 대부분의 공통적인 관심은 단지 인간의 생물학적 실체가 아니라 (활발한 것이든 활발하지 않은 것이든) 우주 안에서 인간의 역할 및 기능과 관련되어 있다.[26]

---

25 Assmann, *Search for God*, p. 173.
26 Karel van der Toorn, *Family Religion in Babylonia, Syria and Israel: Continuity and Changes in the Forms of Religious Life* (Leiden: Brill, 1996), p. 96; cf. Clifford, *Creation Accounts*, pp. 8-9.

- 인간의 기원에 관한 이야기들은, 지위의 측면에서든 기능의 측면에서든, 우주 안에서 그의 역할에 초점을 맞춘다.
- 인간의 창조 이야기에서 언급되는 재료는 물질적 의미가 아니라 원형적 의미를 지니며, 모든 인간의 특징이 된다.
- 비슷하게, 하나님의 형상은 역할과 관련되어 있고 주로 정치적/관료적 모델을 지닌 제왕 이데올로기에서 발견되는데 그 왕이 신적 기능을 갖고 있음을 확언하는 역할을 한다.
- 사람과 신은 우주의 질서의 보존과 그 원만한 운영을 위해 함께 일한다(위대한 공생).

이런 것들은 성서가 나머지 고대 근동 문헌과 어떤 방식으로 결별하는지, 그러나 그럼에도 불구하고 어떤 방식으로 동일한 인지 환경 안에 뿌리내리고 있는지를 이해하도록 돕는다.

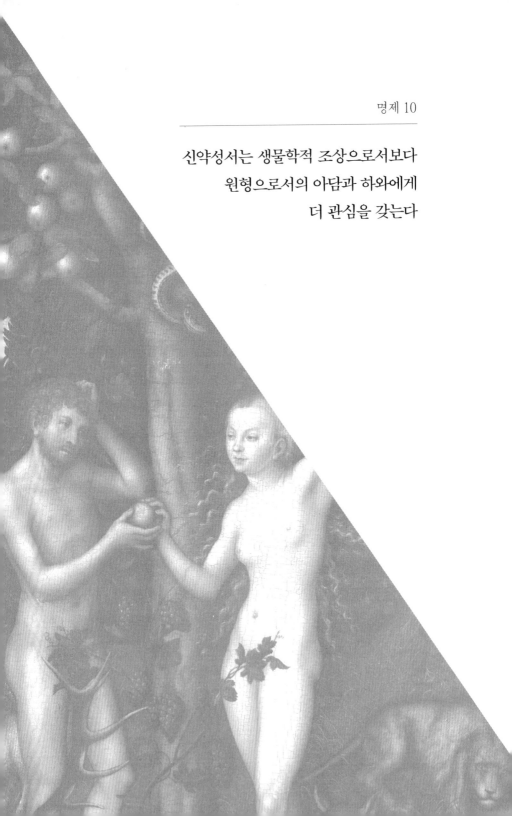

신약성서는 생물학적 조상으로서보다
원형으로서의 아담과 하와에게
더 관심을 갖는다

이 책의 나머지 장들에서는 신약성서의 다양한 구절을 원형, 역사적 아담, 타락의 신학, 아담과 예수의 문제, 그리고 이런 구절들에 대한 해석을 다룸으로써 살펴볼 것이다. 여기서는 그중 첫 번째 주제만을 다룰 것이다.

앞선 장들에서 우리는 창세기 2장의 형성 이야기가 개인이 아닌 원형으로서의 아담과 하와에게 더 많은 관심을 보인다고 주장하고 이런 주장을 입증했다. 왜냐하면 이 이야기의 세부 사항들이 단순히 그들만이 아니라 우리 모두에게 해당된다고 보았기 때문이다. 또한 우리는 고대 근동 이야기에서 인간의 기원이 대개 원형이라는 틀을 사용해 다뤄진다고 주장했다. 이제 우리는 과연 신약성서가 이런 주장을 지지하는지 여부를 살피려 한다. 창세기처럼 여기서도 우리는 신약성서의 저자들이 아담과 하와에 관해 말하는 것이 단지 그들에게만 해당되는지 아니면 모든 사람에게 해당되는지에 근거해서, 과연 신약성서가 아담과 하와를 원형적으로 다루고 있는지를 판단하고자 할 것이다.

아담과 하와를 특별히 거명하는 신약성서의 구절은 모두 다섯이다 (비록 그들을 넌지시 언급하는 구절이 몇 개 더 있기는 하지만). 첫 번째 구절인 누가복음 3장에 나오는 예수의 족보는 아담을 개인으로 다루지만 그가 이 특별한 족보의 시조라는 사실 외에는 그에 관해서 아무것도 말하지 않는다. 이 구절은 역사적 아담에 관한 우리의 논의의 일부가 될 것이다. 하지만 이는 인간의 물질적 기원이나 타락에 관련된 어떤 정보도 제공하지 않는다.

나머지 구절들은 바울 서신에 등장한다. 바울은 로마서 5장에서 죄와 죽음이 한 사람을 통해 세상에 들어왔음을 지적하면서(롬 5:12) 개인으로서의 아담의 역할에 관해 말한다(참조. 롬 5:16-17, 정죄, 한 사람의 범죄). 이어서 그는 "모든 사람이 죄를 지었으므로 사망이 모든 사람에게 이르렀다"고 주장한다. 여기서 그는 원형적 관찰 의견을 제시한다. 즉 아담이 죄를 지었을 때, 모두가 죄를 지었다. 이것은 아담에게만 해당되는 것이 아니다. 그래서 바울은 그를 한 개인 이상으로 다루고 있다. 바울이 죽음이 아담 때부터 모세의 때까지 왕노릇 했다고 단언할 때, 우리는 다시 한번 그가 한 개인에 관해 말하는 소리를 듣는다. 로마서 5:14 말미에서 그는 세 번째 견해를 덧붙인다. 그 견해란 아담이 하나의 본보기 혹은 예표라는 것이다. 그러므로 우리는 로마서 5장에서 바울이 아담을 여러 단계로 사용하는 것을 볼 수 있는데, 그중 하나가 원형으로서의 아담이다. 그럼에도 여기서 원형적 사용은 그의 형성이 아니라 타락과 관련되어 있다.

고린도전서 15장은 바울이 아담을 가장 상세하게 다루는 또 다른 곳이다. 고린도전서 15:21에서 바울은 죽음이 한 사람을 통해 들어왔다고 주장한다. 그리고 그렇게 하면서 아담을 한 사람의 행동하는 개인으로 다룬다. 그러나 고린도전서 15:22에서 사도는 그의 사고를 원형적 차원으로 확대한다. "아담 안에서 모든 사람이 죽은 것같이 그리스도 안에서 모든 사람이 삶을 얻으리라." "아담 안에" 있는 우리의 상태는 우리로 하여금 아담을, 비록 그가 여전히 역사적인 인물이기는

아담과 하와의 잃어버린 세계

하나, 하나의 원형으로 다루도록 만든다. 우리 모두는 "아담 안에" 있다. 우리 모두가 "그리스도 안에" 있지는 않으나, 그분 안에 있는 이들은 또한 그런 정체성 안에 있는 생명을 경험한다.

고린도전서 15:45-49에서 바울은 아담에 관한 논의로 돌아가 "첫 사람"("흙에 속한 자"라고도 불린다) 아담과 "마지막 아담"("둘째 사람"이라고도 불린다)을 비교 및 대조한다. 여기서 발견되는 변화를 통해 우리는 "둘째"가 "마지막"과 동의어이며, 따라서 이 표현이 실제적인 숫자 값에 관심을 두고 있지 않다는 것을 알 수 있다. 예수는 시간과 역사 속에서 둘째 사람도 아니고 마지막 사람도 아니기 때문이다. 고린도전서 15:48-49은 이 논의를 바울이 그 구절을 통해 주장해온 지점으로 이끌어간다. 아담과 예수는 우리가 그들과 동일시되는 원형이라는 것이다. 또한 이 구절들은 역사성 및 인간의 기원과 관련해서도 논의되어야 한다. 하지만 이는 다른 장들에서 살펴야 할 주제다. 고린도전서 15장에서 우리는 바울이 아담을 죽을 인간을 대표하는 원형으로 다루고 있는 것을 볼 수 있다. 이런 용법은 우리가 창세기 2장에 대해 제안했던 바와 유사한데, 왜냐하면 흙에 대한 원형적 관계는 인간의 죽을 운명이었기 때문이다. 여기서 바울은 창세기의 선례를 따른다.

고린도후서에서 바울이 언급하는 것은 아담이 아니라 하와다. "뱀이 그 간계로 하와를 미혹한 것같이 너희 마음이 그리스도를 향하는 진실함과 깨끗함에서 떠나 부패할까 두려워하노라"(고후 11:3). 여기서 바울은 고린도 교회의 모든 사람이 하와를 통해 원형적으로 대표되고 있다고 주장하는 것이 아니다. 오히려 하와는 바울이 고린도에서 일어나지 않기를 바라는 것의 실례로서의 역할을 한다. 그녀는 원형도 아니고 예표도 아니다. 더 나아가, 바울이 하와를 사용하는 방식은 그녀가 존재론적으로 속기 쉬운 사람이었음을 암시하지 않는다. 다만 그녀는 한 가지 예, 즉 고린도 사람들과 우리 모두를 위한 경고로서의 역할을 할 뿐이다.

바울이 디모데에게 보낸 편지에서 우리는 아담과 하와에 대한 가장 복잡한 설명들 중 하나를 만난다. 디모데전서 2:13-15에서 바울은 창조의 순서를 미혹당함의 역순으로 언급한다. 아담이 먼저 지음 받았고, 하와가 먼저 미혹당했다. 여기서 우리가 관심을 갖는 것은 아담과 하와에게 주어진 역할에 대한 질문뿐이다. 고린도후서에서 하와를 다루는 바울의 방식과 달리—거기서 그녀가 미혹당했다는 사실은 모든 사람을 위한 예시로서의 역할을 한다—지금 그녀의 상황은 에베소서의 여자들에게 적용된다. 마찬가지로 아담은 에베소서의 남자들의 역할에 관해 언급하기 위해 사용된다.

바울이 에베소인들에 관해 하는 말 속에서 그가 아담과 하와를 사용하는 방식을 이해하기 위한 세 가지 주요한 선택지가 제시된다. (1) 원형적, (2) 존재론적, (3) 예시적 입장이 그것이다. 만약 이 말이 원형적이라면, 그는 아담이 먼저 지음을 받은 것처럼 모든 남자가 먼저 지음을 받았고, 하와가 미혹되었던 것처럼 모든 여자가 하와 안에서 미혹되었다고 말하는 셈이 될 것이다. 이 구절 안에 혹은 바울의 사고 안

아담과 하와의 잃어버린 세계

에 혹은 논리적 추론 안에 있는 어떤 것도 이것이 사실임을 암시하지 않는다. 존재론적 견해는 원형적 견해의 확장으로 간주될 수 있다. 만약 이것이 바울이 말하고 있는 바라면, 그는 남자가 그의 창조된 본성을 따라 첫째이며, 여자는 그녀의 창조된 본성을 따라 미혹되기 쉽다고 주장하고 있는 것이다. 그렇다면 남자는 첫 번째가 되어야 할 뿐 아니라 그렇게 되는 것이 그의 본성에도 맞는다. 여자는 본질적으로 미혹되기 쉬우므로 조심할 필요가 있다. 이는 극단적인 입장이지만 본문 해석의 역사 속에서 지지자들이 없지 않았다. 이에 맞서는 수많은 반론이 제기될 수 있고 제기되어야 한다. 그중에서도 가장 중요한 것은 바울이 아담 역시 미혹되었다는 사실을 부인하지 않았다는 것이다(창세기는 그 점을 분명하게 밝힌다). 그는 단지 누가 먼저 미혹당했는지에 대해 의견을 피력하고 있을 뿐이다. 그러므로 우리 모두는 미혹되기 쉽다. 취약성은 존재론적으로 어느 한 성별에만 있지 않다. 세 번째 선택지는 바울이 아담과 하와를 에베소 교인들을 위한 실례로 사용하고 있다는 것인데, 이는 그 구절에 적합하며 바울의 목표를 이뤄낸다.

신약성서가 아담과 하와를 사용하는 방식을 요약하면서 우리는 그들이 다양한 확언을 위해 사용되고 있음을 발견한다. 지금 당장 우리가 제기해야 할 가장 중요한 관찰 의견은 이런 선택지들 중에 원형적인 것이 있다는 것이다(롬 5장과 고전 15장 모두). 결과적으로 우리는 창세기에서 아담과 하와를 원형적으로 다루는 것이 더 큰 정경적·신학적·문학적 용법의 방향과 어긋나지 않음을 알 수 있다. 원형적 용법은 창세기의 본문 안에서, 고대 근동의 문화적 상황 안에서, 성서의 정경적 맥락 안에서 지지를 받는다. 한편, 신약성서 안에서 원형적으로 취급되는 것은 형성 이야기가 아니라 타락 이야기다. 한 가지 예외는 고린도전서 15:47-48에 나타나는데, 여기서 바울은 창세기 3장과 시편 103편에서 나타나는 것과 동일한 주장, 즉 우리 모두가 아담이 흙으로 지음 받은 것처럼 흙으로 지음을 받았다는 주장을 한다. 그러나 전반적으로 신약성서가 인간의 기원 문제에 대해 이런 식으로든 저런 식으로든 거의 관심을 기울이지 않는다는 사실은 지적되어야 한다. 우리는 이 책의 18장과 19장에서 그 문제로 되돌아갈 것이다.

아담과 하와의 잃어버린 세계

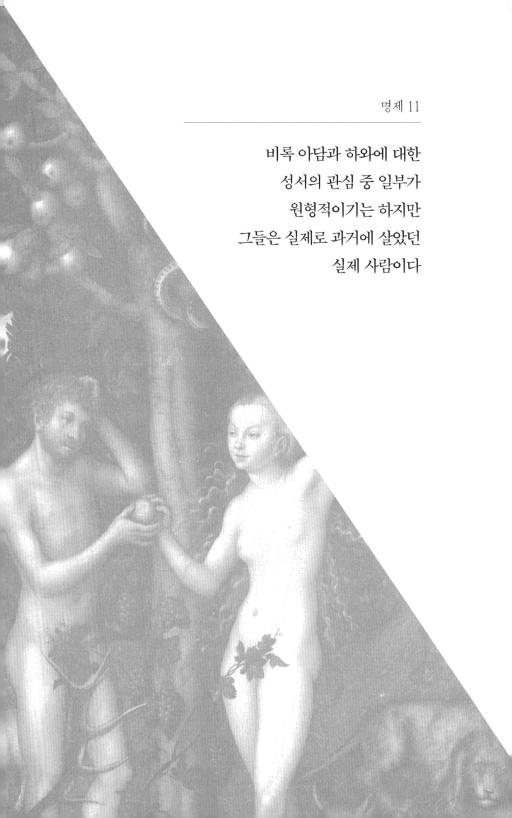

비록 아담과 하와에 대한
성서의 관심 중 일부가
원형적이기는 하지만
그들은 실제로 과거에 살았던
실제 사람이다

앞 장에서 우리는 이미 신약성서가 아담과 하와를 다양한 방식으로— 원형적으로, 예시적으로, 역사적으로—다루고 있음을 살펴보았다. 그 런데 (창세기에서 혹은 다른 어느 곳에서) 아담을 다루는 어떤 방식이 원 형적이라고 주장한다고 해서, 그가 역사적 인물이 아니라고 말하는 것 은 아니다. 바울은 예수도 원형적으로 다루지만 예수는 역사적 인물이 다. 우리로서는 아담과 하와에 대한 연구를 계속해나가기 전에 멜기세 덱의 예를 통해 이에 대한 다양한 견해들이 어떻게 역사적·문학적·전 통적·원형적 요소들의 조합을 통해 다양한 측면을 서로 엮어낼 수 있 는지를 살펴보는 것이 유익할 것이다.

해석학적 복잡성

성서에서 멜기세덱은 창세기 14장, 시편 110편, 히브리서 5:6-7:28에 서만 등장한다. 우리는 먼저 이 본문들 각각을 개별적으로, 이어서 전 체적으로 살펴볼 것이다. 만약 우리에게 오직 창세기 14장만 있다면, 우리는 쉽게 멜기세덱이 가나안 지역의 왕(그가 가나안 족속이든, 아모리 족속이든, 혹은 여부스 족속이든 간에)에 지나지 않는다고 결론을 내릴 수 있을 것이다. 그 지역의 유력한 인물이었던 멜기세덱은 군사작전에서 성공하고 돌아오는 아브라함을 환영했고, 그에게 간단한 식사와 함께 축하의 말을 전했으며, 자신이 아브라함에 대해 영주의 지위를 갖고 있음을 보여주는 의미로 십일조를 받았다. 고대 세계의 대부분의 왕처럼 멜기세덱은 또한 제사장이었다. 특별히 그는 "지극히 높으신 하나님"(El Elyon)의 제사장이었다. 엘 엘리온은 우리가 인식할 수 있는 최고의 신에 대한 포괄적인 표현이다. 자신의 입장에서 야웨야말로 엘 엘리온이라고 확언하는 것은 아브라함의 몫이었다. 멜기세덱은 그런 주장을 하지 않는다.

시편 110편에서 멜기세덱에 대한 간략한 언급은 제사장/왕의 조합을 사용하며(이는 고대 세계에서 대부분의 왕에게 해당된다), 멜기세덱이 예루살렘에서 갖고 있던 지위는 결국 메시아 신학으로 발전한 이상적인 다윗 계열의 왕 안에서 제사장/왕의 조합을 위한 선례를 제공한다. 존 힐버(John Hilber)가 입증했듯이, 시편 110편은 아시리아의 예언과 여러 가지 유사성을 공유하고 있는 예언적 신탁이다.[1] 잘 알려져 있듯이, 이스라엘에서 제사장직은 레위 족속과 연관되어 있다. 그러나 여기서 왕을 위한 제사장적 특권은 모세 오경에서 설명되고 있는 토라의 구조로부터가 아니라 예루살렘에서 있었던 역사적 선례로부터 유래한다. 아마도 이는 왕에게 레위 족속의 특권을 탈취할 권리를 주지는 않았겠지만 그들에게 몇 가지 추가적인 (명시되지 않은) 특권을 제공했을 것이다.[2]

---

1   John Hilber, *Cultic Prophecy in the Psalms*, Beiheft zur Zeitschrift für die alttestamentliche Wissenschaft 352 (Berlin: Walter de Gruyter, 2005), pp. 76-88.
2   성서 본문은, 비록 번역본들이 이 점을 모호하게 처리하기는 하나, 다윗의 아들들이 제사장 역할을 했음을 분명히 밝힌다(삼하 8:18, 개역개정은 "대신들"로 번역하고 있

아담과 하와의 잃어버린 세계

히브리서 5-7장에 등장하는 멜기세덱에 대한 언급은 상호 텍스트성(intertextuality)이 작동하는 복잡한 방식을 살필 기회를 제공해준다. 책을 건성으로 읽는 독자라도 히브리서에서 멜기세덱에게 돌려진 특성이 분명히 창세기나 시편으로부터 나온 것이 아님을 알아차릴 수 있다. 만약 히브리서가 어떤 선도적 인물로부터 이런 특성을 끌어오는지를 조사하고자 한다면, 먼저 우리는 제2성전기의 중간기 문헌에 초점을 맞출 수밖에 없다.

자신들의 통치에 메시아적 차원을 가미하고자 했던 하스몬가(家)는 멜기세덱을 언급함으로써 자신들의 제사장-왕의 특권을 정당화했다. 그들의 관습은 사두개인들에 의해 계속되었다.[3] 사해문서들 중 11QMelchizedek과 4QAmran은 모두 멜기세덱이 수많은 사변적 해석의 주제가 되었음을 보여준다. 전자는 그에게 하늘에서 심판하는 기

다—역주). 비록 레위 족속이 성소와 관련된 모든 의무를 배타적으로 할당받기는 했으나, 레위 족속이 아닌 이들이 다른 제사장적 과업들을 수행하는 것을 금하는 본문은 존재하지 않는다. 당연한 일이지만 시간이 흐르면서 성소와 관련되지 않은 제사장의 과업은 점차적으로 사라져갔다(왕하 23:8을 보라). 제사장적 의무가 가족의 틀 안에서 수행되었음은 시내 광야 이후의 상황 속에서 지적된다(삿 6:24-26; 13:19; 삼상 20:29). 그리고 고대 근동의 일반적인 문화 안에서는 자주 장자가 조상을 숭배하는 것과 관련된 제사장적 의무를 이행했다. 사울은 제사장의 역할에 개입한 것 때문에 비난을 받았으나, 이는 그 일이 사무엘의 역할을 존중하면서 그의 역할을 기술했던 협정문(삼상 10:25)을 어겼기 때문에 일어났다. 다윗의 제사장적 특권들은 예루살렘에서 그가 갖고 있던 전통적 역할에 첨부되었을 수 있다. 이런 왕적 제사장적 전통의 존재는 다윗이 법궤를 봉헌하는 의식에 참여했던 일을 통해 인식할 수 있다(삼하 6:14).

3 *Assumption of Moses* 6:1; Josephus, *Antiquities* 16:163.

능을 부여하고 시편 7:8-9, 82:1을 그와 연결시킨다. 후자는 그를 미가엘 천사와 동일시하며, "빛의 왕자"라고 부른다. 그는 하늘의 구속자, 즉 포로 된 자들에게 해방을 가져다주고 메시아 시대에 통치하는 빛의 세력의 우두머리로 묘사된다. 그는 하늘의 대제사장으로서, 대천사들은 의인이 모르고 지은 죄에 대해 그를 향해 속죄를 행한다.[4] 탈무드 (*Nedarim* 32b)와 타르굼 네오피티(*Targrum Neofiti*)에서 멜기세덱은 셈과 동일시된다. 전자는 그가 불손했다고 묘사하며 이로 인해 그가 갖고 있던 제사장직을 아브라함에게 넘긴다. 순교자 유스티누스(Justin Martyr)의 후기 변증서들(*Dialogue with Trypho* 19와 33)에서 멜기세덱은 유대인의 대표인 아브라함보다 우월해 보이는 이방인들의 대표로 묘사된다. 알렉산드리아의 필론(Philo of Alexandria)은 그를 영원한 로고스로 여긴다(*Legum allegoriae* 3.79-82).[5]

히브리서 7장에 이르러 우리는 유대교의 이런 전통이 멜기세덱에 대한 숙고 안으로 섞여 들어와 있음을 발견한다. 히브리서 저자는 멜기세덱에 관한 정보를 구약성서로부터만 끌어오지 않는다. 그는 자신

---

4 Paul Kobelski, *Melchizedek and Melchireša*, Catholic Biblical Quarterly Monograph Series 10 (Washington, D.C.: Catholic Biblical Association, 1981); and C. Marvin Pate, *Communities of the Last Days: The Dead Sea Scrolls and the New Testament* (Downers Grove, IL: InterVarsity Press, 2000), p. 121, 209.

5 Richard Longenecker, "The Melchizedek Argument of Hebrews; A Study in the Development and Circumstantial Expression of the New Testament Thought," in *Unity and Diversity in New Testament Theology: Essays in Honor of George E. Ladd*, ed. Robert A. Guelich (Grand Rapids: Eerdmans, 1978), pp. 161-85.

아담과 하와의 잃어버린 세계

의 청중에게 알려진 전통과도 교류하고 있다. (멜기세덱과 아브라함에 대한―역주) 히브리서 저자의 비교에 영향을 주고 있는 것은 멜기세덱에 대한 정경의 인물 묘사가 아니라 그에 대한 유대교의 인물 묘사다. 지금까지 히브리서 저자는 줄곧 그의 청중에게 그들의 수준에서 그리고 그들 자신의 믿음과의 관계 속에서 말해오고 있다. 그는 그들의 믿음을 받아들일 필요가 없다. 하지만 그는 그리스도의 위치가 그들이 다른 이들에게 부여했던 위치보다 우월하다는 것을 입증하고 있는 중이다. 그러므로 그는 역사 속의 멜기세덱뿐만이 아니라 유대인들의 상상 속에 있는 멜기세덱도 받아들인다. 어떤 면에서 이는 불자에게 그리스도가 어떻게 부처보다 우월한지에 관해 말하는 것과 같다. 역사속의 부처도 있고 불교의 전통 안에서 핵심이 된 부처도 있다. 히브리서 저자에게 중요한 것은 청중의 (멜기세덱에 대한―역주) 믿음의 타당성을 이런저런 방식으로 옹호하는 것이 아니라 그들의 믿음을 사용해 (멜기세덱을―역주) 그리스도와 비교하는 것이다. 예수가 멜기세덱보다 우월하다는 것을 입증하려는 시도는 없다. 다만 히브리서의 저자는 예수가 멜기세덱의 선례(시 110편)에 기초해 대표하는 제사장직이 레위 족속의 제사장직보다 우월하다는 사실을 보이려 할 뿐이다.[6]

결론적으로, 히브리서나 다른 어떤 곳에도, 멜기세덱이 창세기 14

---

6   유대교 전통에 관한 단락은 John H. Walton, *Genesis*, NIV Application Commentary (Grand Rapids: Zondervan, 2001), pp. 426-27에서 가져왔다.

장에서 묘사된 가나안 지역의 왕이 아닌 다른 어떤 존재였다고 믿어야 할 필요가 있다고 주장하는 것은 아무것도 없다. 히브리서에 등장하는 그에 대한 인물 묘사는 창세기 14장으로부터 나온 역사적인 멜기세덱에 관한 성서의 정보, 멜기세덱에게서 선례를 발견하는 예루살렘에 기반을 둔 왕적 제사장직이라는 신학적-정치적 기본형, 그리고 유대교의 사변적 신학 안에서 분명하게 드러나는 멜기세덱에 관한 문학적-전통적 관점 등을 결합시키고 있다. 이 세 가지 요소는 청중이 그런 요소들을 구별할 수 있도록 제시된 어떤 지침도 없이 한데 긴밀하게 뒤섞여 있다. 이 세 요소 모두는, 비록 그것들이 동일한 성격을 갖고 있지는 않을지라도, 영감을 받은 히브리서 저자가 사용하기에 적합했다.

만약 히브리서의 저자가 이런 요소들을 정교하고 복잡한 방식으로 사용할 수 있다면, 우리는 바울이 아담과 하와에 대해서도 같은 일을 할 수 있는지 물어야 한다. 예상할 수 있는 것처럼, 이런 분석에는 미리 정해놓은 결과와 일치하는 일괄적인 적용보다는 아주 복잡한 해석학적 적용이 요구된다. 히브리서는 바울이 아담과 그리스도를 비교했듯이, 멜기세덱과 그리스도를 비교한다. 마찬가지로, 멜기세덱과 아담/하와 모두 헬레니즘적 유대교 문헌 안에서 실질적인 "사후의 삶"을 누리고 있다.

멜기세덱의 경우, 우리는 구약성서 안에 어떤 토대도 갖고 있지 않은 히브리서의 진술들을 살펴봄으로써 문학적/전통적 요소들을 확인했다. 이런 접근법을 취할 때 우리는 멜기세덱이 제사장/왕이었고, 살

아담과 하와의 잃어버린 세계

렘 출신이고, 지극히 높으신 하나님(엘 엘리온)과 관련되어 있고, 아브라함과 만났던 것을 역사적인 일로 확언한다(히 7:1-2). 대조적으로 히브리서는 멜기세덱을 아버지도 없고 어머니도 없고 시작한 날도 없고 끝 날도 없는 존재로 묘사하면서 전통적 요소들을 취한다(히 7:3). 히브리서 저자가 행하는 비교는 히브리서 7:3에 있는 정보의 사실성에 달려 있지 않다. 사실 저자는 멜기세덱이 "족보도 없"다고 언급한다. 반면에 그는 예수가 "유다로부터 나신 것"을 분명하게 밝힌다(히 7:14). 이 비교는 멜기세덱의 (레위 족속의 제사장직과 무관한) 왕적 제사장직과 아브라함이 멜기세덱에게 바친 십일조에 근거한다. 히브리서 저자나 그의 청중이 멜기세덱에 관한 인물 묘사와 관련해 실제로 무엇을 믿었는지는 중요하지 않다. 중요한 것은 그가 자신의 가르침의 토대로서 제시하는 확언들이다.

우리의 관심을 바울이 아담과 하와를 사용하는 방식으로 돌릴 때, 우리가 먼저 물어야 할 것은 과연 바울이 주장하는 것들 중에 구약성서로부터 나온 것이 아니라 헬레니즘적인 유대교 문헌에서 발전된 전통의 형태로 나타나는 것이 있느냐 하는 것이다. 아담과 하와에 관한 바울의 주장에는 다음과 같은 것이 포함되어 있다.

1. 죄와 사망이 아담을 통해 들어왔다(롬 5:12).
2. 아담은 땅의 흙으로 만들어졌다(고전 15:47).
3. 하와는 미혹되었다(고후 11:3; 딤전 2:14).

비록 이런 것들이 유대교의 전통적인 문헌에서 중요하고 정교한 표현을 얻기는 하나, 이것들 모두는 구약성서 본문에 그 뿌리를 내리고 있다. 그러므로 우리는 이를 단순히 바울이 교류하고 있는 유대교 전통을 반영하는 것으로 치부해서는 안 된다.

반면에 어떤 이들은 바울이 그저 잘 알려진 문학적 내용을 언급하고 있을 뿐이며 그렇게 하는 것이 곧 그 내용이 역사적으로 사실이라고 확언하는 것을 의미하지는 않는다고 주장한다. 그들은 문학적 사실성(이것은 유명한 이야기가 진행되는 방식이다)과 역사적으로 사실인 것(이것은 시공간 안에서 실제로 일어난 일이다)을 구별한다. 이는 사람들이 유다서 14절의 해석과 관련해 대체로 취해왔던 방식이다. "아담의 칠대 손 에녹이 이 사람들에 대하여도 예언하여 이르되." 아주 보수적인 해석자들조차 이를 역사적 진리가 아닌 문학적 진리의 반영으로 여긴다. 그들 중 아무도 창세기에 등장하는 에녹이 중간기 문헌인 「에녹서」(*Enoch*)의 저자라고 여기지 않는다.

여전히 우리는 히브리서 저자가 자신이 인용하는 자료를 갖고서 하고 있는 일에 대한 해석학적으로 현실적인 견해를 취하는 문제를 다뤄야 한다. 만약 아브라함이 멜기세덱에게 십일조를 바치지 않았다면 히브리서 저자의 주장은 통하지 않는다. 마찬가지로, 나는 만약 죄가 세상 안으로 들어온 역사적 순간이 없다면(위의 목록 중 1과 3) 바울의 주장은 통하지 않는다고 주장할 것이다. 죄의 존재, 구속의 필요성, 그리고 그런 구속을 가져오는 그리스도의 역할에 대한 그의 접근법 전체는 이런 세부적인 내용에 기초를 두고 있다.

이런 분석의 결론은, 히브리서가 멜기세덱을 다루는 방식이 보여주듯이, 성서의 권위라는 틀 안에서 역사적 요소와 전통적 요소의 혼합이 가능하다는 것이다. 그러나 여기서 나는 아담에 대한 바울의 정보가 같은 범주 안에 들어 있지 않으며, 따라서 우리가 아담을 그와 같은 방식으로 다뤄서는 안 된다고 주장할 것이다. 그럼에도 우리는 역사적 아담에 대한 바울의 확언이 무엇보다 죄와 타락과 관련되어 있음을 안다. 이것만으로도 역사적 아담을 옹호하기에 충분하다. 하지만 이는 최초의 인간, 유일한 인간, 그리고 오늘날의 모든 인류의 조상으로서의 아담에 관한 문제에 대해 판단하기에는 아직 충분하지 않다. 이런 문제들은 이 책의 20장에서 다뤄질 것이다. 멜기세덱의 경우처럼, 바울과 그의 청중이 아담과 하와와 관련해 무엇을 믿었는지는 중요하지 않다. 중요한 것은 바울이 그의 가르침의 근거로 삼고 있는 요소들이다. 결국 바울은 그 주변의 다른 모든 사람들처럼 지구 중심의 우주를 믿었을 것이다. 그러나 만약 그것이 그의 가르침의 토대가 되지 않는다면, 이는 별다른 차이를 만들지 않는다.

나는 왜 역사적 아담과 하와를 믿는가?

아담과 하와를 역사적 인물로 여길 때 우리가 의미하는 것은, 그들이 실제로 과거에 발생한 실제 사건에 개입했던 실제 사람들이라는 것이다. 비록 그들의 역할이 그들에 대한 수용 과정에서 그들이 이런 식으로 취급되도록 만들기는 했으나, 본질적으로 그들은 신화적이거나 전설적인 인물이 아니다. 마찬가지로 그들은 허구의 인물도 아니다. 한편, 그들에 대한 인물 묘사에는 역사적 측면을 전달할 의도를 지니고 있지 않은 어떤 요소가 있을 수도 있다. 나는 이미 그들의 이름이 역사적 이름이 아니라는 것을 지적한 바 있다(6장). 마찬가지로, 만약 형성 이야기가 원형적이라면, 이는 역사적 사건보다는 아담과 하와의 정체성에 관한 진리들을 제시할 것이다. 이런 단서와 경고에도 불구하고, 나는 본문의 정보가 아담과 하와가 몇 가지 중요한 이유 때문에 실제로 과거에 살았던 실제 사람으로 간주되어야 한다는 결론으로 이어진다고 믿는다.

족보. 족보라는 장르는 서로 다른 문화 안에서 서로 다른 역할을 할 수 있다.[7] 그러므로 우리는 다른 문화의 문헌에서 만나는 어떤 족보도 우리의 문화를 지배하는 법칙에 의해 지배된다고, 혹은 족보는 동일한 방식으로 기능하며 동일한 목적을 갖고 있다고 가정해서는 안 된다.[8]

---

7 John H. Walton, "Genealogies," in *Dictionary of Old Testament: Historical Books*, ed. Bill T. Arnold and Hugh G. M. Williamson (Downers Grove, IL: InterVarsity Press, 2005), pp. 309-16; Mark W. Chavalas, "Genealogical History as 'Charter': A Study of Old Babylonian Period Historiography and the Old Testament," in Faith, *Tradition and History: Old Testament Historiography in Its Near Eastern Context*, ed. A. R. Millard, James K. Hoffmeier and David W. Baker (Winona Lake, IN: Eisenbrauns, 1994), pp. 103-28.

8 예를 들어 *Genealogy of the Hammurabi Dynasty*라고 알려진 문서는 조상을 알아 모

아담과 하와의 잃어버린 세계

그러므로 우리가 물어야 할 질문은, 과연 이스라엘이나 고대 세계에서 조상의 목록이 과거에 살았던 실제 개인을 나타내지 않는 특성을 포함하고 있다는 증거가 있느냐 하는 것이다. 이것은 중요하다. 왜냐하면 아담은 창세기 5장, 역대상 1장, 누가복음 3장에 있는 조상의 목록에 포함되어 있기 때문이다.[9]

고대 세계의 족보들을 살필 때 우리는 과연 그것들이 그 명단에 인간이 아닌 누군가를 포함시키고 있는지에 관심을 갖는다. 일탈이 있다면, 아마도 이는 그 명단에 신들,[10] 전설적 인물[11] 혹은 지명[12]이 포함된

심으로써 그들이 제기할지도 모르는 어떤 위협에도 대응하기 위한 추도식을 위해 망자들의 영혼의 목록을 제공하는 목적을 갖고 있다(Chavals, "Genealogical History as 'Charter,'" p. 121).

9 창세기와 역대상의 족보는 (태초부터 시작해서 시간의 흐름을 따라 내려오는) 하향식 명단이다. 반면에 누가복음의 족보는 (현재부터 시작해서 시간을 거슬러 올라가는) 상향식 명단이다.

10 태곳적의 왕의 명단들 중 몇 가지에서 우리는 나중에 신으로 알려진 인물인 두무지(Dumuzi)라는 이름을 발견한다. 그러나 그가 인간 왕으로 시작했는지에 관해서는 여전히 논의가 진행 중이다. 그러나 설령 그렇지 않았더라도, 이는 왕의 명단이지 족보가 아니며 따라서 결정력을 갖고 있지 않다.

11 셀레우코스 시대(Selucid period)의 어느 문헌(기원전 2세기)에는 압칼루(*apkallu*)라고 알려진 전설적/신화적 존재로 시작되는 학자들의 명단이 들어 있다. 하지만 이것은 족보가 아니다. Alan Lenzi, *Secrecy and the Gods: Secret Knowledge in Ancient Mesopotamian and Biblical Israel*, State Archives of Assyria Studies 19 (Helsinki: Neo-Assyrian Text Corpus Project, 2008), pp. 106-9을 보라.

12 지명 즉 장소와, 나아가 그곳에서 살았던 사람들의 집단과 관련된 이름은 *Genealogy of the Hammurabi Dynasty*뿐 아니라 창세기의 민족들의 표(Table of Nations)에서도 자주 등장한다.

다는 것이 될 것이다. 고대 세계에 관한 연구는 족보가 대체로 혈통보다는 정치적 일체성에 더 관심을 갖고 있다는 결론을 내려왔다. 하지만 족보가 가진 이런 목적은 만약 거기에 상상의 인물이나 전설적인 인물이 끼어 있다면 달성되지 않을 것이다. 미래에 있을 발견이 다른 결론으로 이어질 수도 있는 예들을 제공할지도 모른다. 하지만 우리가 지금 갖고 있는 정보에 기초해서 볼 때, 고대 세계의 족보들은 실제로 과거에 살았던 실제 사람의 이름을 포함하고 있다.[13] 결론적으로 우리가 성서의 족보를 달리 생각할 근거가 될 만한 선례가 없는 셈이다. 성서의 저자들은 아담을 선조들의 명단에 집어넣음으로써 그를 역사적 인물로 취급하고 있다.

타락. 구약성서 전체는 우리가 "타락"이라고 부르는 것에 관한 회고적 정보를 제공하지 않는다. 일단 창세기 3장의 사건들이 보도된 이후에는 그런 사건이나 그로 인한 결과에 대한 어떤 추가적인 언급도 이루어지지 않는다. 만약 우리가 구약성서만 갖고 있다면, 우리로서는 세상에 죄가 도입되고 퍼져나간 데 대해 유연하게 생각할 수 있을 것

---

13 한편, 신들로 시작되는 명단이 있다(창 5장도 그렇다). 어떤 이집트학 학자들은 토리노 파피루스(Turin Canon, 300명이 넘는 왕의 이름이 적혀 있다—역주)가 왕들에 관해 논하기 시작하기 전에 신들에서 시작해서 반(半)신으로 넘어간다고 믿는다. Dexter E. Callender Jr., *Adam in Myth and History: Ancient Israelite Perspectives on the Primal Human*, Harvard Semitic Studies 48 (Winona Lake, IN: Eisenbrauns, 2000), pp. 33-34의 논의를 보라. 그러나 이것이 족보라기보다 왕의 명단이라는 사실은 지적되어야 한다.

이다.

그러나 신약성서―특히 그리스도의 사역의 결과에 관한 논의―는 우리의 신학적 해석에 더 많은 것을 요구한다. 신약성서는 죄의 실재와 그로 인한 구속의 필요가 시간과 공간 안에서 벌어진 어느 특정한 사건을 통해 시간 내의 한 지점(punctiliar, 점적 순간)에 세상 속으로 들어온 것으로 여긴다. 더 나아가 바울은 그 점적 순간의 사건을 구속이라는 그것에 상응하는 행위와 서로 관련시킨다. 그로 인한 결과적인 구속을 동반하는 그리스도의 죽음 역시 점적 순간의 사건이다. 이와 관련된 상세한 내용은 이 책의 19장에서(톰 라이트[N. T. Wright]의 보충 설명을 통해) 논의될 것이다. 하지만 지금 우리는 구속의 행위가 갖고 있는 점적 순간의 본질이 타락이 갖고 있는 점적 순간의 본질과 비교되며, 그로 인해 역사적 인물에 의해 수행된 역사적 사건을 요구한다는 데 주목한다.

결론적으로, 본문의 요소(족보들)와 신학적 요소(죄와 구속) 모두 역사적 아담과 하와를 강력하게 옹호한다. 한편, 그들이 이런 역사적 역할을 수행하는 것이 반드시 그들이 최초의 인간이나, 유일한 인간이나, (생물학적으로/유전학적으로) 모든 인류의 우주적 조상이 되어야 할 것을 요구하지는 않는다는 점이 지적되어야 한다. 다시 말해, 역사적 아담의 문제는 물질적 기원보다는 죄의 기원과 더 많이 관련되어 있다. 이것들은 과거에는 자주 서로 구별되지 않았는데, 아마도 이는 그렇게 해야 할 동기가 없었기 때문일 것이다. 그동안 이루어진 발전, 특히 인간 게놈(17장과 20장을 보라)과 관련해 이루어진 발전에 비추어 볼 때, (한편으로) 역사적 아담의 문제와 (다른 한편으로) 인간의 물질적 기원의 문제가 늘 함께 제기되는 것인지를 묻는 것은 훨씬 더 중요해졌다. 그동안 나는 우리가 인간의 물질적 기원에 관해 어떤 판단을 내리지 않은 채 역사적 아담을 받아들일 수 있다고 주장해왔다. 이는 과학적 요소(인간의 물질적 기원)를 주석학적/신학적 요소로부터 분리시키고, 과학의 주장과 성서의 주장 사이의 갈등을 타협 없이 최소화하는 결과를 낳는 이점을 지니고 있다. 성서 본문에 대한 이런 식의 읽기는 과학의 요구에 의해 강요된 것이 아니다. 오히려 과학은 성서 본문이 정확하게 무엇을 주장하고 있는지를 더 면밀하게 조사하도록 촉구해왔다.

아담과 하와의 잃어버린 세계

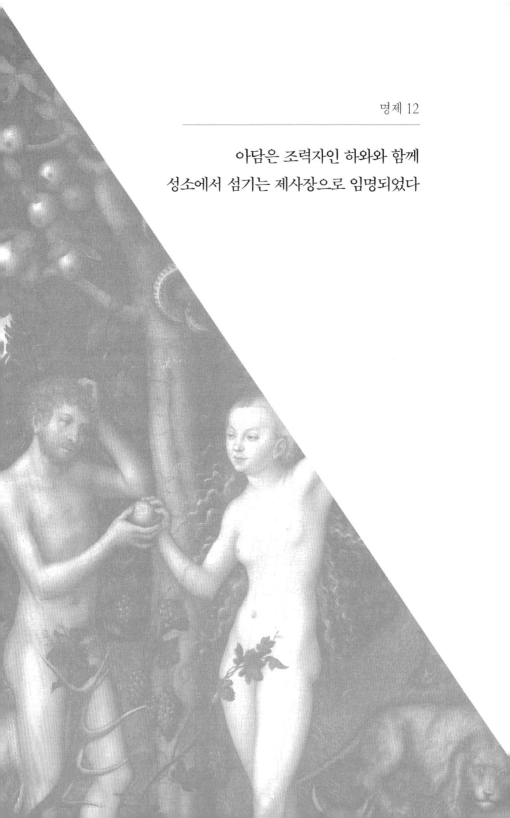

아담은 조력자인 하와와 함께
성소에서 섬기는 제사장으로 임명되었다

아담이 이끌려간 동산은 고대 세계에서 성소로 익숙한 장소였다. 하나님이 임재하시는 성소로부터 흘러나오는 풍성한 물의 이미지는 고대 근동의 도해에서 가장 보편적인 것 중 하나다(이에 대해서는 다음 장에서 상세하게 다룰 것이다). 이런 배경을 고려할 때, 우리는 에덴동산이 단순히 사람들에게 음식을 제공하는 녹음이 우거진 아름다운 장소에 불과한 것이 아님을 (물론 실제로 그렇기는 할지라도) 알 수 있다. 무엇보다도 이는 하나님이 그곳에 임재하고 계심을 드러내는 성지였다(겔 28:13이 에덴동산을 "하나님의 동산"이라고 부르는 데 주목하라; 참조. 겔 31:8). 창세기 1장에서 우리는 하나님이 우주 안에 거하기 위해 오실 것이고 그렇게 함으로써 우주를 성소로 만드시리라고 배웠다.[1] 그러나 우리는 그 성소의 중심이 어디인지에 대해서는 듣지 못했다. 창세기 2장에서 그 위치가 밝혀진다. 창세기 1장의 7일이 신전의 준공과 관련되어 있었기에, 성소의 중심이 지구에 배치되는 것, 즉 에덴동산에 신전이 들어서는 일이 창세기 1장과 시간적으로 근접해 발생했다고 추론하는 것은 논리적으로 타당하다. 이런 개념이 고대 세계와 갖고 있는 연속성에도 불구하고 몇 가지 분명한 차이도 존재한다. 예를 들어, 고대 세계의 동산이 그 열매로 그곳에 거주하는 신에게 음식을 제공하는 것과 달리, 이 동산에서는 오히려 하나님이 식물을 심어 사람을 위해 음식

---

1   여기에 대한 상세한 논의로는 John H. Walton, *Genesis*, NIV Application Commentary (Grand Rapids: Zondervan, 2001), pp. 180-83을 보라.

을 제공하신다.

성소로서의 동산이라는 개념을 이해하고 하나님의 임재(와 그분이 제공하시는 모든 것)가 핵심이라는 것을 안다면, 그때 우리는 창세기 2장의 이야기가 본질적으로 인간의 물질적 기원에 관한 것이 아님을 이해할 수 있다. 하나님은 아담에게 그가 죽을 운명을 갖고 있음을 알려주신다. 하지만 이어서 그분은 아담이 그곳에서 하나님과의 관계를 통해 치유 곧 생명을 얻을 수 있는 성소(에덴동산)를 세우신다. 하나님은 아담을 그 성소로 데려가시고 그곳에서 섬기도록 위임하신다.

그동안 나는 "경작하다"와 "지키다" 같은 용어가 조경과 토지에 대한 책임보다는 제사장의 과업을 의미한다고 주장해왔다.[2] 창세기 2:15에서 하나님은 아담을 동산에 두시고 그에게 "그것을 경작하여 지키"는 일을 위임하신다.

중요한 정보는 이런 단어들에 대한 의미론적 연구를 통해 얻어질 수 있다. 동사 아바드(*'bd*, NIV: "work")와 샤마르(*šmr*, NIV: "take care of")는 농업에 대한 묘사라기보다 주로 하나님에 대한 인간의 섬김을 논의할 때 등장하는 용어다. 동사 아바드는 확실히 농업 활동을 가리킬 수 있다(예를 들어 창 2:5; 3:23). 그러나 이런 문맥에서 동사의 의미는 그 직접 목적어("땅")에 의해 정해진다. 동사 아바드가 직접 목적어

---

2   여기에 대한 온전한 논의로는 ibid., pp. 172-74, 185-87을 보라. 이 책의 논의는 거기에 있는 내용을 개작한 것이다.

를 취하지 않을 때, 이는 종종 누군가의 소명과 관련된 일을 가리킨다 (예를 들어 출 20:9). 이 단어의 더 넓은 의미는 종종 예배라고 간주되는 종교적 섬김(예를 들어 출 3:12), 혹은 성소의 경내에서 섬기는 제사장적 직무를 맡은 이들(예를 들어 민 3:7-10)과 연결된다. 이런 경우에 그 동사의 목적어는 대개 예배의 대상이 되는 것이나 존재를 가리킨다(예를 들어 출 4:23; 23:33).

동사 아바드가 농업 일을 가리키는지 아니면 거룩한 섬김을 가리키는지를 결정하는 문제와 관련된 간결한 진술이 하나 있다. **만약** 그 동사의 목적어가 동산이라면(우리는 이것이 확실히 그러하다고 단정할 수 없다), 우리는 약간 예외적인 것을 갖고 있는 셈이다. 그 동사가 농업 일을 가리킬 때 대개 이는 먼지/흙/땅을 목적어로 취한다. 그리고 거룩한 섬김이나 예속이 문제가 될 경우, 동사는 대개 인물을 목적어로 취한다(하나님, 바알, 애굽). **동산**은 그것이 사물들이 자라나는 장소로 이해되는지 아니면 하나님이 거하시는 장소로 이해되는지에 따라 어느 쪽 범주에든 속할 수 있다. 그러므로 우리는 그 동사의 문맥상의 파트너인 샤마르를 살펴보고 이쪽으로든 저쪽으로든 방향을 정해야 한다.

동사 샤마르는 종교적 명령과 책임을 준수한다는 의미뿐 아니라 성소를 보호하는 레위인의 책임이라는 상황에서도 사용된다. 이 동사가 농업과 관련된 상황에서 사용되는 것은 오직 파괴하거나 훔치려는 사람 혹은 짐승들로부터 곡물을 보호하는 것이 문제가 될 때뿐이다.

비록 이 동사는 일반적으로 땅에서 의무를 수행하는 일에 적용되지만, 레위인의 활동에 적용될 경우 이는 성소의 경내에 대한 접근권을 포함할 수 있다.

결론적으로 나는 다음과 같은 논리적 추론을 제시하고자 한다. 동사 샤마르가 아바드와 함께 레위인의 섬김을 위해 사용되는 몇 가지 상황이 있기에(예를 들어 민 3:8-9), 그리고

1. 여기서 동사 샤마르의 문맥에 맞는 용법은 성소를 선호하고 아바드는 농업 일뿐 아니라 거룩한 섬김도 가리키기에, 그리고
2. 동산이 성소로 묘사되고 있다는 다른 지적들도 있기에

그러므로 아담에게 주어진 과업은 제사장적 유형의 일, 즉 성소를 돌보는 일이었을 가능성이 크다.[3] 고대인들의 사고 안에서 성소를 돌

---

3   이런 방향은 다음과 같은 주석가들에 의해서도 채택되었다. Gordon J. Wenham, *Genesis 1-15*, Word Biblical Commentary 1 (Waco, TX: Word, 1987; 『창세기 1-15』 [솔로몬 역간]), p. 67; John Sailhamer, *Genesis Unbound: A Provocative New Look at the Creation Account* (Colorado Springs, CO: Dawson Media, 1996), p. 45. Dexter E. Callender Jr., *Adam in Myth and History: Ancient Israelite Perspectives on the Primal Human*, Harvard Semitic Studies 48 (Winona Lake, IN: Eisenbrauns, 2000), pp. 59-65은 동산지기로서의 왕이라는 메소포타미아의 상(像)에 기초한 왕의 역할을 선호한다. 하지만 우리는 이 왕 역시 제사장의 기능을 갖고 있었음을 기억해야 한다. Challender는 이런 활동의 목적이 동산을 위한 것이지 인간 자신의 지속을 위한 것이 아니라고도 주장한다(55).

보는 일은 곧 창조를 유지하는 방법이었다. 질서를 지킴으로써 무질서가 방지된다.[4] J. 마틴 플럼리(Martin Plumley)가 이집트의 사고에 포함된 이런 개념을 묘사하듯이, 이는 여러 가지 점에서 이스라엘을 포함해 고대 세계 전역에서 나타난다.

그러나 현자들이 창조의 목적에 관해 어떤 생각을 하든, 그리고 피조물이 존재하게 된 방식에 관한 공식적인 교리가 무엇이든, 태초에 성취되었던 것은 반드시 유지되어야 한다는 보편적인 믿음이 있었다. 죽을 운명을 지닌 사람들에게 세상에서의 삶의 가장 중요한 과업은 우주의 구조가 지속되도록 하는 것이었다. 고대의 우주 생성론들은 세계가 창조되기 전에 모호한 어둠의 세력이 존재했다는 것, 그리고 그 세력이 비록 창조 행위를 통해 세계 밖으로 쫓겨나기는 했지만 그럼에도 여전히 세상 속으로 침입하려 하면서 위협을 지속하고 있다는 데 동의했다. 이런 재난의 가능성은 오직 세상의 질서를 유지하게 위해 협력하는 신들과 인간들의 행위를 통해서만 막을 수 있었다. 우주의 균형, 모든 요소의 조화로운 공존, 그리고 모든 피조된 형태들의 유지를 위한 그것들의 본질적인 유대라는 개념을 포함하는 이런 질서는 마아트(Ma'at)라는 단어로 요약되었다.[5]

---

4 이는 혼돈의 생물들에 의해 대표되는 무질서 같은 것이 존재함을 의미한다.
5 J. Martin Plumley, "The Cosmology of Ancient Egypt," in *Ancient Cosmologies*, ed. Carmen Blacker and Michael Loewe (London: Allen & Unwin, 1975), p. 36.

만약 창세기 2:15에 나오는 제사장적 어휘가 앞과 동일한 종류의 사고를 가리킨다면, 성소를 돌보는 일은 조경이나 심지어 제사장의 의무 이상의 것으로 간주되어야 한다. 질서를 유지하는 일은 우리를 하나님이 우주 안에서 세우신 평형을 유지하는 지속적인 과업에 하나님과 함께하는 참여자로 만들어준다.[6] 이집트의 사고는 이를 단지 신전에서 성소를 유지하는 역할을 하는 제사장만이 아니라, "끝나지 않은 것을 완성하는 일 그리고 존재하는 것의 현상을 유지하는 일이 아니라, 리모델링과 개선이라는 지속적이고 역동적이며 심지어 혁명적이기까지 한 과정을 통해 보존하는 일"이라는 과업을 가진 왕에게도 연관시킨다.[7] 이는 창세기 1장에 나오는 정복하고 다스리라는 명령을 이 장에 나오는 동사 아바드 및 샤마르와 결합시킨다.

이 모든 말을 하고 나서, 즉 그의 우선적인 역할이 성소에서의 제사장적 역할이라고 확인한 후에, 우리는 다른 돌보는 일을 다시 제사장의 임무 개요에 집어넣을 수도 있다. 고대 세계에서 정원이 성소와 연관될 경우, 그 정원에 있는 나무를 돌보는 것은 제사장이 수행하는 거룩한 일이 된다. 이집트와 메소포타미아에는 신전의 자산이며 제사장

6　이스라엘의 의식을 이런 관점에서 이해하기 위해서는 Frank H. Gorman Jr., *The Ideology of Ritual: Space, Time, and Status in the Priestly Theology*, Journal for the Study of the Old Testament: supplement 91 (Sheffield: JSOT Press, 1990), pp. 28-29을 보라.
7　Eric Horunung, *Conceptions of God in Ancient Egypt: The One and the Many*, trans. John Baines (Ithaca, NY: Cornell University Press, 1982), p. 183.

　아담과 하와의 잃어버린 세계

들이 돌보는 짐승의 무리가 있었다. 제사장들이 정원과 그것에 속한 짐승을 돌볼 때, 그들은 성소의 질서를 세우는 일과 정복하고 다스리는 일에 개입하는 셈이었다.

아담에 대한 위임을 묘사하는 동사들에 대한 이런 제사장적 측면에서의 이해에 기초해서, 나는 창세기 2장이 그 책에 기여하는 특별한 내용은 아담의 독특한 물질적 기원이나 인간 일반의 기원과 관련된 것이 아니라, 오히려 성소에서 아담이 선택되어 떠맡은 역할과 관련되어 있다는 결론을 내릴 것이다. 이는 새로운 개념이 아니다. 교회의 초기 해석들 중 「희년서」(*Jubilees*)는 아담이 에덴을 떠나면서 분향하는 모습을 제시하는데, 그렇게 함으로써 아담의 제사장적 역할과 성소로서의 에덴의 지위 모두를 지지한다.[8] 초기 기독교의 해석자들 중 오리게네스(Origen)는 아담을 대제사장으로 묘사한다.[9]

자신의 기원에 관한 설명에서 아담은 그 **안에서** 대표되는 모든 인간과 함께 하나의 원형으로서의 역할을 수행했다. 자신이 맡은 제사장적 역할을 통해 그는 인간을 대신해 섬기는 대표적 대리인(representational agent)의 역할을 수행한다. 모든 인간이 그에 **의해** 대표

---

8   James C. VanderKam, "Adam's Incense Offering (Jubilees 3:27)," in *Meghillot: Studies in the Dead Sea Scrolls V-Vi: A Festschrift for Devorah Dimant*, ed. Moshe Bar-Asher and Emanuel Tov (Jerusalem: Bialik Institute, 2007), pp. 141-56.

9   Gary A. Anderson, *The Genesis of Perfection: Adam and Eve in Jewish and Christian Interpretation* (Louisville, KY: Westminster John Knox, 2001), p. 122.

된다.

그러므로 아담의 역할은 고대 세계에서 제사장의 역할에 비추어 이해되어야 한다. 성서를 읽을 때 자주 우리는 제사장을 제사 전문가로, 그리고 사람들에게 야웨와 율법의 길을 가르치는 자로 여긴다. 그것은 사실이다. 하지만 이런 일들은 더 큰 그림에 잘 어울린다. 제사장의 주된 임무는 성소를 보존하는 것이었다.[10] 그들은 다음과 같은 방식으로 성소를 보존했다.

• 성소의 신성함이 유지되도록 사람들에게 성소가 그들에게 요구하는 것(성소의 각 지역을 위한 성결의 기준, 성소에서 적합한 행동)이 무엇인지를 가르침으로써.
• 성소의 신성함이 유지되도록 적절한 때에 적절한 방식으로 적절한 예물로 제사를 드림으로써.
• 성소의 신성함이 유지되도록 성소와 거기에 속한 성물을 보호함으로써.
• 성소의 신성함을 손상시키거나 부패시킬 만한 어떤 것도 성소 안으

---

10 기원전 이천 년대 중반에 작성된 주목할 만한 히타이트 문서 하나는 제사장 및 신전에 속한 다른 사람들을 위한 가르침을 담고 있다. 이 문서는 여기서 설명된 것을 포함해서 제사장의 역할에 관한 상세한 정보를 제공한다. Jared L. Miller, *Royal Hittite Instructions and Related Administrative Texts*, Society of Biblical Literature Writings from the Ancient World 31 (Atlanta: Society of Biblical Literature, 2013), pp. 244-65.

로 들어오지 못하게 함으로써.

• 사람들이 성소의 유익을 누리고 (그렇게 함으로써 성소를 확대하고) 사람들의 제물이 하나님께 이르도록 만드는 중재자의 역할을 함으로써.

성소는 하나님의 분명한 임재 때문에 존재했다. 아담이 제사장으로서 성소에 접근할 수 있었던 것은 그것의 신성함을 보존하고 그 유익을 중재하기 위해서였다. 또한 성소는 질서의 중심지였다. 왜냐하면 질서는 하나님으로부터 나오기 때문이다. 사람들이 "정복하고""다스린다"는 개념은 그 기초를, 그들이 (그분의 형상을 입은) 하나님의 대리 지배자(vice-regent)로서 질서를 보존하고 이를 하나님의 인도하에서 확대하는 지속적인 역할을 맡는다는 개념에 두고 있다. 그는 생명(의 나무)에 대한 접근권은 얻었으나 지혜(의 나무)에 대한 접근권은 얻지 못했다. 아마도 그 접근권의 취득 여하는 하나님에 의한 멘토링 과정에 달려 있었을 것이다. 우리는 위에서 열거한 역할들 중 어느 것이 에덴에서 아담이 해야 할 필요가 있었던 것인지에 대해 논의할 수 있다. 하지만 어떤 결론을 내리든 상관없이, 우리는 그 이야기를 듣거나 읽는 (고대) 이스라엘인들이 본문이 아담의 제사장적 역할에 관해 말할 때 그런 활동에 관해 생각했으리라는 것을 알 수 있다.

이는 막중한 과업이었다. 그리고 하나님은 사람이 홀로 있는 것이 좋지 않다고 여기셨다. 이는 당시에 다른 사람이 아무도 없었다는 것이 아니라 오직 아담만이 성소에서 그 임무를 수행하는 과업을 맡았다는 것—앞서 그 동사와 연결되어 논의되었던 역할을 위해 지음을 받았다는 것—을 암시한다.[11] 우리는 이런 언급이 고독이냐 교제냐 하는 문제와, "영혼의 파트너"에 대한 심리적인 필요와 관련된다고 추측해서는 안 된다. 마찬가지로 우리는 앞 장의 축복 선언에 내재되어 있는 개념을 끌어들여 아담에게 재생산을 위한 파트너가 필요했다는 식의 결론을 내려서도 안 된다. 이는 창세기 2장에서 이루어지는 논의에 속하지 않는다. 또한 아담은 그 문제를 해결하기 위해 짐승들 사이를 살피지 않는다. 오히려 하나님은 그 일이 그가 혼자 수행하기에는 너무 무겁다고 말씀하신다. 그에게는 성소에서 그를 도울 협력자가 필요하다.[12]

성소에서 섬기는 일의 성격 때문에 유일하게 적합한 협력자는 아담과 존재론적으로 같은 사람이어야 했다. 그 본문에 들어 있는 혼란을 불러일으킬 수도 있는 요소 중 하나는, 짐승들이 어떻게 그 본문이 전달하는 내용에 들어맞는가 하는 것이다. 그들은 성소의 개념이나 제사장의 역할과 아무런 관계가 없다. 내가 제시하는 입장에 비추어 볼

---

11 이 책의 196-204쪽을 보라.
12 비슷하게 출 18:14에서 이드로가 모세가 혼자서 백성이 가져오는 모든 송사를 판단하는 것이 좋지 않다고 말한다는 데 주목하라. 이는 한 사람이 감당하기에는 너무 큰 일이었다. 그래서 한 그룹이 선택되어 훈련을 받았다. 반면에 여기 이 단계에서는 오직 한 사람의 추가적인 대표가 임명된다.

아담과 하와의 잃어버린 세계

때, 하나님은 짐승을 아담에게로 이끄신다. 그리고 아담은 그 짐승의 역할과 기능을 살핀 후 그것에게 이름을 지어주면서 그중 아무것도 자기와 존재론적으로 동일하지 않다는 것을 발견한다. 그 후에 하나님은 환상을 통해 아담에게 여자가 그와 존재론적으로 동일하다는 것을 보이신다. 그리고 그가 잠에서 깨어났을 때 여자가 그에게 다가왔고 그는 그 사실을 깨닫는다. 그녀가 "내 뼈 중의 뼈요 살 중의 살이라"는 사실을 말이다. 그녀는 남자에 필적했다. 이어서 본문은 남자가 이런 존재론적 결합으로 인해 부모와의 긴밀한 생물학적 관계를 떠나 존재론적으로 뿌리를 내린 관계를 형성하게 되리라고 설명한다(창 2:24).

말이 나온 김에 우리는 「길가메시 서사시」(Gilgamesh Epic)에서 엔키두(Enkidu) 역시 짐승이 아니라 여자가 자신과 존재론적으로 동일하다는 것을 발견한다는 데 주목한다. 원시인인 엔키두는 신들에 의해 진흙에서 개별적으로 그리고 완전히 성장한 상태로 창조된 후 들판에서 벌거벗은 채 짐승들과 동거하며 지내고 있었다(1:99-112). 그는 마침내 자신의 반려자로 한 여자를 발견하고(그녀가 그를 유혹했다) 자기가 계속해서 짐승과의 교제를 즐길 수 없다는 것을 알게 된다. 그는 들판의 짐승이 아니었던 것이다.

이런 의미에서 창세기 2장의 장면은 아담이 엔키두가 아님을 지적해준다. 그는 짐승들과 교제하지 않는다. 하지만 엔키두처럼 그 역시 자기가 짐승이 아니라는 것을 알게 된다. 창세기 2-3장의 많은 요소가 「길가메시 서사시」의 엔키두에 대한 묘사에서 접촉점을 발견한다. 그러나 그런 요소들 중 아무것도 동일한 방식으로 작동하지 않는다. 그렇게 해서 우리는 창세기 2-3장이 「길가메시 서사시」와 몇 가지 동일한 주제를 다루고 있으나 거의 모든 점에서 그것과 병치된다고 말할 수 있다. 그러므로 어느 면에서 창세기 2장이 짐승과 인간의 관계를 논의의 주제로 제시하는 것은 놀랄 일이 아니다.

「길가메시 서사시」에서 여자(샴하트[*Shamḥat*])는 엔키두를 유혹하고, 그로 인해 엔키두는 문명화된다. 비록 메커니즘은 성적 경험이었으나, 초점은 미개인을 문명화시키는 것이었다. 엔키두는 이성과 오성을 얻는다(1:202). 이어서 샴하트는 그를 성소로 이끌어간다(1:209-10). 창세기에서는 먼저 반려자와 협력자로서의 여자에 대한 인식이 나타나는데, 그 후에 이루어진 성적 경험은 존재론적 완전체의 지속적인 회복을 의미한다. 다시 한번, 창세기는 논의를 뒤집는다. 창세기는 일반적인 문학적 모티브를 사용해 고대 세계에서 대화의 익숙한 주제였던 인간에 관한 진리들을 전달한다. 이런 진리들은 동일한 대화방안에서 작용하지만, 창세기는 가구 전체를 재배열한다. 아담은 엔키두와, 그리고 그 서사시의 다른 부분에서는 심지어 길가메시 자신과 얼마간의 유사성을 보인다. 하지만 그는 그들 모두와 매우 다르며 대개는 그들과 날카롭게 대조되는 방식으로 묘사된다. 그렇게 해서 창세기 2-3장은 문화에 대한 언급을 하고 있는 것처럼 보일 수도 있다. 표 3을 보라.

아담과 하와의 잃어버린 세계

인간		창세기 2-3장	길가메시 서사시
상태	구성	흙으로 지음 받은 남자(창 2:7)	흙으로 지음 받은 엔키두
	순수성	남자와 여자는 벗고 있었으나 의식하지 않음	엔키두는 벗고 있었으나 의식하지 않음
남성/여성	남성/여성 관계	여자는 남자의 존재론적 짝으로 보임	여자는 성경험을 제공함으로써 엔키두를 문명화함
짐승	짐승과의 관계	남자는 짐승의 이름을 지음	엔키두는 짐승과 교제함
	짐승과의 구별	짐승은 협력자가 되기에 적합하지 않고, 인간은 짐승이 아님	짐승이 엔키두를 거부하고, 그는 짐승이 아님
	옷 제공	하나님이 남자와 여자에게 옷을 지어 입히심	샴하트가 엔키두에게 옷을 입혀 문명화시킴
신적 계시	성소를 통한 신과의 관계	남자와 여자는 성소에서 제사장으로 섬김	샴하트가 성소에서 섬기고 엔키두를 성소로 데려옴[13]
	지혜의 습득	남자와 여자는 선과 악에 대한 지식을 얻음	엔키두는 이성과 오성을 얻음
	신과의 유사성	남자와 여자는 지혜에 있어 신과 같게 됨	엔키두는 신처럼 멋진 모습이 됨

표 3. 「길가메시 서사시」와 창세기 2-3장에 나타나는 인간에 관한 관찰 결과: 비교와 대조를 부각시키는 문학적 접점들

---

13 A. R. George, *The Babylonian Gilgamesh Epic: Introduction, Critical Edition and Cuneiform Texts* (Oxford: Oxford University Press, 2003), 1:48에 따르면 샴하트는 이교의 매춘부였을 가능성이 크다. 이 본문은 단지 그녀를 탁월한 매춘부로 확인해줄 뿐이다. 하지만 그녀는 엔키두를 아마도 그녀의 집이었을 이쉬타르(Ishtar)의 사당으로 데려간다

수업 시간에 내가 어떤 문화적인 언급을 할 경우, 만약 그 수업의 참가자들이 내가 언급하는 영화, 노래 혹은 비디오 게임에 대해 익숙하지 않다면, 내가 언급한 내용의 의미는 상실된다. 그들에게 내가 한 말은 혼란의 근원이 된다. 왜냐하면 그들은 내가 언급하는 연관성을 알지 못하기 때문이다. 마찬가지로, 창세기가 고대 근동의 문학 세계(「길가메시 서사시」 같은 문헌에서 관찰되듯이)에 대해 언급하고 있는데 독자인 우리가 그 문학 세계에 대해 아무런 지식도 갖고 있지 않다면, 우리는 이런 언급의 의미를 놓치게 될 것이다.

창세기 2장의 이야기를 통해 우리는 여자가 그저 또 다른 피조물이 아니라 남자와 같으며, 사실상 그의 본성을 공유하고 있는 그의 다른 반쪽이며, 따라서 그의 협력자로서 적합하다는 사실을 알게 되었다. 그녀는 성소를 보존하고 보호하고 확대하는 과업을 맡은 보호자요 중재자로서 그와 결합했다. 여자가 (월경이라는 알려진 위험에도 불구하고) 제사장 역할을 하는 것은 고대 세계에서는 특별한 일이 아니었다. 그러나 이스라엘은 예외였다. 이스라엘에서는 오직 남자만 제사장이 될 수 있었다. 그러므로 창세기 2장이 여자를 남자와 함께 성소에서 일하는 동료 노동자로 제시하는 것은—특히 이 이야기의 시나리오가 이스라엘의 권위적인 인물(모세와 같은)이 이스라엘 청중에게 말을 하고 있는 것이라면—이상하게 보일 수도 있다.[14]

---

14 성소에서의 여자의 역할에 대한 논의로는 Phyllis Bird, "The Place of Women in

　　　　　　　　　아담과 하와의 잃어버린 세계

고대 세계에서 여성 제사장은 때때로 성소의 관리자로 포함되었다. 하지만 이런 역할은 대개 기원전 30세기 말과 20세기 초에 나타난다.[15] 성서에서 우리는 여자들이 비록 제사장으로서는 아니지만 성소에서 일하는 것을 발견하는데(출 38:8; 삼상 2:22), 그들의 역할이 무엇이었는지에 관해서는 서로 다른 의견이 존재한다. 시간이 흐름에 따라 고대 세계에서 성소에서 섬기는 여자들은 (성소의 관리자라는 역할보다는―역주) 성적이거나 주술적인 역할과 더 많이 연관되었다. 바로 이런 상황 때문에 고대 이스라엘 백성은 오직 남자 제사장만 자신과 이웃을 구별하고, 성적 의식은 성소의 경내 밖에서 이루어지게 하는 관습을 갖게 되었을 수도 있다.[16] 우리가 어떤 설명을 찾아내든, 그것은 창세기 2장에서 여자가 성소에서 섬기는 남자의 협력자로 묘사되고 있다는 견해를 무시할 수 있을 만큼 충분하지는 않다. 협력자로서 그녀는 남자와 동일한 역할을 맡을 필요는 없었을 것이다. 하지만 이 본문

the Israelite cultus,˝ in *Ancient Israelite Religion: Essays in Honor of Frank Moore Cross*, ed. Patrick D. Miller Jr., Paul D. Hanson and S. Dean McBride (Philadelphia: Fortress, 1987), pp. 397-419, 특히 pp. 405-8의 요약을 보라.

15 Hennie J. Marsman, *Women in Ugarit and Israel: Their Social and Religious Position in the Context of the Ancient Near East* (Leiden: Brill, 2003), pp. 490-91. 이런 역할들은 구바빌로니아 시대(기원전 20세기 전반부) 이후에 거의 사라졌다. 여자 제사장의 역할의 동일한 소멸이 동일한 시기에 이집트에서(중왕국 시대)에서도 분명하게 나타난다. 학자들은 이집트에서 여성 제사장의 역할이 제사장직의 전문화와 더불어 쇠퇴했다고 주장한다.

16 Ibid., pp. 544-47.

이 제공하는 정보의 부족을 감안한다면, 우리는 이와 관련해 좀 더 이야기할 수 있을 것이다. 이 본문은 성소에서 그녀가 맡은 역할을 설명하기보다는 남자의 반쪽으로서 그녀의 존재론적 정체성에 대해 언급할 뿐이다.

아담과 하와의 제사장적 역할에 관한 문제로 되돌아가 보자. "제사장 나라"(출 19:6, 시내산에서 성소인 성막을 세우는 일에 관한 이야기를 담고 있는 문맥에서 나오는 표현이다)라는 이스라엘의 정체성[17]이 제공하는 더 큰 패러다임을 살핀다면, 우리는 좀 더 많은 통찰을 얻을 수 있을 것이다. 이스라엘의 제사장적 역할은 다른 나라들을 대신해 의식을 행하는 일이나 그들을 위해 성소에서 봉사하는 일에 있지 않다. 오히려 그 역할은 하나님에 관한 지식을 중재하는 것이고, 최종적 목표는 궁극적으로 하나님에 대한 접근을 제한하는 것이 아니라 가르침을 통해 그런 접근을 중재하는 것이다.[18] 나는 에덴동산에서 아담과 하와의 역할은 제사장들이 이스라엘 안에서 활동하는 방식과는 덜 연관되고, 반면에 세상을 향한 제사장으로서의 이스라엘의 역할(과 나중에는 신자들의 역할; 벧전 2:9)과는 더 많이 연관되어 있다고 주장하고자 한다. 이런 입장에서 우리는 이스라엘에 여성 제사장이 없었던 것에 대해 격

---

17 이런 임명이 영원한 성소가 세워지기 전에 일어난다는 데 주목하라. 이는 의식의 수행이 제사장의 주된 역할이 아니라는 것을 알려준다.
18 나는 이것 역시 성막과 신전에서 아론 계열의 레위 지파 제사장들의 주된 임무였다고 주장한다. 이는 그들이 아담과 하와가 하듯이 성소를 섬기고 유지했던 **방식**이다.

아담과 하와의 잃어버린 세계

정할 필요가 없다.

앞에서 우리는 원형적 대표자(archetypal representative)로서의 아담과 하와에 대해 말했다. 여기서 우리는 그들이 제사장적 대표자(priestly representative)임도 발견한다. 이 두 유형의 대표성은 서로 구분되어야 한다. 첫째로, 그들의 개별성은 그들의 원형적 의미 안에 삼켜진다. 둘째로, 그들은 (제사장이 늘 그렇듯이) 개인으로서의 집단을 대신해 섬긴다. 이런 제사장적 역할을 하는 그들은 중재자다. 그리고 그들의 행위는 그들이 대표하는 집단 전체에 대해 의미를 지니며 때로는 실제적인 영향을 준다.

이 장의 결론을 내리기에 앞서 창세기 2장에 약간의 빛을 비춰줄 수 있는 「길가메시 서사시」에 나오는 일화적인 평행구에 대해 언급하는 것이 적절할 것이다. 11번 토판에서 홍수에서 살아남은 영웅 우타-나피쉬티(Uta-napishti)는 방주에서 내려 한 무리의 신들과 만난다. 그와 신들은 그가 어떻게 살아남았는지에 대해, 과연 그가 살아남아야 했던 것인지에 대해, 그리고 이제 신들이 그를 어떻게 해야 할지에 대해 논의한다. 그 토판의 203-6행에서 그에 대해 다음과 같은 결정이 내려지고 복이 수여된다.

"전에 우타-나피쉬티는 인간들 중 하나였다.
하지만 이제 그와 그의 아내는 신인 우리처럼 될 것이다.
우타-나피쉬티는 저 먼 곳 강의 입구에서 살 것이다!"

그들은 나를 먼 곳 강의 입구로 데려가[19] 그곳에서 살게 해주었다.[20]

홍수에서 살아남은 이 영웅이 "이끌려 간" 곳의 환경은 에덴과 같 았다("강의 입구"). 거기서 그는 "신들처럼" 될 것이다. 이는 신들과 **함께** 지내는 것이 아니라, 도저히 죽음을 면할 수 없는 영역으로부터 **빠져** 나오는 것이다. 길가메시가 그곳에 이르기 위해 바다와 "죽음의 강"을 건너야 했다는 데 주목하라.[21] 우타-나피쉬티가 "이끌려 간" 것은 축복 처럼 보인다. 이런 식의 이해는 동일한 동사가 사용되고 있는 창세기 5 장에 등장하는 에녹에게도 해당될 것이다.

아담은 우타-나피쉬티처럼 "이끌려" 갔을 뿐 아니라(창 2:15), 강들 의 근원에 배치되었다(창 2:10). 길가메시의 이야기에서 우타-나피쉬 티는 그곳에 정착한다.[22] 하지만 아담의 배치와 관련해 사용된 단어는 훨씬 더 중요하다. 왜냐하면 이는 "쉬다"에 해당하는 동사(*nwḥ*)의 사역 형이기 때문이다. 하나님 앞에서 아담은 쉼—이는 성소의 특징을 이루 는 것에 대한 중요한 언급이다—을 발견한다. 아담과 우타-나피쉬티 모두 성소에 위치하는데 그곳에서 그들은 생명에 접근할 수 있었다.

---

19 여기서 히브리어 *lqḥ*와 어원이 같은 아카드어 *lequ*가 사용된다.

20 A. R. George, *The Babylonian Gilgamesh Epic: Introduction, Critical Edition and Cuneiform Texts* (Oxford: Oxford University Press, 2003), 1:716-17.

21 Tablet X, lines 76-90.

22 여기서 히브리어 동사 *yšb*와 어원이 같은 동사의 사역형이 사용된다.

아담과 하와의 잃어버린 세계

이런 유사성에도 불구하고 우리는 중요한 차이를 무시해서는 안 된다. 비록 아담과 우타-나피쉬티 모두 성소에 있지만, 아담은 그곳에서 하나님과 특별한 관계를 맺는다. 대조적으로, 우타-나피쉬티의 상황은 신들의 영역과 아무런 상관이 없으며, 신들과의 관계를 기대하지도 않는다. 아담과 하와는 그들 스스로 지혜를 붙잡을 때 "신들처럼" 된다. 우타-나피쉬티가 신들처럼 되는 것은 일종의 승진, 즉 그에게 주어진 혜택이다. 우타-나피쉬티는 원형적 측면에서나 제사장적 측면에서 독특하지 않다. 그를 위한 어떤 특별한 역할도 확인되지 않는다. 아담과 하와와 달리 우타-나피쉬티와 그의 아내는 성소의 보호자도 아니고 중재자도 아니다. 그들은 단지 특권을 얻은 주민이었을 뿐이다.

창세기 5장과 길가메시 서사시의 11번 토판을 비교함으로써 얻어지는 유익은, 원형적 인간 아담이 인간의 일상적인 실존의 영역으로부터 빼냄을 받아 생명에 대한 접근권을 지닌 축복으로서 특별하게 준비된 장소(강들의 근원)에 배치되었음을 알게 되는 것이다.[23] 흥미롭게도, 우타-나피쉬티라는 이름은 그가 생명을 발견한 자임을 일러준다.[24] 그리고 하와를 맞이한 아담은 그녀에게서, 그가 그녀에게 이름을 지어주는 것을 통해 드러나듯이, "모든 산 자의 어머니"(창 3:20)를 발견했다.

결론적으로 우리는, 성서를 아담과 하와가 최초의 사람들이라는

---

23 에덴에 있는 두 개의 강을 티그리스강과 유프라테스강과 동일시하는 것이 이런 견해를 손상시키지는 않을 것이다. 물이라는 중요한 실체는 우주 공간의 일부다.
24 George, *Babylonian Gilgamesh Epic*, 1:152.

견해를 필요로 하는 것으로 이해하기보다, 성소에서 하나님께 접근하고 그분과 관계를 맺는 것과 관련된 그들의 특별한 역할에 비추어, 그들이 최초의 **중요한** 인간이었을 가능성에 대해 생각해볼 수 있을 것이다. 그럴 경우 아담과 하와는, 이스라엘의 조상으로서 (비록 이스라엘의 최초의 조상은 아니었으나) 중요한 역할을 맡았던 아브라함처럼, 선택에 의해 중요한 사람이 되었다고 할 수 있다. 이는 그들 주변에 다른 사람이 있었든 없었든 상관없이 옳을 것이다. 그들의 선택은 제사장적 역할, 즉 성소에 배치된 첫 번째 사람들이 되기 위함이다. 형성 이야기는 그들에게 인간의 본질에 대한 통찰을 부여한다. 하지만 그들은 세상에 죄를 들여온 것 때문에 최초의 중요한 인간이 되었다(이에 대한 충분한 논의를 위해서는 15장을 보라). 아담은 세상에 생명을 가져올 기회를 얻은 "첫" 사람이었다. 하지만 그는 그 목표를 이루는 데 실패했다. "마지막" 사람인 그리스도는 우리의 대제사장으로서 우리에게 생명과 하나님께 나아갈 수 있는 길을 제공하심으로써 그 일에 성공하셨다(고전 15:45을 보라).

성소의 제사장으로서 아담과 하와가 맡았던 역할이─그들의 유전적 역할이 아니라─그들을 다른 이들로부터 구별시킨다. 만약 창세기 1장이 성소의 개소식과 하나님의 휴식을 특징으로 삼고 있다면, 거기서는 성소의 중심(즉 신전)의 존재가 암시된다. 만약 에덴동산이 신전의 기능을 한다면, 우리는 창세기 2장의 사건이 창세기 1장과 동일한 일반적인 시간 안에서 발생하고 있는 것으로 보아야 한다. 그러나 이

아담과 하와의 잃어버린 세계

는 같은 시간 안에서라기보다는 그 최초의 7일 이후에 발생한 것일 수 있다. 이런 시나리오 안에서 아담과 하와는 창세기 1장이 말하는 최초의 인간 창조의 일부로 간주되어야 한다. 하지만 거기서는 오직 집단으로서의 인간이 언급되고 있으므로, 그 본문이 다른 이들이 존재했다는 생각을 분명하게 배제하는 것은 아니다. 족보(*tōlĕdōt*)에 대한 나의 분석과 상응하게, 나는 창세기 2장이 **여섯째 날에** 일어난 일을 되풀이하여 이야기하고 있는 것이 아니라 **여섯째 날의 여파로** 일어난 일에 관해서 말하고 있다고 주장할 것이다.

동산은 성소를 위한
고대 근동의 모티브이며
나무는 생명과 지혜의 근원인
신과 관련된다

이 장에서 우리가 다룰 문제는 본문의 문학적 성격과 신학적 의미, 그리고 이를 구체화하는 고대 근동이라는 배경 등이다. 이 문제들을 다루는 과정에서 우리는 동산 중앙에 있는 두 그루의 나무에 대해, 그리고 동산의 성격과 위치에 관해 논의할 필요가 있다.

중요한 것은 처음부터 동산, 나무, 뱀 등이 상징이라고 인정하는 것이다. 나는 이런 말을 통해 그것들이 실재가 아니라고 주장하려는 것이 아니다.[1] 우리는 그것들이 그것 자체를 넘어서는 무언가를 대표하고 있음을 분명하게 인식해야 한다. 이렇게 상징화된 실재는 초월적이며 물리적인 실재보다 훨씬 더 중요하다. 우리가 후자를 어떻게 평가할지라도 말이다.

에덴동산

에덴동산을 고대의 맥락에서 고찰할 경우, 우리는 그것이 **녹색 공간**(green space)이라기보다 **거룩한 공간**(sacred space)이라는 것을 발견한다. 이는 완전이 아닌 질서의 중심이다. 그리고 그것의 의미는 인간의 낙원보다는 하나님의 임재와 더 많이 연관되어 있다.[2]

---

1   국기는 상징이다. 하지만 동시에 이는 실제적인 그 무엇이다.
2   이것은 Jerje Stordalen, *Echoes of Eden: Genesis 2-3 and Symbolism of the Eden Garden in Biblical Hebrew Literature* (Leuven: Peeters 2000), p. 298과 상반된다. Stordalen은 그 동산 안에 야웨가 거주하지 않으신다고 분명하게 주장한다. 어느 면에서 나는 그

본문의 설명에서 에덴동산은 비옥함을, 그리고 불완전하게나마 식물원이라고 할 수 있는 것을 제공하는 강을 그 특징으로 갖고 있다. 이 공원 같은 환경은 고대 세계에서 잘 알려져 있었다. 흐르는 강들(일반적으로 4개다)이라는 주제는 초기에는 자주 성소와 연관되었다. 동일한 주제가 에스겔 47장에서 나타난다. 또한 시편과 예언서들 전반에서도 그것에 대한 언급이 나타난다. 동산은 하나님의 임재로부터 유래하는 비옥함에 대한 증거로서 성소와 인접해 조성되었다. 이는 채소밭이나 곡물이 생산되는 들판이 아니었다. 오히려 이는 조경이 아름다운 공원이었다. 이는 신에게 바칠 열매를 제공했다. 왕들 역시 그들의 왕궁 곁에 동산을 세워 그곳에서 방문객을 맞이하면서 그에게 깊은 인상을 주려 했다. 그러므로 창세기의 본문은 동산, 즉 이국적인 나무로 조경이 되고 야생생물로 가득 찬 공원을 묘사한다고 보일 수 있다.[3]

나는 창세기 1장에서 우주가 성소로 지정되고 있다고 주장했다. 그러나 그 우주가 사람들을 위하여 기능하도록 지어졌음에도 그 성소의 중심이 어디에 위치해 있는지에 대해서는 어떤 정보도 제공되지 않았

의 주장에 동의한다. 다른 곳에서 나는 동산이 에덴이 아니라 에덴과 인접해 있다고 주장했다. 에덴은 하나님이 임재하시는 곳이고, 그런 곳이 전형적으로 그러하듯이, 신이 임재하는 성소는 그것에 부속된 동산을 갖고 있다. John H. Walton, *Genesis*, NIV Application Commentary (Grand Rapids: Zondervan, 2001), pp. 167-68을 보라.
3 특히 산혜립이 니느웨에 건설한 동산 지역에 주목하라. 이것이 실제로 유명한 "바빌로니아의 공중 정원"이라는 주장과 그에 대한 논의로는 Stephanie Dalley, *The Mystery of the Hanging Garden of Babylon: An Elusive World Wonder Traced* (Oxford: Oxford University Press, 2013)을 보라.

아담과 하와의 잃어버린 세계

다. 창세기 2장에서는, 우리를 위해 성소의 중심이 정해지고 사람들이 그곳으로 이끌려간다.[4] 만약 에덴이 성소의 중심이라면, 얼마간 이는 성막/신전의 지성소와 닮아 있다. 그러므로 학자들이 오랫동안 신전에서 에덴의 상징을 인식해왔다는 것은 놀랍지 않다.[5] 엘리자베트 블로

---

4 우주를 성소로 지정하는 것(창 1장)과 실제로 지상에 그 성소의 중심을 세우고 그곳에 사람들을 심는 일(창 2장) 사이에 시차가 있을 수 있다는 것은, 하나님이 가나안을 아브라함에게 주시는 약속의 땅으로 지정하시는 것과 그로부터 여러 세기가 지나서 여호수아 때에 이르러 실제로 그 땅에 이스라엘 백성이 거주하기까지 사이에 존재하는 시차를 통해 예시될 수 있다.

5 Carol L. Meyers, *The Tabernacle Menorah: A Synthetic Study of a Symbol from the biblical Cult*, American Schools of Oriental Research Dissertation 2 (Missoula, MT: Scholars Press, 1976); Dellef Jericke, "Königsgarten und Gottes Garten: Aspekte der Königsideologie in Genesis 2 und 3," in *Exegese vor Ort: Festschrift für Peter Welten*, ed. Christl Maier, Rüdiger Liwak and Klaus-Peter Jörns (Leipzig: Evangelische Verlagsanstalt, 2001), pp. 161-76은 에덴동산과 고대 근동의 왕실 정원 사이의 유사성을 찾아내고 그것을 우주의 정원이라고 여긴다(172-74); Lawrence E. Stager, "Jerusalem as Eden," *Biblical Archaeology Review* 26, no. 3 (2000): 41은 신전으로부터 흘러나오는 물에 대한 성서의 언급들을 열거한다; Mansfred Dietrich, "Das biblische Paradies und der babylonische Tempelgarten: Überlegungen zur Lage des Gartens Eden," in *Das biblische Weltbild und seine altorientalischen Kontexte*, ed. Bernd Janowski and Beate Ego (Tübingen: Mohr Siebeck, 201), pp. 281-323, 특히 290-93; Elizabeth Bloch-Smith, "Solomon's Temple: The Politics of Ritual Space," in *Sacred Time, Sacred Place: Archaeology and the Religion of Israel*, ed. Barry M. Gittlen (Winona Lake, IN: Eisenbrauns, 2002), pp. 83-94; Victor Hurowitz, "Yhwh's Exalted House—Aspects of the Design and Symbolism of Solomon's Temple," in *Temple and Worship in Biblical Israel: Proceedings of the Oxford Old Testament Seminar*, ed. John Day (New York; London: Continuum; T & T Clark, 2005), pp. 63-110; Gordon J Wenham, "Sanctuary Symbolism in the Garden of Eden Story," in *"I Studied Inscriptions from Before the Flood": Ancient Near Eastern, Literary, and Linguistic Approaches to Genesis 1-11*, ed.

흐-스미스(Elizabeth Bloch-Smith)는 "에덴이라는 가상의 동산"으로서의 신전에 대해 언급한다.[6] 빅토르 후로비츠(Victor Hurowitz) 역시 유사한 결론을 내린다. "신전의 장식과 그것의 배치는 의미심장하고 논리적이었다. 신전은 단지 야웨의 거처에 불과한 것이 아니라 세상에 있는 그분의 동산이었던 것처럼 보인다."[7] 에덴에 대한 이런 해석은 성서 밖에서 이루어진 가장 이른 시기의 해석에서도 발견되지만(「희년서」, 2세기), 그 해석은 미묘하다. 「희년서」의 해석에서 아담과 하와는 하와가 아담에게 이끌려온 직후에 성관계를 맺는다. 그리고 그때 그들은 동산 밖에 있었다. 그 후에 그들은 동산―그때 그곳은 함축적으로 성소로 간주되었다―안으로 들어가기 전에 자신들을 정결케 해야 했다.[8] 초기 기독교 해석자들 중 에프렘(Ephrem, 4세기)은 에덴동산이 성

Richard S. Hesse and David Toshio Tsumura, Sources for Biblical and Theological Study 4 (Winona Lake, IN: Eisenbrauns, 1994), pp. 399-404, reprinted from *Proceedings of the Ninth World Congress of Jewish Studies, Division A: The Period of the Bible* (Jerusalem: World Union of Jewish Studies, 1986), pp. 19-25; Moshe Weinfeld, "Gen. 7:11, 8:1-2 Against the Background of Ancient Near Eastern Tradition," *Die Welt des Orients* 9 (1978): 242-48.
6   Bloch-Smith, "Solomon's Temple," p. 88.
7   Hurowitz, "Yhwh's Exalted House," p. 87.
8   「희년서」가 다른 많은 점에서 이 책에서 제시된 바와 아주 다른 해석을 제공한다는 점은 지적되어야 한다. 그래서 나는 만약 어떤 해석이 「희년서」에서 발견된다고 해서 그것은 옳다고 주장할 생각이 없다. 이는 단지 성소로서의 에덴이라는 해석이 현대적인 것이 아니라 고대의 개념이라는 것을 보일 뿐이다.

막과 유사성을 보이는 방식에 관해 상세하게 다뤘다.[9]

도해(iconography)는 동산/강과 신전 사이에 있는 이런 관계를 충분히 지지해준다. 그러나 고고학적 증거 대부분은 동산/강을 신전보다는 왕궁과 연결시킨다.[10] 왕이 신들이 누렸던 특권을 자신을 위한 것으로 취한 것은 놀랄 일이 아니다. 고고학자들은 아수르 근처에서 안뜰에 여러 줄의 나무 구덩이를 갖고 있는 신전을 발굴했다.[11] 이집트에서 신성한 숲은 때때로 신전과 연관되었다.[12] 인공 연못, 이국적인 나무와 식물, 물고기와 물새, 그리고 신들을 위한 농산물 등은 모두 이런 신전

---

9 Gary A. Anderson, *The Genesis of Perfection: Adam and Eve in Jewish and Christian Imagination* (Louisville, KY: Westminster John Knox, 2001), pp. 55-58, 79-80. 예를 들어, Ephrem은 지혜의 나무는 신전의 휘장과 같고 생명의 나무는 지성소와 같다고 여겼다. Ephrem the Syrian, *Hymns on Paradise*, intro. and trans. Sebastian Brock (Crestwood, NY: St. Vladimir's Seminary Press, 1990), p. 57 (Paradise Hymn 3.13)을 보라.

10 Kathryn L. Gleason, "Garden," in *Oxford Encyclopedia of Archaeology in the Near East*, ed. Eric M. Meyers (New York: Oxford University Press, 1997), 2:283; Renate Germer, "Gardens," in *Oxford Encyclopedia of Ancient Egypt*, ed. Donald B. Redford (Oxford: Oxford University Press, 2001), 2:5; Othmar Keel, *The Symbolism of the Biblical World: Ancient Near Eastern Iconography and the Book of Psalms*, trans. Timothy J. Hallett (New York: Seabury, 1978), p. 135. 신전과 왕궁이 종종 인접한 공간을 공유했다는 데 주목하라(Elizabeth Bloch-Smith, "'Who Is the King of Glory?': Solomon's Temple and Its Symbolism," in *Scripture and Other Artifacts: Essays on the Bible and Archaeology in Honor of Philip J. King*, ed. Michael D. Coogan, J. Cheryl Exum and Lawerence E. Stager [Louisville, KY: Westminster John Knox, 1994], p. 26).

11 Stager, "Jerusalem as Eden," p. 43.

12 Alix Wilkinson, "Symbolism and Design in Ancient Egyptian Gardens," *Garden History* 22 (1994): 1-17.

에 속한 동산의 특징이었다. 그것의 비옥함과 질서정연한 배열은 우주 안에 있는 질서를 상징했다.

도상학적이고 고고학적인 자료 외에, 고대 근동 문헌의 본문들 역시 에덴동산에 대한 우리의 이해에 영향을 준다. 비록 고대 근동 문헌에는 창세기 2장의 평행 본문의 역할을 하는 선례가 존재하지 않으나, 그것의 다양한 부분에 대해 언급하는 수많은 본문들이 있다. 앞 장에서 나는 창세기 2장과 「길가메시 서사시」 사이에 있는 여러 연관성들에 대해 언급했다. 「길가메시 서사시」나 우리가 앞으로 살펴볼 작품들 안에는 낙원 신화(paradise myth)가 등장하지 않는다. 사실 지금 현존하는 고대 근동 문헌 중 어느 것에도 낙원 신화는 존재하지 않는다. 그럼에도 우리는 그 문헌에서, 비록 아주 다른 문맥에서이기는 하나, 우리가 창세기 2-3장을 통해 익숙하게 알고 있는 몇 가지 주제를 발견할 수 있다.

「엔키와 닌후르삭」(딜문)

이 신화[13]가 창세기와 공유하고 있는 특징 중 하나는 그것의 무대가,

---

13 수메르 문헌을 위한 옥스퍼드의 웹사이트인 http://etcsl.orinst.ox.ac.uk/cgi-bin/etcsl.cgi?text=t.1.1.#의 번역을 보라. 이것과 이것에 관련된 다른 본문들에 대한 분석으로는 Bernard F. Batto, "Paradise Reexamined," in *In the Beginning: Essays on Creation Motifs in the Ancient Near East and the Bible*, ed. Bernard F. Batto (Winona Lake,

아담과 하와의 잃어버린 세계

창세기 2:5-6에서도 발견되듯이, "아직"의 측면에서 묘사되고 있다는 것이다. 딜문(Dilmun)이라는 땅은 여러 차원에서 정상적인 행위의 부재(不在)라는 측면에서 묘사된다(lines 11-28). 동물의 세계에서 새들은 소리를 내지 않았다. 포식자들은 먹잇감을 얻기 위해 다른 동물을 죽이지 않았다. 다른 동물들 역시 자기가 무엇을 먹어야 하는지 알지 못했다(돼지는 곡물에 대해 알지 못했다). 어리거나 잠자는 동물을 돌보는 일과 관련된 다른 동물들의 습관적인 행동은 아직 이행되지 않고 있었다. 질병도 없었고, 아무도 늙지 않았다. 어둠도 없었다. 인간의 행위 역시 시작되지 않았다. 전령도 없었고, 애도도 없었다.

강들의 입구에 위치한 딜문은 「길가메시 서사시」에서 우타-나피쉬티가 이끌려갔던 곳이다. 그곳은 제의적 순수성이 존재하는 장소였고 그런 의미에서 성소였다. 하지만 이 신화에서 그곳은 그런 장소로 만들어지지 않는다. 그곳은 이미 그런 장소다. 차이는 인간과 신의 교류를 위한 신의 동산이라는 개념이 존재하지 않는다는 것이다.[14] 이 신화에는 동산이 등장한다. 그 동산은 나무로 우거져 있다. 신 엔키(Enki)가 이를 알아보고 그 나무들을 먹어버린다. 그러자 나무들을 심었던 닌후르삭(Ninḫursag)이 엔키를 저주한다. 그러므로 딜문에는 동산이 있으

IN: Eisenbrauns, 2013), pp. 54-85, orginally published in *The Biblical Canon in Comparative Perspective*, ed. K. Lawson Younger Jr., William W. Hallo and Bernard F. Batto, Scripture in Context 4 (Lewiston, NY: Mellen, 1991), pp. 33-66을 보라.
14 Stordalen, *Echoes of Eden*, pp. 144-46.

나, 딜문 자체가 동산은 아니다. 더 나아가 이 동산은 신과 인간이 교류하는 장소도 아니고 인간이 거주하는 곳도 아니다. 확실히 딜문은 낙원이 아니며, 오히려 아직 운명이 정해지지 않은 불완전한 시나리오일 뿐이다(그곳에는 아직 질서가 확립되지 않았다).[15]

신화의 막바지에서 닌후르삭은 엔키에게 그의 몸의 어느 부분에 상처가 있느냐고 묻는다. 그가 몇 군데(머리, 머리카락, 코, 입, 목구멍, 팔, 갈빗대, 옆구리)를 확인해주자 닌후르삭은 그것들 각각을 위해 신들을 낳고, 그 신들 각각은 서로 다른 역할을 부여받는다. 그동안 학자들은 엔키의 갈빗대의 상처를 치유하기 위해 태어난 신인 닌티(Ninti, 갈빗대의 숙녀[lady of the ribs])에게 특별히 주목해왔다. 역할이 배정되었을 때, 닌티는 "달의 숙녀"(lady of the month)로 확인된다. 그러나 이 신화의 문맥은 그것과 창세기 본문 사이에 어떤 평행도 존재하지 않음을 보여준다. 모든 등장인물은 인간이 아니라 신들이다. 닌티는 몸의 다양한 부분과 연관된 일련의 신들 중 하나일 뿐이다. 그리고 이 여신은 만들어지지 않고 출생한다. 닌티는 엔키와 계속해서 관계하지 않는다. 그 관계는 평행 주제로 간주되어야 할 만큼 충분히 가깝지 않다. 이 신화는 우리가 창세기 2-3장을 평가하거나 이해하는 데 필요한 것을 거의 제공하지 않는다. 이 신화에 "갈빗대"에 관한 이야기가 포함된 것은 우연일 뿐이다.

---

15 Batto, "Paradise Reexamined," pp. 59-62.

아담과 하와의 잃어버린 세계

길가메시의 보석의 동산

「길가메시 서사시」의 신아시리아(Neo-Assyrian) 버전에서 길가메시는 바빌로니아의 홍수의 영웅 우타-나피쉬티를 찾아가는 여정의 끝에서 보석들이 열려 있는 동산에 이른다.[16] 이는 태양 신 샤마쉬(Shamash)가 매일 들어가고 나오는 곳에 위치해 있다. 그 보석이 은유적으로 나무의 열매를 가리키는 것인지 아니면 나무가 실제로 보석을 키워냈던 것인지를 두고 학자들의 의견은 양분되어 있다. 이 이야기에는 신의 임재와 금지 명령과 범죄에 대해서는 어떤 언급도 나오지 않으나, 하나님의 동산 안에 있는 보석이라는 주제는 에스겔 28장에서 발견된다.

나무와 열매

이제 우리는 동산 안에 있던 나무와 나무가 제공하는 것에 특별하게 주목할 것이다. 몇 가지 일반적인 접점들에도 불구하고, 고대 근동 세계에는 동산 중앙에 있던 두 개의 특별한 나무, 즉 생명나무 및 선악을 알게 하는 지식의 나무(=지혜의 나무[17])와 직접 평행하는 본문은 존재하지 않는다. 먼저 우리는 고대 세계에 그것과 관련된 어떤 정보가 존재

---

16 Stordalen, *Echoes of Eden*, pp. 153-55.
17 이런 등식을 옹호하는 글로는 Walton, *Genesis*, pp. 170-72을 보라.

하는지를 요약한 후에 성서의 자료에 대한 논의로 나아갈 것이다.

아다파. 아다파(Adapa) 이야기에서 우리는 아담과 하와와 관련해 주장되었던 것과 같은 원형적 역할을 감당하는 주인공을 발견한다. 그러나 여기서 원형은 인간의 기원과 본질이 아니라 인간의 특별한 역할과 관계가 있다. 아다파는 태곳적의 최초의 현자들(7명으로 이루어진 압칼루스[*apkallus*]) 중 하나이자 그중에서도 가장 유명한 현자였다. 그들은 바다로부터 출현했고 문명의 기술을 가르치는 임무를 맡았다고 전해진다. 이 인물은 바빌로니아의 제사장 베로수스(Berossus)가 행한 전승들에 대한 헬레니즘적 편집이 이루어졌을 때에야 비로소 알려졌다.

「아다파와 남풍」(*Adapa and the South Wind*)[18]이라는 제목으로 알려진 이야기에서, 아다파는 하늘에서 아누(Anu)와 만난다. 거기서 그는 생명의 음식과 생명의 물을 제공받는다. 그런데 그는 그보다 앞서 신에아(Ea, 아다파는 에아의 제사장이었다)로부터 이런 음식 제공이 진실하지 않은 것이며 이를 받아먹을 경우 죽게 될 것이라는 경고를 받았

---

18 이 이야기의 주요한 원고는 아마르나(Amarna)에서 발견되었다(따라서 기원전 14세기의 것으로 볼 수 있다). 이는 그 이야기가 후기 청동기 시대─이스라엘 민족이 그 땅으로 들어갔던 시대─에 그 지역에 알려져 있었음을 의미한다. 가장 이른 시기의 것으로 알려진 원고는 수메르어로 되어 있고 구바빌로니아 시대로까지 소급된다. 현존하는 원고들의 온전한 목록은 Shlomo Izre'el, *Adapa and the South Wind: Language Has the Power of Life and Death* (Winona Lake, IN: Eisenbrauns, 2001) pp. 5-7에서 찾을 수 있다. 번역문은 *The Context of Scripture*, ed. William W. Hallo and K. Lawson Younger Jr. (Leiden: Brill, 2003) vol. 1, p. 449에 실려 있다.

다. 그러나 그는 바로 그 경고에 속았다. 아다파는, 그리고 분명히 그와 함께 온 인류는, 자신에게 제공된 것을 거부함으로써 실제로 영생의 기회를 잃어버린다.[19] 아다파 이야기의 본문은 이 문제와 관련된 부분에서 분명하지가 않다. 그러나 온 인류가 아다파의 선택에 의해 영향을 받은 것을 시사하는 듯 보이는 한 가지 요소는 아다파가 음식을 거부한 직후에 아누가 외쳤던 말이다. "아아, 열등한 인류여!"[20]

아다파 이야기 중 창세기 2-3장에 대한 우리의 연구를 위해 가장 중요한 요소는, 그의 행위가 제사장이라는 그의 지위 때문에 온 인류에게 영향을 미친다는 것이다. 그를 아담과 더 비교해보자. 아다파는 아마도 고대의 현자들 중 가장 유명한 사람이었다. 따라서 그는 이미 지혜를 갖고 있었다. 그럼에도 그는 불멸하지 않는다. 대조적으로, 창세기에서 아담과 하와는 불멸(생명나무)에는 접근했으나 (먹는 것이 금지된 선악과와 연관된) 지혜를 갖고 있지 않았다.

우리는 창세기가 아다파의 이야기와 동일한 문제에 관심을 갖고 있음을 알 수 있다. 그리고 이 두 이야기 모두 이런 문제를 인류의 대표자들과 관련해서 논의한다. 이는 이 문학작품들이 어떤 식으로든 연

---

19 Izre'el은, 비록 그 본문에서 아다파가 "한 명의 개인"으로 제시되지만, 그는 "분명히 인류 혹은 인간이 되는 일의 본질을 상징한다"라고 지적한다(*Adapa*, pp. 120-33).
20 Adapa B68; Izre'el, *Adapa*, pp. 20-21. 이에 대한 논의로는 Tryggve N. D. Metinger, *The Eden Narrative: A Literary and Religio-historical Study of Genesis 2-3* (Winona Lake, IN: Eisenbrauns, 2007), pp. 104-7.

관이 있거나 하나가 다른 하나로부터 유래한다고 생각할 이유가 되지 않는다. 이는 그저 창세기가 그것의 자료를 기원전 20세기에 발생한 대화라는 맥락 안에서 제시하고 있음을 보여줄 뿐이다.[21]

에리두의 세계수(世界樹). 아슈르바니팔(Ashurbanipal)의 도서관에서 발견된 신아시리아 시기의 본문 CT 16.46(수메르어와 아카드어로 된 행간 본문[interlinear text]이라는 특징을 갖고 있다)에서 우리는 창세기 2-3장을 통해 익숙해진 여러 가지 주제를 만난다. 이는 관련된 행들에 대한 다음과 같은 번역을 통해 분명하게 드러난다.[22]

> 에리두에는 순결한 장소에 빛을 비추는 어두운 기쉬-킨(*giš-kin*) 나무가 자란다(183).
>
> 그것의 광휘는 청금색이고, 이는 지하세계의 물인 압수(*apsu*)로부터 나온다(185).
>
> 엔키가 에리두를 걸을 때, 이는 풍성함으로 채워진다(187).
>
> 그것의 토대는 지하세계의 틈이다(189).
>
> 그것의 침상은 남무(Nammu)의 성소다(191).

---

21 플롯, 배경, 등장인물에서도 차이가 나타난다. 비록 두 이야기 모두에 음식이 포함되어 있으나, 그 음식은 서로 크게 다르다. 유혹자나 유혹에 대한 이야기는 없다. 여기에 대한 더 상세한 논의로는 Mettinger, *Eden Narrative*, p. 108을 보라.

22 CT 16.46에 있는 수메르어 본문에 대한 Daniel Bodi의 번역문. 허락을 받아 사용함.

아담과 하와의 잃어버린 세계

아무도 들어가지 않는 작은 숲인 그것의 순전한 신전으로부터 그 어두
운 나무가 자라난다(193).

그곳에는 샤마쉬(Shamash)와 탐무즈(Tammuz) 같은 신들이 있다
(195).

두 강의 입구/합류 지점에(197).

여기서 언급되는 기쉬-킨(giš-kin) 나무[23]는 특별하게 질이 좋은 열
매를 맺는 나무가 아니라 세계수(cosmic tree)인데, 이는 고대 문화의 우
주론의 중요한 특징이다.[24] 여기서 볼 수 있듯이, 그 나무는 지하세계
에 뿌리를 두고 있고, 풍요로운 물과 연관되며, 샤마쉬(태양신)와 탐무
즈(지하세계의 신)를 모시는 신전과 연관된 작은 숲에 위치해 있다. 이
는 하늘과 땅과 지하세계를 한데 묶는다.[25] 이 나무에 대한 묘사는 에

---

23 아카드어로는 키쉬카누(kiškanu) 나무로 알려져 있다. 여기에 대한 논의로는
Ake W. Sjöberg, "Eve and the Chameleon," in *In the Shelter of Elyon: Essays on Ancient
Palestinian Life and Literature*, ed. W. Boyd Barrick and John R. Spencer, Journal for the
Study of the Old Testament Supplement 31 (Sheffield: JSOT Press, 1984), pp. 217-
25; Mariana Giovino, *The Assyrian Sacred Tree: A History of Interpretations*, Orbis biblicus
et orientalis 230 (Göttingen: Vandenhoeck & Ruprecht, 2007), pp. 12-20, 197-201
을 보라.
24 우리는 이집트의 모든 신전에서 나타나는, 애초에 물에서 솟아오른 것으로 간주되
는 "원시적인 작은 언덕" 역시 하나의 우주론적 특징으로 여긴다.
25 이 나무는 구약성서 시대에─기원전 20세기 전반에 등장한 수메르의 서사시 「루
갈반다와 안주드」(*Lugalbanda and Anzud*)로부터 기원전 10세기 중후반에 나온 「에라
와 이슘 이야기」(*Story of Erra and Ishum*)에 이르기까지─고대 근동 전역에서 유명했

스겔 31장에서도 찾아볼 수 있는데, 거기서는 에덴의 나무와 비교된다(겔 31:18, 또한 단 4장을 보라).[26] 그러므로 우리는 세계수라는 주제가 창세기 2-3장의 나무와 얼마간 겹친다는 것을 알 수 있다.

고대 근동 문헌에는 지혜의 나무에 분명하게 상응하는 평행문이 존재하지 않는다. 그러나 학자들은 종종 "생명나무"(tree of life)라는 주제에 대해 말한다. 이 문제를 살피기 전에 우리는 길가메시가 압수(Apsu, 신 에아가 다스리는 우주론적 영역에 속해 있는 지하수)로부터 뽑아낸 생명의 식물("심장 박동의 식물"이라고 불리며 "늙은이가 젊어진다"는 뜻을 갖고 있다)에 주목할 필요가 있다. 불행하게도, 이 식물은 그 후에 뱀에게 도난당했다.[27] 루갈반다가 병이 들어 광야에서 친구들에게

다. 「길가메시 서사시」에서 그것은 훌룹푸(ḫuluppu) 나무로 알려지고, 신아시리아 시대의 왕국의 양각(陽刻)에서 두드러지게 나타난다. 여기에 대한 철저한 논의(비록 기묘한 해석이 섞여 있기는 하지만)로는 Simo Parpola, "The Assyrian Tree of Life: Tracing the Origins of Jewish Monotheism and Greek Philosophy," *Journal of New Eastern Studies* 52 (1993): 161-208을 보라.

26 Daniel Bodi, "Ezekiel," in *Zondervan Illustrated Bible Backgrounds Commentary: Old Testament*, ed. John H. Walton (Grand Rapids: Zondervan, 2009), 4:472-73; Matthias Henze, *The Madness of Nebuchaddnezzar: The Ancient Near Eastern Origins & Early History of Interpretation of Daniel 4* (Leiden: Brill, 1999), pp. 77-80; 그리고 Daniel I. Block, *The Book of Ezekiel, Chapters 25-48* (Grand Rapids: Eerdmans, 1998), pp. 187-89의 논의를 보라.

27 Gilgamesh table XI, lines 281-307. 앞 장의 각주 20을 보라; 또한 A. R. George, *The Babylonian Gilgamesh Epic: Introduction, Critical Edition and Cuneiform Texts* (Oxford: Oxford University Press, 2003), 1:721-23을 보라. 또한 1:524의 딜문(=Bahrain)의 실재에 관한 그의 논의를 보라. 또한 「길가메시 서사시」의 본문이 사실상 하나의 식물의 모양을 갖고 있고 의학적 가치를 갖고 있다고 전해지는 특별한 산호(珊

아담과 하와의 잃어버린 세계

버림받았을 때 그를 지탱해준 것 역시 생명의 식물(u₂ nam-til₃-la)이었다.[28] 우리는 이미 아다파에게 제공된 생명의 음식(*akal balati*; 여기서는 특별하게 식물이 아니다)에 대해 언급한 바 있다. 이 세 가지 예에서 나타나는 공통점은 어떤 식으로든 생명의 증진(각각 회춘, 치유를 위한 부양, 불멸)으로 이어지는 무언가가 섭취된다는 것이다.[29] 비록 상세한 내용은 다를지라도, 창세기 2-3장에서 제공되는 대화의 내용 역시 비슷하다. 섭취는 방법이고, 증진된 생명(명시되지는 않지만, 아마도 창 3:22로부터 추론한다면 이는 "불멸"일 것이다)이 목적이다. 이런 본문들을 통해 드러나는 관심은 유사하고 답들에 의해 취해진 방향 역시 그러하다. 그러나 문학적 상황은 다양하고 그로 인해 나타나는 믿음과 확언 역시 그러하다. 그러나 우리는 고대 이스라엘인들이 이런 문헌을 그들이 하는 식으로 만들어내는 것이 고대 세계의 배경에 비추어 볼 때 이치가 통한다는 것을 알 수 있다.[30]

이런 주제(생명을 얻기 위해 먹는 무엇)에 대한 문학적인 표현들 외

瑚)를 언급하고 있다는 그의 주장에도 주목하라.

28 Herman L. J. Vanstiphout, *Epics of Sumerian Kings: The Matter of Aratta*, Society of Biblical Literature Writings from the Ancient World 20 (Atlanta: Society of Biblical Literature, 2003), p. 119.

29 또 다른 예는 에타나(Etana)의 이야기에 등장하는 출생의 식물, 즉 아이를 낳지 못하는 에타나의 처에게 아이를 낳게 해줄 식물이다.

30 이렇게 말한다고 해서 내가 하나님이 근원이시라는 개념을 포기하는 것은 아니다. 나는 다만 문학적 형성이 성서의 인간적 측면이라는 영역에 속해 있음을 인정할 뿐이다.

에도, 특별히 신아시리아 시대 때부터는 보통 "생명나무" 혹은 그보다 더 자주 "신성한 나무"라고 불리는 것에 대한 도해가 많이 나타난다.[31] 신성한 나무의 주제는 시간과 문화 양쪽의 스펙트럼을 가로지르면서 고대 근동 전역에서 나타난다.[32] 이 나무가 식물학적으로 확인될 수 있는 경우에, 이는 대개 석류나무 아니면 대추야자나무다.[33] 이는 종종 (아시리아에서) 양옆에 날개 달린 정령이나 다양한 종류의 양아과 동물 (caprid, 소목 소과에 속하는 동물—역주)의 호위를 받는다.[34] 때로는 그 나무 위에 날개 달린 원반이 나타나기도 한다. 아시리아에서 나무 양편의 정령들은 종종 수분 공급을 위해 대추야자 꽃송이를 떠받치고 있다고 생각되며 따라서 비옥함을 상징한다.[35] 이 나무 자체는 대개 신이나 왕을 나타낸다고 이해된다(후자를 위해서는 단 4장과 슥 4장에 주목하라). 고대 근동의 어떤 본문도 이런 상징적 표현에 대한 설명을 제공하지 않는다. 그러나 예술사가들의 주장이 옳다면, 이 나무는 (고대 문

---

31 Giovino, *Assyrian Sacred Tree*.
32 Parpola, "Assyrian Tree of Life," p. 161.
33 그러나 Giovino는 그것이 실제 나무인지 확신하지 못하며 그것이 나무를 상징하는 제의용 물체일 수 있다고 여긴다(*Assyrian Sacred Tree*, p. 201의 결론들).
34 Othmar Keel and Christoph Uehlinger, *Gods, Goddesses, and Image of God in Ancient Israel*, trans. Thomas H. Trapp (Minneapolis: Augsburg Fortress, 1998).
35 Barbara Nevling Porter, *Trees, Kings, and Politics: Studies in Assyrian Iconography*, Orbis biblicus et orientalis 1907 (Göttingen: Vandnhoeck & Ruprecht, 2003), pp. 11–20. 대조적으로 Giovino, *Assyrian Sacred Trees*, p. 104은 거기에 대해 많은 말을 하지 않는데 이는 그가 야자나무 꽃송이가 양각에서처럼 표현되기에는 너무 크다고 여기기 때문이다.

　　　　　　　아담과 하와의 잃어버린 세계

헌을 통해 살펴본 "세계수"의 주제에서 드러나듯이) **생명**보다는 **질서**를 대표하며, 그러하기에 (구약성서와 고대 세계 전반에서 지혜와 질서가 갖고 있는 긴밀한 관계를 감안한다면) 그 특성상 동산에 있는 지혜의 나무와 훨씬 더 잘 비교된다.

신아시리아 시대에 무언가에 의해 호위를 받는 나무(와 그것의 선례 및 후속 버전들)는 자주 어떤 신에 의해 유지되는 세계 질서라는 상(像) 안에서 나타났던 것으로 보인다. 이런 상징적 표현은 우주적 안녕과 훌륭한 삶에 관한 상징으로서의 나무로부터 유래한다고 보인다.[36]

신성한 나무의 이런 특징은 이를 생명의 근원보다는 지혜와 질서의 근원으로 만든다. 시모 파폴라(Simo Parpola)는 이런 나무가 "소우주로서의 인간, 즉 하나님의 형상으로 창조된 이상적 인간"을 나타낼 수 있다고 말한다.[37]

창세기 2-3장. 아다파의 이야기에 관한 앞선 논의에서 살폈듯이, 창세기 2-3장과 CT 16.46의 비교는 창세기 본문에서 사용되는 주제들이 전혀 임의적이지 않다는 것을 보여준다. 오히려 이 이야기에는 고

---

36 Stordalen, *Echoes of Eden*, p. 290. 또한 그는 490쪽의 그림 14에서 흥미로운 아시리아의 인장 하나를 보여주는데, 이는 벌떡 일어선 뿔 달린 뱀으로부터 나무를 보호하기 위해 활을 당기고 있는 신적 인물을 표현한다.

37 Parpola, "Assyrian Tree of Life," p. 173.

대 세계의 사람들에게 익숙한 개념이 포함되어 있다. 이런 관찰 결과에 비추어 우리는 창세기 2-3장이 이스라엘의 전통 안에서 발생하는 형식을 갖고 있었다는 데 유념할 필요가 있다. 영감을 받은 이 이야기꾼은 이스라엘을 향해 말하고 있으며, 성령에 의해 공동체 내의 문제들을 다루는 세상에서 분명하게 소통할 수 있는 이미지를 사용하라는 촉구를 받고 있다. 우리는 아담과 하와에게 전해지는 것으로 묘사되는 이야기를 갖고 있는 것이 아니다. 오히려 이것은 이스라엘에게 전해지는 아담과 하와에 관한 이야기다. 만약 이 이야기가 아담과 하와에게 주어진 것이라면, 우리는 고대 근동의 배경과 관련해 의미 있는 이야기를 할 수 없을 것이다. 왜냐하면 아담과 하와는 그런 배경을 갖고 있지 않았기 때문이다. 그러나 이 이스라엘의 이야기 속에서 분명하게 드러나는 것은, 비록 이스라엘인들의 이야기가 고대 세계에서 이를 독특한 것으로 만들어주는 여러 차이점과 요소들을 갖고 있을지라도, 고대 이스라엘이 그 일부가 되어 있는 더 넓은 인지 환경이 그 이야기의 형성에 반영되어 있다는 사실이다(거룩한 동산, 특별한 나무들, 뱀의 개입, 지혜와 불멸에 대한 관심 등).

창세기에서 나무는 우리가 이를 어쩌다 동산 안에 있게 된 고립된 나무로 여기기보다 성소라는 상황 안에 있는 것으로 이해하려고 할 때 가장 잘 이해된다. 해석자들이 이 나무를 그 열매를 따먹는 이들에게 유익을 제공하는 능력을 지닌 실제적이고 물질적이며 꽃을 가진 식물로 여기든, 하나님의 선물에 대한 비유적인 상징으로 여기든, 신화적

아담과 하와의 잃어버린 세계

인 주제로 여기든, 혹은 다른 그 무엇으로 여기든 상관없이, 우리는 그것이 갖고 있는 신학적인 의미와 본문상의 의미를 놓치지 말아야 한다. 그 나무들이 이를 부여하든 혹은 대표하든 간에, 그것들은 오직 하나님만이 주실 수 있는 것을 제공한다. 하나님은 생명의 근원이시다. 생명은 그분에 의해 주어지고 그분 안에서 발견된다(신 30:11-20). 그분은 질서의 중심이시고, 지혜는 질서를 분별하는 능력이다. 하나님과의 관계가 지혜의 시작이다(욥 28:28; 잠 1:7). 그러므로 우리가 이를 동산의 낙원에 있는 마법의 나무에 관한 것이라고 여긴다면, 이는 분명히 잘못된 것이다. 이는 세상에 임재하시는 하나님에 관한 것이고 또한 그분과의 관계가 만들어낼 수 있는 것에 관한 것이다.[38]

어떤 단계에서 우리는 이 나무들이 (비록 확신을 갖고 판단할 수는 없으나) 성서가 그렇다고 여기는 바로 그것이라고 말할 수 있다. 왜냐하면 문자적인 것이든 아니든, 우리는 그 나무들의 의미를 알기 때문이다. 이런 식으로 우리는 성서에 대해 진지하게 말하고 성서의 정직성에 대한 우리의 헌신이라는 요구를 수행하는 일에 전념한다. 만약 이 본문이 비유적인 상징을 사용하기로 한다면 이는 얼마든지 그렇게 할 수 있으며, 그때 우리가 이를 다른 방식으로 읽는 것은 부주의한 일이다. 반면에, 만약 하나님이 그 과실수에게 자신에게서 나오는 생명

---

38 어떤 이들은 "성례전적"(sacramental)이라는 용어를 선호한다. Stordalen, *Echoes of Eden*, pp. 291-92을 보라.

과 지혜를 부여하는 수단을 제공하기로 하신다면, 우리는 이것이 불가능하다고 말해서는 안 된다. 하나님은 삼손의 머리카락이 그에게 힘을 제공하도록 하셨다. 하지만 그 힘은 머리카락이 아니라 하나님으로부터 나왔다. 나무가 문자적인 것이든 비유적인 것이든 간에 핵심은 분명하다. 생명은 하나님 안에서 얻어지며, 지혜는 (우리 스스로 취하는 것이 아니라) 그분의 선물이라는 것이다. 우리가 아니라 하나님이 지혜의 근원이자 중심이시다. 우리의 문학적 해석이 어떠하든지 간에, 생명과 지혜는 하나님의 선물이며 인간 대표자들은 지혜를 불법적으로 취하려 함으로써 우리 모두에게 죄책을 초래했고 그로 인해 결국 생명마저 잃게 했다는 신학은 유지되어야만 한다. 11장에서 논의했듯이 나는 성서의 자료는, 세상 안으로 죄가 들어온 일이 점진적인 과정의 결과라기보다 점적 순간(punctiliar)의 일이라고 여길 때 가장 뜻이 잘 통한다고 믿는다.

결론

이 장과 관련된 몇 가지 결론을 내리기 전에 우리는 창세기 2-3장이 묘사하는 에덴동산이 우주의 중심에 있는지 주변에 있는지에 대해 논의할 필요가 있다. 고대 근동 문헌에서 딜문과 「길가메시 서사시」에 나오는 보석의 동산은 모두 우주의 주변에 있다. 대조적으로 "신성한 나무" 이미지는 우주의 중심에 있는 세계수를 보여준다. 이 신성한 나무는 (파폴라에 따르면) 신의 임재에 대한 상징인 데 비해서, 고대 근동에서 우주의 주변에 있는 동산들 중 신적 임재의 장소가 되는 곳은 하나도 없다. CT 16.46에 등장하는 신성한 나무를 포함하고 있는 우주의 중심에 있는 동산은 신들의 임재라는 특징을 지닌다. 풍부한 물이 근원으로 생각되는 경우, 이는 우주의 중앙에 위치한다. 물의 입구에 있는 동산(예를 들어 딜문)은 주변적이다.[39] 이런 정보에 근거해서 우리는 중심에 있는 것은 성소(sacred space)로, 반면에 주변에 있는 것은 성소라기보다는 신비한 장소(numinous space)로 더 적절하게 분류된다고 결론을 내릴 수 있다.

성서에서 에덴동산이 우주의 중심에 있음을 보여주는 증거 중에는 에스겔서에서 그 동산이 사용되는 방식이 포함되어 있다. 이는 하나님의 산 및 세계수와 연관된 것처럼 보이는데, 창세기에서 동산이 강들의 근원에 위치한 것과 같다. 그러나 창세기에서는 나무가 세계수로 간주된다는 어떤 징후도 나타나지 않는다. 아담과 하와가 에덴동산 밖으로 쫓겨나가 "동편에" 거주했다는 사실 역시 이 동산의 중심성을 암시한다. 왜냐하면 이 동산이 우주의 주변에 위치해 있다면, 그들은 더 먼 동편으로 가야 했을 것이기 때문이다.

---

39 딜문의 위치에 관해서는 George, *Babylonian Gilgamesh Epic*, vol. 1, pp. 519-20을 보라. 그는 "강들의 입구"가 강물이 압수로부터 솟아오르는 어느 곳이든 가리킨다고 말한다(521). 만약 이것이 사실이라면, 물의 입구는 압수와 동일한 것이며, 이 표현은 에아 신의 영토를 가리킨다. 고대에 바레인의 샘물은 강들의 입구로 간주되었다.

우리가 창세기의 동산이 우주의 주변부에 있었다고 보아야 할 증거는 거의 없다.[40] 아담이 동산으로 "이끌려 가"(이는 우타-나피쉬티가 주변부에 재배치될 때 사용된 것과 같은 표현이다) 정착했다는 언급을 제외하면, 이런 생각을 지지해주는 것은 많지 않다. 창세기 2장에서 거론되는 네 개의 강 중 둘은 실제 세계에 존재하는 실제 강이다. 고대 세계의 신화에 등장하는 동산들 중 주변에 위치한 것은 거의 없다. 하지만 우리가 그것들과 에덴동산 사이에서 주목했던 차이점들은 이런 부족함을 근거로 에덴동산을 같은 방식으로 이해하도록 해준다. 증거들은 압도적으로 에덴동산의 중심적 위치를 선호하도록 만든다. 하나님의 임재, 강들(그것도 실제로 알려진 강들)의 근원, 그리고 지혜의 나무가 세계수와 비교될 가능성 등은 모두 그것의 중심성을 옹호한다. 만약 하나님이 중심이시라면, 인간은 경계/주변으로 쫓겨난 셈이다. 인간이 중심에 있고 신적이고 신비한 영역이 주변부에 있는 것이 아니다.

이처럼 에덴의 중심성에 대한 주장을 이해하면서도 여전히 우리는

---

40 Stordalen은 에덴동산이 주변에 있었다고 주장한다(*Echoes of Eden*, 297-99). Umberto Cassuto, *Commentary on the Book of Genesis, Part 1: From Adam to Noah*, trans. Israel Abrahams (Jerusalem: Magnes, 1961), p. 118도 보라. 거기서 그는 이 동산이 세상에 위치해 있지 않다고 주장한다. Ephrem은, Gregory of Nyssa와 함께, 동산이 시공간 밖에 있었다고 주장했다. 그는 이 동산을 우주의 견고한 하늘인 원뿔의 아랫면을 갖고서 지구에 대해 원뿔형 덮개 역할을 하는 것으로 여겼다(Ephrem the Syrian, *Hymns on Paradise*, p. 54).

아담과 하와의 잃어버린 세계

우리가 거기에 (비록 그것이 신비로울 만큼 주변적이지는 않을지라도) 쉽게 접근할 수 없다는 것을 인정한다. 앞서 지적했듯이, 에덴의 강들 중 둘은 알려진 강이다. 그러나 그것들의 근원은 알려진 세계의 가장자리에 있다. 결국 그곳은 우라르투(Urartu)로 알려진 지역인데, 홍수 이야기에서 "아라랏산"이 위치한 곳이다. 티그리스강과 유프라테스강은 잘 알려져 있지만, 기혼강과 비손강의 정체는 오랫동안 논쟁거리가 되어 왔다. 오늘날 많은 지지를 받고 있는 한 가지 이론은 비손강을 우라르투 지역에서 나와 소아시아 중부를 거쳐 흑해로 흘러들어 가는 할리스강과 동일시한다. 또한 이 이론에 따르면, 기혼강은 우라르투로부터 동쪽으로 흘러 카스피해로 들어가는 아라스강과 동일하다.[41] 이는 에덴동산을 반호(Lake Van, 터키에서 가장 큰 호수로 터키 동부 반주와 비틀리스주 사이에 있다—역주) 인근의 높은 산골짜기에 위치시키며, 그렇게 함으로써 어째서 에덴이 때때로 산 위에 있는 것으로 간주되는지를 설명해준다(예를 들어 겔 28:14). 이 지역에는 일찍이 후르리인(Hurrians, 기원전 2000-1200년경에 중동 지역에서 살았던 고대 민족—역주)이 거주했는데, 그들 중 일부는 결국 가나안에 정책했고 고대 이스라엘인들 및 그들의 선조들과 마주쳤다. 그렇다면 우주의 중심은 여전히 이스라엘로부터 멀리 떨어진 이 지역에 위치해 있을 수 있다. 그러므로 우리

---

41 Ziony Zevit, *What Really Happened in the Garden of Eden?* (New Haven, CT: Yale University Press, 2013), pp. 108-11.

는 그 동산이, 비록 알려진 세계의 변두리에 위치해 있으나, 우주적 차원에서 중심적인 것으로 간주된다고 결론을 내릴 수 있을 것이다.

고대 근동에서 생명과 지혜는 신들의 특권이었다. 그래서 신들은 자신과 인간 사이에 거리를 유지하면서 이 특권을 인간에게 주기를 꺼렸다. 성서에서 생명과 지혜는 하나님이 소유하고 계신다. 그리고 그것은 인간이 하나님과 관계할 때 얻을 수 있는 것이 된다. 그런데 인간이 자기의 방식으로 지혜를 얻으려 했을 때 문제가 발생했다. 인간은 나무의 열매가 자신을 하나님처럼 만들어줄 것이라는 말을 들었다. 그러나 불행하게도 이는 하나님과의 관계 안에서라기보다는 독립적인 주체자로서 그러했다. 이런 식으로 성서는 이 문제에 대해 유사한 고대 근동 문헌과는 아주 다른 답을 제시한다.

아담과 하와의 잃어버린 세계

뱀은 무질서의 영역에서 나온
혼돈의 생물체로서
비질서를 조장한다고 간주되었다

창세기의 독자는 때때로 뱀으로 인해 혼란에 빠진다. 어째서 하나님은 이런 피조물이 동산에 침투하도록 허락하셨을까? 이 피조물이 어떻게 "좋은" 세상 안에 있을 수 있었을까? 신약성서의 언급에 따르면, 이 뱀은 쉽게 사탄과 동일시되는데(롬 16:20; 계 12:9; 20:2), 이는 그가 어디로부터 왔고 이 이야기 안에서 무슨 일을 하는지에 관한 문제를 제기한다.

그러나 창세기를 고대 문서로 이해하고자 한다면, 우리는 이 본문을 먼저 고대의 맥락에서 읽어야 한다. 이는 우리가 뱀이 사탄과 연관되어 있다는 결론으로 즉각 넘어가서는 안 된다는 것을 의미한다. 왜냐하면 구약성서 시대에는 뱀이 그렇게 동일시되었음을 보여주는 어떤 징후도 나타나지 않기 때문이다. 후대의 성서적 해석의 함의를 살펴보기에 앞서 우리는 고대 문서를 그것 자체의 방식대로 이해해야 한다. 더 나아가 우리는 이 본문을 마치 그것이 아담과 하와의 지식의 세계 안에서 어떤 의사를 전달하고 있는 것처럼 여겨서는 안 된다. 왜냐하면, 앞에서도 언급했듯이, 우리가 살펴보는 본문에서는 이스라엘의 이야기꾼이 이스라엘의 청중을 향해 의사를 전달하고 있기 때문이다. 이 청중은 우리에게는 아주 자연스럽지는 않은 뱀과 관련된 어떤 연상을 갖고 있었을 것이다.

고대 근동에서 뱀이라는 상징은 아주 풍성했다. 우리는 이미 「길가메시 서사시」에 등장하는 생명의 식물을 훔친 뱀에 대해 언급한 바 있다. 우리는 아다파에 관한 이야기도 했으나 거기서는 뱀에 대해서 언급하지 않았다. 이 이야기에서 뱀은 어떤 유혹과도 관련되어 있지 않으며 중요한 등장인물도 아니다. 아다파가 아누의 초대에 응해 그를 만났을 때, 아누의 왕궁의 수호자들 중 하나가 기찌다(Gizzida=닌기쉬지다[Nigishzida], "비옥한 나무의 주")였는데, 그는 뱀의 모양을 하고 뿔 달린 뱀들(bašmu)을 대동하고 있었다. 그는 지하세계에 사는 마귀들의 수호자로 알려져 있다.[1]

이집트에서 우리는 「사자의 서」(Book of the Dead)는 물론이고(거기서 뱀은 사후 세계로 이어지는 길에서 나타나는 치명적인 적으로 나타난다) 파라오의 왕관으로부터 채색한 석관의 그림에 이르기까지 모든 곳에서 뱀을 발견한다. 이 생물은 지혜와 죽음 모두와 연관되어 있다. 아포피스(Apophis)는 매일 아침 태양이 떠오를 때 그것을 삼켜버리려고 했던 혼돈의 뱀이었다.[2] 다른 요소들은 이집트의 「사자의 서」에서 발견되는데, 이것들은 창세기 이야기에서 분명하게 드러나는 개념과 연결되어 있다. 거기에는 배로 기어 다니는 뱀, 흙을 먹는 것, 머리를 짓

---

1 Thorkild Jacobsen, "Mesopotamian Gods and Pantheons," in *Toward the Image of Tammuz and Other Essays on Mesopotamian History and Culture*, ed. William L. Morgan (Cambridge, MA: Harvard University Press, 1971), p. 24; Jeremy Black and Anthony Green, *Gods, Demons and Symbols of Ancient Mesopotamia* (Austine: University of Texas Press, 1992), 139; 또한 W. G. Lambert, "Trees, Snakes and Gods in Ancient Syrian and Anatolia," *Bulletin of the School of Oriental and African Studies* 48 (1985): 435-51.
2 Nicole B. Hansen, "Snake," in *Oxford Encyclopedia of Ancient Egypt*, ed. Donald B. Redford (Oxford University Press, 2001), 3:297.

밟는 것, 그리고 발꿈치를 상하게 하는 것 등이 포함되어 있다. 『삽화를 곁들인 존더반 성서 배경 주석: 구약편』(*Zondervan Illustrated Bible Background Commentary: Old Testament*)에 실려 있는 다음 사항들은 창세기의 내용 중 몇 가지를 다룬다.[3]

배로 기어 다님(3:14). 이집트의 피라미드 본문(Pyramid Texts)은 구왕국(기원전 30세기 말)의 파라오들이 내세로 여행하는 것을 돕기 위해 작성되었다. 이 본문에 등장하는 700개 이상의 발언 중에는 왕의 행진을 방해할 수도 있는 뱀에 대한 주문과 저주가 수십 차례 등장한다. 이런 문구들 중에는 창세기 3장에 등장하는 뱀에 대한 저주를 떠올리게 하는 구절이 포함되어 있다. 예를 들어, 뱀이 "배로 기어 다닐 것"이라는 성서의 진술은 뱀에게 누워라, 넘어지라, 쓰러지라, 혹은 기어 다니라고 명하는 잦은 주문과 평행을 이룬다(Pyramid Text 226, 233, 234, 298, 386).[4] 다른 문구는 뱀이 "길에 [그의] 얼굴을 대고 다녀야 할 것"이라고 말한다(PT 288).

이런 사례들은 하나님이 뱀에게 이후로 그가 배로 기어 다니게

---

3 John Walton, "Genesis," in *The Zondervan Illustrated Bible Backgrounds Commentary: Old Testament* (Grand Rapids: Zondervan, 2009), pp. 35-36.

4 피라미드 문서에 대한 모든 인용은 문구 번호(utterance numbers)를 가리키며 Raymond O. Faulkner, *The Ancient Egyptian Pyramid Texts* (Oxford: Oxford University Press, 1969)에서 가져왔다.

될 것이라고 말씀하실 때 그 말씀에는 뱀이 지금은 잃어버린 다리를 갖고 있었다는 암시가 들어 있지 않다는 것을 암시한다. 대신에 뱀은 공격적인 자세를 취하지 않고 유순하게 될 것이다. 배로 다니는 뱀은 위협적이지 않다. 반면에 몸을 곧추세운 뱀은 자기를 보호하거나 남을 공격한다. 파라오의 왕관 위에서 뱀(uraeus)이 몸을 곧추세우고 공격적인 자세를 취하고 있는 것으로 그려지고 있음에 주목하라. 그럼에도 동시에 나는 다리를 지닌 뱀에 대한 묘사도 때때로 등장한다는 데 주목한다.[5]

흙을 먹음(3:14). 흙을 먹는 것은 뱀의 실제 음식에 대한 언급이 아니다. 이는 뱀의 거처에 대한 언급일 가능성이 더 크다. 피라미드 본문은 뱀을 흙 속으로 추방할 때 창세기와 얼마간의 유사성을 보인다.[6] 뱀은 지하세계의 생물이다(이것이 파라오가 지하세계로 가는 여행길에서 뱀을 만나는 이유다). 그리고 지하세계의 주민은 대체로 흙을 먹는 것으로 묘사되었다. 그래서 「이쉬타르의 하강」(*Descent of*

---

5 *Bašmu*는 때때로 두 개의 앞다리를 갖고 있는 것으로 그려진다(Joan Goodnick Westenholz, *Dragons, Monsters and Babulous Beasts* [Jerusalem: Bible Lands Museum, 2004], p. 190). 닌기쉬지다가 그를 엔키에게 소개하는 모습을 보여주는 구데아(Gudea, 남메소포타미아의 도시 라가시를 다스린 지배자—역주)의 인장에 있는 그림을 보라. Black and Green, *Gods, Demons and Symbols*, p. 139.
6 "독이 든 너의 송곳니들이 땅속에 있기를, 너의 갈빗대들이 구멍 속에 있기를"(no. 230); "너의 침이 흙속에 있기를"(no. 237).

Ishtar)에서 지하세계는 거주민들의 음식이 흙이고 그들의 빵이 진흙인 곳으로 묘사된다.[7]

머리를 짓밟음(3:15). 피라미드 본문 299에서 뱀을 짓밟는 것은 뱀을 압도하거나 물리치는 것에 대한 표현으로 사용된다. "호루스 (Horus, 매의 모습을 한 태양신—역주)의 샌들이 발아래 뱀을 짓밟는다"(PT 378)와 "호루스가 그의 발바닥으로 [뱀의] 입을 짓이겼다"(PT 388)와 같은 특별한 진술도 있다. 이는 그 치명적인 적에게 가해진 치명적인 타격을 나타낸다. 이스라엘인들이 피라미드 본문을 빌려왔다는 암시는 없다. 다만 이런 본문들은 우리가 고대 근동에 살았던 어떤 이들이 그런 말과 구절을 어떻게 이해했을지를 판단하도록 도울 뿐이다.

발꿈치를 상하게 함(3:15). 고대인들이 많은 뱀이 독을 갖고 있지 않다는 것을 인식했음은 사실이다.[8] 그러나 해가 없는 뱀은 대개 공

---

7   *The Context of Scripture*, ed. William W. Hallo and K. Lawson Younger Jr. (Leiden: Brill, 2003), 1:108 (line 8). 이는 「길가메시 서사시」와 「에레쉬키갈」(*Ereshkigal*)에서도 발견되는 상투적인 표현이다.

8   고대의 이집트 본문들은 물린 곳의 증상과 그것에 대한 치유책으로 믿어진 바에 따라 뱀을 37가지 유형으로 구분한다. Hansen, "Snakes," 3:296. Cf. Heinz-Josef Fabry, "*nahaš*," *Theological Dictionary of the Old Testament* (Grand Rapids, Ecrdmans, 1998), 9:359.

격적으로 보이지 않기에, 만약 누군가가 뱀에게 물렸다면, 그 뱀은 독을 가졌을 것으로 간주되었다. 그러므로 발꿈치를 상하게 하는 것은 치명적인 타격이었다.

이런 몇 가지 사항에 대한 예로서 피라미드 본문의 문구 378을 살펴보자.

오 하늘에 있는 뱀이여! 오 땅에 있는 지네여! 나히(*nhi*) 뱀을 짓밟는 것은 호루스의 샌들이다.⋯그것은 나에게 위험하기에 나는 너를 짓밟았다. 나에 대해 현명해져라. 그러면 나는 너를 짓밟지 않을 것이다. 왜냐하면 너는 신들이 말하는 신비롭고 눈에 보이지 않는 존재이기 때문이다. 너는 너의 형제들인 신들의 뒤를 따라 걸을 수 있는 다리가 없는 존재이기에, 너는 팔이 없는 존재이기에⋯나를 조심하라. 그러면 나도 너를 조심하리라.[9]

위의 예들을 통해 우리는 창세기에 등장하는 뱀에 관한 정보가 어떻게 고대 근동에서 다양한 방식으로 입증되고 있는지를 볼 수 있다. 우리는 이것과 다른 방향의 조사를 통해 고대 근동에서 뱀의 상징에 대해 살피고, 그것을 해석하고, 이어서 그런 요소들을 성서의 선례 없

---

9 Faulkner, *Ancient Egyptian Pyramid Texts.*

아담과 하와의 잃어버린 세계

이 성서를 이해하는 데 적용하려고 할 수 있다. 하지만 유감스럽게도 이런 시도는 만족스럽지 못한 결과를 낳을 수밖에 없는데, 이는 뱀의 상징에는 너무나 많은 측면이 있기 때문이다. 우리로서는 고대 이스라엘인들이 그중 어떤 것을 선호했을지 혹은 어떤 것이 주어진 본문에서 중요했을지에 대해 확신을 갖고서 결론지을 방법이 없다. 뱀의 상징은 비옥, 성, 보호, 생명, 죽음, 그리고 수많은 다른 중요한 특성과 연관되어 있었다.[10]

이런 주제 중 많은 것이 이스라엘인들, 특히 최근까지 이집트에서 살았던 이들의 마음에는 친숙한 것이었을지라도, 우리는 창세기 3장에 등장하는 뱀의 성격에 관한 문제를 살펴보고자 한다. 만약 이스라엘인들이 뱀을 사탄으로 여기지 않았다면(그들이 그렇게 여겼다는 증거는 없다. 사실 그들은 오늘날 우리가 신약성서에서 발견하는 것[11]보다 사탄에 대해 훨씬 덜 발달된 개념을 갖고 있었다), 그들은 도대체 뱀에 대해 무슨 생각을 했던 것일까?

우리는 창세기 3장에서 주어진 설명에서 시작할 수 있다. 거기서 사용된 중요한 형용사는 뱀을 "간교한"(ārûm) 것으로 확인해주는데, 그

---

10 이에 대한 충분한 논의로는 James H. Charlesworth, *The Good and Evil Serpent: How a Universal Symbol Became Christianized* (New Haven, CT: Yale University Press, 2010)을 보라.

11 이에 대한 충분한 논의로는 John H. Walton, *Job*, NIV Application Commentary (Grand Rapids: Zondervan, 2012), pp. 74-86을 보라.

형용사는 "교묘한", "교활한", "약삭빠른" 혹은 "현명한" 등으로 다양하게 번역된다. 이는 주로 지혜에 대한 언급에서 사용되고 본질적으로 중립적인 형용사다(즉 좋은 의미로[잠 1:4; 8:5] 혹은 의심스러운 방식으로[출 21:14; 수 9:4] 사용될 수 있는 속성을 지니고 있다).[12] 지오니 제빗(Ziony Zevit)은 "간교한"(*ārûm*) 사람에 대한 우리의 이해에 도움이 되는 인물 묘사를 제공한다.

[그들은] 자기가 느끼는 것과 아는 것을 숨긴다(잠 12:16, 23). 그들은 지식을 존중하고 자신의 목적을 이루기 위해 이를 어떻게 사용할지에 대해 계획을 세운다(잠 13:16; 14:8, 18). 그들은 자기가 듣는 모든 것을 믿지는 않는다(잠 14:15). 그들은 문제와 벌을 피하는 방법을 안다(잠 22:3; 27:12). 요약하자면, 그들은 약삭빠르고 계산적이며, 수용될 만한 행위의 경계를 바꾸고 왜곡하지만 절대로 불법을 저지르지는 않는다. 그들은 불쾌할 수도 있고 의도적으로 남을 오도하는 말을 하기도 하나 새빨간 거짓말을 하는 자들은 아니다(수 9:4; 삼상 23:22). 그들은 사람과 상황을 이해하는 법, 그리고 이런 이해를 자신에게 유리하게 사용하는 법을 알고 있다. 날카로운 위트와 재치 있는 말은 그들의 도구다.[13]

---

12 Michael V. Fox, *Proverbs 1-9*, Anchor Bible (New Haven, CT: Yale University Press, 2000), pp. 35-36. 그리스어 70인역이 "가장 지적인"(*phronimōtatos*)을 의미하는 그리스어를 사용했다는 데 주목하라.

13 Ziony Zevit, *What Really Happened in the Garden of Eden?* (New Haven, CT: Yale

궁극적으로 이런 설명은 우리가 그 생물의 성격을 알아내는 데 도움을 주지 않는다. 이외에도, 우리는 뱀을 "여호와 하나님이 지으신 들짐승 중" 하나로 확인할 수 있을 뿐이다(창 3:1). 한편 우리는 뱀이 "악하다"고 설명되지 않는다는 데 주목해야 한다. 이 구불거리는 생물은 훨씬 후대에까지도 악과 연관되지 않았다.[14]

최근의 연구는 혼돈의 생물(chaos creature)로서의 뱀에 초점을 맞추어왔다. 고대 근동에서 혼돈의 생물은 대개 신의 영역에 속해 있으나 아직 신격화되지 않은 혼합 생물이었다.[15] 그것이 갖고 있는 혼합적 특징은 그에게 여러 가지 속성을 부여했다. 고대 세계에서 혼돈의 생물은 악한 것으로 여겨지지 않았다. 그것은 도덕과는 상관이 없으나 유해하고 파괴적일 수 있었다. 그것은 제어되지 않는다면 문젯거리가 될 수 있으나 길들여질 수 있었고 신들의 동료가 될 수 있었다. 악령 역시 혼돈의 생물과 같은 역할을 하며, 경계 지역의 생물(liminal creatures, 예를 들어 코요테나 소쩍새 같은)도 그러하다.[16]

University Press, 2013), p. 163.

14 Ibid.

15 성서에서 그런 혼합 생물로 확인되는 존재들은 그룹(cherubim)과 스랍(seraphim)인데, 그것들은 본질적으로 혼돈의 생물은 아니다. 혼돈의 생물은 리워야단(Leviathan)과 라합(Rahab) 같은 것이다. 이런 생물에 대한 광범위한 논의로는 Westenholz, *Dragons, Monsters and Fabulous Beasts*를 보라.

16 이에 대한 논의로는 John H. Walton, "Demons in Mesopotamia and Israel: Exploring the Category of Non-Divine but Supernatural Entities," in *Windows to the Ancient World of the Hebrew Bible: Essays in Honor of Samuel Greengus*, ed. Bill T. Arnold,

뱀에 해당하는 히브리어 나하쉬(*nāḥāš*)는 일반적인 뱀을 부르는 평범한 용어들 중 하나다. 더 나아가 창세기 3장에서 뱀은 하나님이 창조하신 들짐승 중에 속한 것으로 확인된다. 그리고 이 본문 안에는 그것이 합성 생물임을 암시하는 어떤 것도 존재하지 않는다. 그럼에도 히브리어 성서에서 혼돈의 생물을 포함해 모든 생물은 하나님에 의해 창조된다(창 1:21; 욥 40:15-19; 시 104:26). 또한 나하스가 혼돈의 생물을 가리킬 수도 있다는 것은 그 단어가 이사야 27:1에서 사용되는 것을 통해 분명하게 드러난다. 거기서 이 단어는 리워야단을 묘사하는 데 사용된다.[17] 이런 이해는 요한계시록에서 최종적으로 긍정되는데, 거기서 뱀-이제는 사탄-은 탁월한 혼돈의 생물인 큰 용으로 묘사된다(계 12:9).[18] 그러므로 우리는 창세기 3장의 뱀이 그 이야기 안에서, 그리고 이를 뒷받침하는 다른 문맥들 안에서 그것이 하는 역할에 기초해 혼돈의 생물이라고 결론을 내릴 수 있다.[19]

Nancy Erickson and John H. Walton (Winona Lake, IN: Eisenbrauns, 2014), pp. 229-46을 보라.

17 Charlesworth, *Good and Evil Serpent*, p. 438; 그러나 그가 창 3장의 뱀이 혼돈의 생물로 간주되어야 한다는 개념을 거부하고 있음에 주목하라, p. 294.

18 많은 해석자들은 요한계시록이 뱀을 사탄과 동일시하기 때문에 우리가 그것을 (단순히 연관된 그림이 아니라) 성서의 진리로 받아들여야 한다고 주장하는 것은 흥미롭다. 그러나 지금껏 나는 뱀을 요한계시록의 동일한 구절들로부터 나온 정보에 의거해 용으로 보는 이를 만나본 적이 없다(그러나 Augustine는 *Sermon 36*에서 뱀을 그런 식으로 보았다. Augustine, *Sermons*, trans. Edmund Hill, The Works of Saint Augustine: A Translation for the 21st Century III/2 [Brooklyn, NY: New City Press, 1990], p. 281).

19 이는 또한 뱀 종(種)의 후두기관에 대한 해부학적 분석을 통하지 않고서도 말하는

아담과 하와의 잃어버린 세계

그러므로 리처드 에버벡(Richard Averbeck)이 이것이 단순히 뱀에 관한 이야기가 아니라고 주장한 것은 옳다. "이스라엘인들은 창세기 3장에서 뱀과 인간에 관한 간단한 이야기보다 훨씬 더 많은 것을 보았을 것이다.…그들의 관점에서 보자면, 이는 그들이 그들 자신의 개인적 경험과 그들의 민족사 안에서 그 결과를 느끼고 있었던 우주적 전쟁의 시작이었을 것이다."[20] 나는, 비록 에버벡이 주장하듯이 이 이야기가 사탄의 타락을 보여준다고 결론을 내릴 정도까지 나아갈 준비는 되어 있지는 않으나, 우리가 고대 이스라엘인의 관점에서 그 본문 안으로 들어간다면 뱀을 혼돈의 생물이라는 관점에서 생각하게 되리라고 믿는다.

본문에 대한 이런 식의 접근을 통해 얻게 된 결론은 무엇일까?

• 고대 이스라엘의 독자는 뱀을 사탄으로 여기지 않을 것이다. 이 이야기에서 그 매개 동물보다 훨씬 더 중요한 것은 그로 인한 결과다. 뱀은 원인이라기보다는 계기다.

• 고대 이스라엘의 독자는 그 유혹의 해로운 결과를 인식할 것이나,

뱀과 관련해 준비된 설명을 제공한다.

20 Richard Averbeck, "Ancient Near Eastern Mythography as It Relates to Historiography in the Hebrew Bible: Genesis 3 and the Cosmic Battle," in *The Future of Biblical Archaeology: Reassessing Methodologies and Assumptions*, ed. James Karl Hoffmeier and Alan R. Millard (Grand Rapids: Eerdmans, 2004), pp. 328-56, 특히 pp. 352-53.

필연적으로 뱀이 도덕적으로 악하다거나 인류를 파멸시키는 일에 몰두하고 있다고 여기지 않을 것이다. 고대 이스라엘인들은 뱀에게 어떤 독특한 지위도 부여하지 않을 것이다. 이는 모종의 영적이고 우주적인 세력이기보다는 꽤 많은 수의 혼돈의 생물들 중 하나일 뿐이다.

- 고대 이스라엘의 독자는 뱀을 그다지 용의주도하지 않은 목적을 지 닌 파괴적이고 자주적인 행위자라고 생각했을 것이다. 구약성서는 뱀에게 어떤 지속적인 역할을 부여하지 않는다. 본성이 시키는 일 을 한 후 장면에서 사라졌던 「길가메시 서사시」에 등장하는 뱀과 같이, 구약성서의 뱀과 관련된 어떤 지속적인 역할이나 지위도 인 지되지 않는다. 그러나 인간의 행위의 결과들은 (「길가메시」에서와 같이) 여전히 남아 있다.

- 우리는 뱀이 여자에게 의심을 심어준 일과 하나님이 말씀하신 결과 에 대한 여자의 이해를 교묘하게 부정한 일을 우리의 전통적 이해 와 달리 해석하지 않을 것이다. 기만, 오도, 문제를 일으키는 것 등 은 모두 혼돈의 생물의 권한에 속해 있다. 뱀의 말에서 분명하게 드 러나는 교묘한 변화에 주목할 필요가 있다. 그는 "너희는 죽지 않을 것이다"라고 말하지 않는다. 대신에 그의 부정은 다음과 같은 형태 가 된다. "죽음을 그렇게 즉각적인 위협으로 여기지 말라."[21] 하나님

---

21 여기에 대한 문법적이고 통사적인 논의로는 John H. Walton, *Genesis*, NIV

은 진리를 말씀하셨다. 그들이 그 나무의 열매를 먹는다면, 그들은 죽게 될 것이다. 하나님이 하신 말씀은 즉각적인 죽음을 암시하지 않았다(그분이 사용하시는 통사적 표현인 "~날에는"[on the day that]은 "~할 때"[when]에 해당하는 히브리어 관용구일 뿐이다). 그러나 징벌은 생명나무에 대한 그들의 접근권을 박탈하는 일을 통해 이루어졌다. 그로 인해 즉각 그들은 죽을 운명이 되었다(doomed to die, 동사 구문의 힘). 여자는 단어 선택에 신중하지 않았고, 그로 인해 뱀은 그 차이를 알아차리고는 죽음이 임박한 위협이 아니라고 말함으로써 (하나님의 말씀이 아니라) **그녀의 말**을 반박하면서 진리를 말했다. 이런 식으로 뱀은 여자의 잘못된 표현을 이용하면서, 그리고 그녀에게 열매를 먹어도 해로운 결과가 없이 유익을 얻을 수 있다고 말하면서 그녀를 기만했다. 뱀이 하와에게 그 열매를 먹어야 한다거나 순종하지 말아야 한다고 노골적으로 말하지 않고 있음에 주목하라.[22]

- 한편, 진리를 말한 쪽은 뱀이고(너희는 죽지 않을 것이다, 너희는 신들처럼 될 것이다) 잘못된 쪽은 하나님이었다(그것을 먹는 날에는 반드시 죽을 것이다)는 주장을 위한 여지는 존재하지 않는다.[23] 하나님의

Application Commentary (Grand Rapids: Zondervan, 2001), pp. 204-5을 보라.

22 Zevit, *What Really Happened in the Garden of Eden?*, pp. 202-3.

23 이런 주장에 대해서는 Ronald Veenker, "Do Deities Deceive?," in *Windows to the Ancient World of the Hebrew Bible: Essays in Honor of Samuel Greenus*, ed. Bill T. Arnold, Nancy Erickson and John H. Walton (Winona Lake, IN: Eisenbrauns, 2014), pp. 201-14을 보라.

말씀은 즉각적인 죽음을 가리키지 않았다(앞서 말했듯이, "~날에는" 은 "~할 때"라고 말하는 히브리적 방식이다). 종종 "반드시 죽으리라" 고 번역되는 구문은 그들이 그때 죽을 운명이 되리라는 것을 표현 할 뿐인데,[24] 이는 정확하게 생명나무에 이르는 길이 막혔을 때 일 어난 일이다.

- 고대 이스라엘의 독자는 뱀의 역할의 결과를 악이 인간 사이에 뿌 리를 내린 것으로 이해했다. 이는 창세기 3:15을 통해 분명하게 드 러나는데, 거기서는 이편에 있는 인간(대를 이어)과 다른 편에 있는 뱀의 "씨" 혹은 "후손"(이는 뱀의 미래 세대가 아니라 그로 인해 발생한 악을 가리킨다) 사이의 지속적인 싸움이 묘사된다. 그 구절에서 적 대적 행위를 묘사하는 두 개의 동사가—여러 번역이 이를 달리 해 석하고 있다는 사실에도 불구하고—동일한 어근을 갖고 있다는 사 실은 그 구절이 누가 승자가 될 것인지를 가리키고 있지 않음을 보 여준다. 오히려 이는 계속해서 잠재적으로 치명적인 타격이 오갈 것을 가리킨다.

- 우리는 에덴동산(우주 안에 있는 질서의 중심)에서 혼돈의 생물이 무 슨 일을 하고 있었는지에 대해 물을 수 있다. 놀랍게도, 이를 면밀하 게 살필 때 우리는 이 본문이 뱀이 (나무에는 물론이고) 동산 안에 있

---

24 Walton, *Genesis*, pp. 174-75; Zevit, *What Really Happened in the Garden of Eden?*, pp. 124-26.

었다고 결코 말하지 않는다는 것을 발견한다. 그렇다면 아담과 하와가 어떻게 그 짐승과 마주쳤던 것이냐고 묻는다면, 우리는 에덴동산에서 아담과 하와의 역할이 반드시 그들이 그곳에 지속적으로 거주할 것을 요구하지 않는다는 데 주목해야 한다. 성소에서 섬기는 제사장들은 성소에서 살지 않는다. 하나님이 아담을 에덴동산으로 이끄신 것이 영구적인 거주를 암시할 수도 있으나, 우리는 과연 그것이 그가 절대로 그곳을 떠나서는 안 된다는 것을 의미하는지에 대해 물어볼 필요가 있다.

- 혼돈의 생물인 뱀은 비질서(disorder, 질서가 어지럽혀진 상태-역주)보다는 무질서(non-order, 질서가 잡히기 이전의 상태-역주)와 더 긴밀하게 연결되어 있었을 것이다. 무질서는 중립성을 갖는 반면, 비질서는 본질적으로 그리고 의도적으로 악하다. 우리는 지진이나 암을 악한 결과를 가진 무질서의 힘으로 묘사할 수 있다. 그러나 그것들은 본질적으로 악하지 않다. 우리는 그것들을 통제할 수 없고, 그러하기에 그것들은 비참한 결과를 초래할 수 있다. 만약 뱀이 정말로 혼돈의 생물의 범주에 속해 있다면, 하나님의 말씀에 대한 그의 반박도, 그로 인해 초래될 결과에 대한 그의 기만도, 그가 가진 사악한 의도의 일부가 아니다. 그것들은 그저 혼돈의 생물이 행하는 파괴적인 그리고 때에 따라 달라지는 행위일 뿐이다. 이 문제에 대한 더 복잡한 이해는 중간기 문헌과 신약성서 신학에서 제공되는데, 만약 우리가 우리의 분석을 구약성서라는 고대의 상황에 국한시킨

다면, 상황은 아주 다르게 보인다.

보충 설명: 신화

나는 이런 성서의 이야기에 "신화"(myth/mythology)라는 장르 명칭을 적용하는 것이 여전히 불편하다. 이 명칭은 너무 많은 정의를 가지며, 그로 인해 이 단어들은 분명하게 의사를 전달하는 능력을 결여하고 있다. 더 나아가 우리는 이런 용어를 철저하게 서구 문화에 적용해왔기에 이를 고대 문화에 적용할 경우 불가피하게 시대착오적인 것이 되고만다.[25] 그러나 이런 문제는 문학의 장르를 정하는 일을 넘어선다. 이는 어떤 종류의 문학이든 그것이 잉태되고 구성되는 과정과 관계가 있다. 고대인들은 우리와 다르게 생각했다. 그들은 우리와 다른 범주와 우선순위를 갖고서 우리와 다른 방식으로 세계를 인식했다.

우리의 문화 안에서 우리는 "과학적으로" 생각한다. 우리는 주로 인과관계, 구성, 조직화에 관심을 갖는다. 고대 세계에서 사람들은 그보다는 세계를 상징의 측면에서 생각하고 자신의 이해를 상(像)이라는 수단을 통해 표현하려 했다. 우리는 주로 사건과 물질적 실재에 관심

---

25 우리의 장르 명칭들 중 몇 가지에 내재되어 있는 시대착오(anachronism)에 대한 더 상세한 논의로는 John H. Walton and D. Brent Sandy, *Lost World of Scripture: Ancient Literary Culture and Biblical Authority* (Downers Grove, IL: InterVarsity Press, 2013), pp. 199-215을 보라.

아담과 하와의 잃어버린 세계

을 갖는 반면, 그들은 개념과 그것에 대한 자신의 표현에 더 많은 관심을 가졌다.[26]

어떤 이들은 창세기의 처음 장들을 지어낸 고대 이스라엘인들이 (사 27:1에서 볼 수 있듯이) 신화를 역사화하고 있다고, 즉 그것이 보통 그들이 살았던 세계 안에서 전달될 때 폭넓은 진리를 포착하는 수사학적 수단으로서 이미지를 사용하면서 실제 사건을 제시하고 있다고 주장할지도 모르겠다. 그러나 신화(신화의/신화적인/신화론적인)라는 개념은 너무나 불안정하고 다양하게 이해되고 있어서 우리는 이것을 다른 한정하는 말과 연관시켜 사용할 필요가 있다. 이미지(image)/상(imagery)/상상력(imagination)/상상력이 풍부한(imaginative) 같은 단어 그룹은 효과적이다(비록 상상의[imaginary]라는 단어는 부정확한 것이 되겠지만). 신화적인 상(像)을 사용하는 수사학은 성서의 시 속에서 쉽게 판별되며(예를 들어 "별들이 하늘에서부터 싸우되"[삿 5:20] 혹은 "리워야단의 머리를 부수시고"[시 74:14]와 같은 표현), 묵시록 장르에서 형식화된다. 그럼에도 이것은 산문에도 빠지지 않는다. 이런 종류의 사고를 묘사하는 데 나는 "사상적"(寫像的, imagistic)이라는 용어를 택하고 싶다.[27] 이는 우리가 학생들이 점점 더 시각형 학습자가 되어가고 있는

---

26 상상력과 이미지의 이런 사용은 예수를 "말씀"(logos)으로 묘사하는 요 1장에서 분명하게 드러난다. 요 1장은 장르상 신화적이지 않으며, 예수는 신화의 인물도 아니다. 하지만 거기서 드러나는 사고의 형태는 이미지에 의존하고 있다.

27 이것을 20세기 초반부터 현대 시 분야에서 일어난 운동에 대한 전문적인 설명으로

것—우리의 교육과 소통에서 우리가 더 사상적이 되도록 요구하고 있는 실제—을 발견하고 있는 오늘의 문화 속에서 쉽게 이해할 수 있는 구분을 제공한다.

나는 이를 정의하기보다는 오히려, 참된 사상적 사고(imagistic thinking)를 따라, 몇 가지 실례를 통해 서술하고자 한다. 사상적 사고와 표현은 과학적·분석적 사고와 대조를 이룬다. 만약 밤하늘에 관한 두 가지의 시각적 표현—하나는 허블 망원경으로 찍은 것이고, 다른 하나는 빈센트 반 고흐(Vincent van Gogh)의 "별이 빛나는 밤"(*The Starry Night*)—을 비교해본다면, 우리는 그 차이를 분명하게 알 수 있을 것이다. 사람들은 반 고흐의 작품을 해부하려는 생각을 결코 하지 않을 것이고, 비록 그들이 그렇게 하기를 원할지라도 할 수 없을 것이다. 그 그림의 이미지는 별의 구성이나 위치에 관련된 어떤 정보도 갖고 있지 않다. 그럼에도 우리는 그것이 밤하늘에 대한 잘못된 묘사라고 말하지 않을 것이다. 시각 예술가들은 세계를 사상적으로 묘사한다. 그리고 우리는 이런 묘사가 과학과는 관계가 없으나 진리와도 관계가 없는 것은 아니라는 것을 안다. 고대인들은 이와 동일한 사상적 개념을 모든 장르의 문학에—우리가 과학적이라고밖에 달리 이해할 수 없는 것을 포함해서—적용했다. 창세기에 보존되어 있는 것과 같은 사상적 역사(imagistic history)가 역사에 대해 갖는 관계는, "별이 빛나는 밤"이 허블

서 이미 존재하고 있는 용어와 혼동하지 말라.

아담과 하와의 잃어버린 세계

망원경의 사진에 대해 갖는 관계와 같다.

또 다른 예로, 우리는 "성조기여 영원하라"(The Star-Spangled Banner, 미국 국가—역주)에 대한 상세한 분석을 통해 1812년 전쟁 (1812년 6월 18일에 미국이 영국에 선전포고를 하면서 발발한 32개월에 걸친 미영전쟁—역주) 때 맥켄리 요새(Fort McHenry, 매릴랜드에 있는 요새로 1814년 9월 14일 밤에 영국군에게 처참하게 파괴되었는데 그 과정에서 워싱턴의 변호사 출신인 프랜시스 스콧 키[Francis Scott Key]가 미국 국가를 작곡했다—역주)에 대한 폭격을 역사적으로 재구성하려고 시도하지 않을 것이다. 우리(미합중국)의 국가가 어떻게 역사적 상황 속에서 시작되었는지, 그럼에도 어떻게 예술적인 방식으로 상(像)의 수사학과 상징(깃발)의 힘을 사용해 1812년 전쟁 훨씬 너머에까지 이르는 지속적인 진리와 가치를 전하고 있는지에 주목하라.

과학적/역사적 사고에 대한 대안을 제시하는 용어의 한 가지 현대적인 예는 오늘날 루터교 신자들이 "성례전적"(sacramental) 사고라고 부르는 것이다. 이는 성례의 신비로운 측면들을 포함하지만 그것을 넘어서 더 넓은 영역의 종교적 사고 속으로 들어가는 매우 논쟁적인 용어다. 이런 상황 속에서 그들은 그것이 아주 자연스러운 사고의 방식임을 발견한다. 이 전통들 안에서 사람들은 그런 사고가 과학적 증명에 종속되지 않는다는 것과, 역사성은 어떤 의미를 갖는 하나의 범주에 불과한 것이 아니라는 점을 깨닫는다. 성례전적 사고—우리가 이를 어떻게 정의하든 간에—에 익숙한 이들은 자신이 그것을 이런 사고에 기울어 있지 않은 이들에게 설명해주기가 (혹은 정의해주기가) 매우 어렵다는 것을 발견한다. 이것이 루터교 신자(혹은 성례전적 사고가 몸에 배어 있는 다른 전통과 연결되어 있는 신자)가 아닌 독자들에게는 새롭고 익숙하지 않은 사고방식처럼 보인다는 사실은 내가 주장하는 요점을 보여준다.

사상적 사고는 유사한 어려움을 제시한다. 고대 이스라엘인들은 이집트를 세계수(世界樹)로 여기는 에스겔의 환상(겔 31장)에 대해 생각할 때 별 어려움을 겪지 않았다. 이것은 그 문헌을 신화라고 부르는 일을 정당화해주지 않는다. 또한 이는 실재나 진리의 문제에도 관심을 갖지 않는다. 어떤 이들은 이 나무들과 에덴동산과 뱀을, 그 이야기에 대해 실재와 진실을 부정하지 않으면서 사상적 사고를 하는 데 대한 예로 여길지도 모른다. 저자는 **나무들**을 단지 특별한 화학적 성분을 지닌 식물군 중 어떤 생물학적 종(種)을 가리키지 않는 방식으로 이해한다.[28] 이런 요소를 고대 근동이라는 그것의 상황 속에 위치시키고 사상적 측면에서 사고하는 고대 이스라엘인들의 능력과 성향을 인정할 때,[29] 우리는 자신이 중요한 신학적 실재들에 대한 더 깊은 이해를

---

28 루터교 신자들은 심지어 이 나무들이 성례전적이라고, 즉 신비로운 실재를 대표한다고 말할지도 모른다.
29 인류학에 익숙한 이들은 이것을 외관적(外觀的, etic) 범주(다른 문화에 첨가된 우리의 범주)보다는 내관적(內觀的, emic) 범주(고유의 기준) 안에서 사고하려는 시도로 인정할 것이다.

아담과 하와의 잃어버린 세계

얻고 있음을 발견하게 될지도 모른다.

오늘날 어떤 학자들은 이스라엘이 다른 민족의 신화의 내용을 빌려와 이를 그들 자신의 것으로 변형시키는 습관이 있었다고 믿는다. 나는 그런 견해에 동의하지 않는다. 때때로 공유된 신화로 인식되는 것은 대개는 동일한 문제에 관해 공유된 상징적 어휘를 사용해 사상적으로 생각하는 공유된 성향이다. 니콜라스 와이엇(Nicolas Wyatt)은 실재를 표현하기 위해 이야기라는 구어 담화를 사용하는 이들과, 관찰된 세상을 분석하고 관찰된 것을 설명하기 위해 가설적 패러다임을 만들어내는 사람들을 구별한다.[30] 사상적 사고는 단순히 인과관계식 분석과만 대조되지 않는다. 그것은 형이상학과도 대조되는데, 형이상학은 비록 과학은 아니지만 직접적인 인과관계와 조직화에 관심을 갖는다는 점에서 과학적 사고의 산물이다. 이런 것들은 정체성과 일관성에 관한 개념을 전하는 다양한 방식이다.

이런 논의는 급속하게 난해해지고 나의 전문 분야도 아니며 이 책의 범위에서도 벗어난다. 내가 이 문제를 제기한 것은 그것에 수반되는 문제를 풀기 위해서가 아니라 우리가 고대인들의 사고방식과 얼마나 다르게 사고하고 있는지에 대한 의식을 일깨우기 위함이었다. 이는 계속해서 우리에게, 우리가 오늘의 세계보다는 고대 세계에서 훨씬 더

---

30 Nicolas Wyatt, "The Mythic Mind," in *The Mythic Mind: Essays on Cosmology and Religion in Ugaritic and Old Testament Literature* (London: Equinox, 2005), p. 160은 이것을 "이야기체-전형적 양극성"(narrative-paradigmatic polarity)이라고 부른다.

일반적이었던 문헌에 우리의 사고의 범주들을 강요하지 않도록 조심해야 한다고 경고한다.

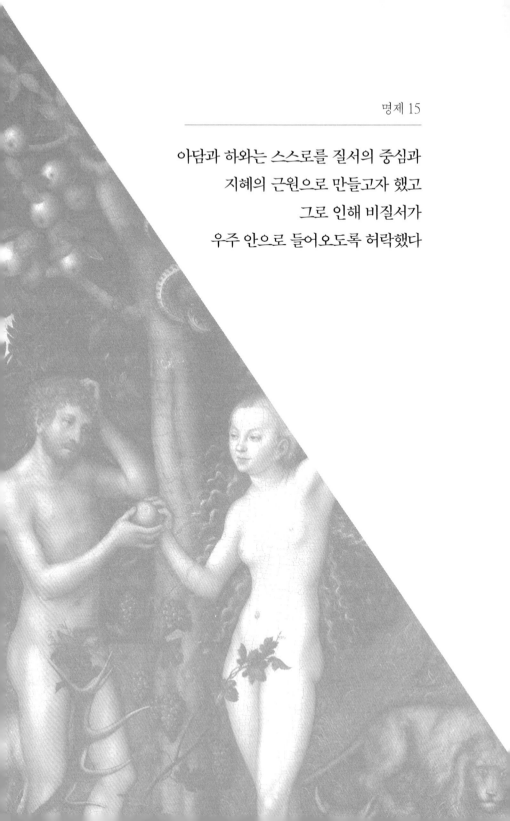

아담과 하와는 스스로를 질서의 중심과
지혜의 근원으로 만들고자 했고
그로 인해 비질서가
우주 안으로 들어오도록 허락했다

이 책은 죄의 본질, 율법, 책임, 죄책, 벌 같은 개념에 대한 철저한 분석을 제공하는 것을 목표로 하지 않는다. 이런 것들은 신학의 문제이며 거기에 대한 신뢰할 만한 설명을 제공하기 위해서는 훈련된 신학자가 필요하다. 문제들은 복잡하다. 그리고 특별한 쟁점에 관한 토론은 교회사 전체를 통해 추적될 수 있다.

이 책은 교회의 조직신학에도, 혹은 아우구스티누스와 펠라기우스 또는 이레나이우스의 차이를 밝히는 일에도 초점을 맞추지 않는다. 오히려 우리는 창세기 3장이 어떻게 고대 세계를 배경으로 이해될 수 있는지, 그리고 이런 맥락에서 어떤 주장이 이루어지고 있는지를 살필 것이다. 바울이 그런 문제에 대해 어떻게 말했는지를 살피는 것이나 우리의 신학을 교부들과의 깊은 상호작용 속에서 이루어가는 것은 분명히 중요하다. 그러나 우리의 출발점은 창세기의 본문 자체를 그것이 속해 있던 문화적·문학적·신학적 상황 속에서 살피는 일이 되어야 한다.

마크 비들(Mark Biddle)이 지적하듯이, 오늘날 사람들이 죄(sin)에 관해 생각하는 가장 일반적인 방식 중 하나는 이를 범죄(crime)로 간주하는 것인데, 비들은 이런 견해를 성서적으로 그리고 신학적으로 부적절한 것으로 여긴다.[1] 다른 책 『죄: 역사』(Sin: A History)에서 게리 앤더

---

1 Mark E. Biddle, *Missing the Mark: Sin and Its Consequences in Biblical Theology* (Nashville: Abingdon, 2005), vii-viii.

슨(Gary Anderson)은 "짊어져야 할 짐"으로서의 죄와 "갚아야 할 빚"으로서의 죄라는 서로 경쟁하는 패러다임들을 살핀다.[2] 저자에 따르면, 전자의 은유는 구약성서에서 발견되는 관용어에 의해 지지를 받는 견해다(일찍이 창 4:13에 등장하는 가인의 진술에서처럼 "죄/죄책/벌을 지는 것"). 빚이라는 두 번째 이미지는 제2성전기 시대에 훨씬 더 두드러지게 되었다.[3] 이런 패러다임들은 죄의 결과(짐, 빚)에 대해 웅변적으로 말하며 그것의 해결에 이르는 길을 가리켜준다.

우리가 죄를 분석할 수 있는 두 번째 방법은 이를 표현하는 데 사용된 다양한 히브리어 단어를 살피는 것이다.[4] 여기서는 얼마간의 조심성이 필요하다. 예를 들어, 구약성서에서 죄가 "과녁을 벗어남"을 의미하는 진술을 만나는 일은 드물지 않다. 유감스럽게도 이런 종류의 진술은 의미론(semantics)이 작동하는 방식에 대한 오해를 드러낸다. 동사 ḥṭ'가 목표를 달성하는 데 실패했음을 가리킬 수 있으며(잠 8:36; 사 65:20) 심지어 한 번은 목표물을 반드시 맞히는 투석 전사들에 대해 사용되기도 한 것(삿 20:16)은 사실이다.[5] 그러나 이런 용법을 "죄"로

---

2   Gary A. Anderson, *Sin: A History* (New Haven, CT: Yale University Press, 2009).

3   Ibid., pp. 27-28.

4   Alex Lux, "אטח(ḥṭ')," in *New International Dictionary of Old Testament Theology and Exegesis*, ed. Willem A. VanGemeren (Grand Rapids: Zondervan, 1997), 2:87-93의 논의를 보라.

5   그러나 후자는 그 동사의 히필(Hiphil)형을 사용하는데, 다른 용례들을 통해 볼 때 그것은 잘못된 방향을 가리킨다. "죄를 짓다"를 의미하는 동사의 형태는 칼(Qal)형이다.

아담과 하와의 잃어버린 세계

번역되는 단어의 "원래" 의미를 반영하는 것으로 여겨야 할 이유는 없다. 단어의 의미는 그것의 어원으로부터가 아니라 용법으로부터 나오며,[6] 이 동사는 간단하게 "죄를 짓다"를 의미한다. 이는 꼭 과녁을 맞히지 못하는 것이나 목표를 이루는 데 실패한다는 개념에 국한되지 않는다.[7] 죄에 해당하는 단어들은 우리가 그것의 다양한 외양(반역, 범죄, 부당성, 죄책)을 인식하도록 도울 수 있으나, 이런 의미론적 분석은 우리를 거기까지 데려갈 수 있을 뿐이다.

세 번째 접근법을 통해 또 다른 이들은 죄가 **무엇인지**보다 죄가 **행하는 것**에 관해 말할 수 있을 것이다. 이런 방식의 연구에서 죄는 하나님과의 관계에 대한 위협으로 보일 수 있다. 즉 죄는 소외를 낳는다.[8] 이것은 앞서 살펴본 패러다임들에 대한 논의에서 나타나는 방향과 다르다. 이런 패러다임들은 주로 죄의 결과를 우리와 관련해서 다루는 반면(짐, 빚), 소외는 더 특별하게 하나님과 우리의 관계와 관련된 결과를 다룬다. 소외라는 개념은 구약성서에서 잘 인식된다. 즉 아담과 하

---

6 그래서 영어에서 awful("경외감"을 의미하는 awe로부터 나왔다―역주)은 "고무하는"(inspiring)을 의미하지 않고, sinister("좌측두[左側頭]]"를 의미하는 sinist로부터 나왔다―역주)는 "왼손잡이의"(left-handed)를 의미하지 않는다.
7 유사한 관찰 의견이 그리스어 술어에 관해서도 제시될 수 있다.
8 예를 들어 Mark J. Boda, *A Severe Mercy: Sin and Its Remedy in the Old Testament* (Winona Lake, IN: Eisenbrauns, 2009), 515; Luc, "אטח(*ḥṭ'*)," p. 89을 보라. 이 개념은 Origen에 의해 처음으로 도입된 "영적 죽음"이라는 신학적 개념의 후대의 발전을 통해 나타난다(그러나 징벌이 육체적 죽음이 아닌 영적 죽음이라고 여겨야 할 본문상의 이유는 존재하지 않는다).

와가 에덴동산에서 쫓겨나는 일이나 이스라엘이 그들의 본토에서 추방되는 일을 통해서 그러하다. 이는 성소와 관련된 개념들에 통합되는데, 성소에서는 하나님이 그곳에서 떠나시지 않도록 그분을 위해 거룩함이 유지되어야 한다. 그러므로 죄는 인간의 가장 깊은 갈망인 하나님과의 관계에 지장을 초래한다. 이 관계는 하나님이 인간을 창조하실 때 의도하셨던 것이다. 이 관계는 창세기 3장에서 상실되었다. 그리고 성서의 나머지는 그 관계를 회복시키는 일의 각 단계들을 기록하고 있다. 이를 표현하는 다른 방법은 죄로 인해 초래된 불균형이라는 측면에서 제시된다.

> 성서의 모델은 죄를 혼란에 빠진 시스템 안에 만연한 불균형으로 여긴다.…진정한 인간의 실존은…지속적으로 자신의 피조물 됨과 한계를 인식하면서도 자신이 지니고 있는 신성함의 온전한 가능성을 실현하기를 갈망한다. 죄는 이런 열망 안에 있는 불균형, 즉 인간이 자신의 신적 소명을 드러내는 데 대한 실패요, 또한 자신의 한계에 대한 망각이다.[9]

이런 접근법들은 서로 배타적이지 않다. 그러나 비록 처음 두 가지 역시 나름의 타당성을 갖고 있고 우리의 이해에 일조하지만, 이 장의 논의의 중점을 이루는 것은 **소외/불균형 모델**(alienation/disequilibrium

---

9 Biddle, *Missing the Mark*, xii-xiii.

model)이다. 이것은 종종 무시되거나 심지어 인식조차 되지 않는 중요한 신학적 궤도다. 만약 창세기 1장이 질서와 성소에 관한 이야기라면, 죄가 갖고 있는 비질서라는 측면은 새로운 중요성을 얻는다.[10] 불균형(비질서)은 하나님이 세우신 균형(질서)을 깨뜨렸다. 조직신학은 결국 다른 궤도들을 발전시키고 거기에 높은 우선권을 부여한다. 하지만 구약성서에서 이 견해는 창세기의 처음 장들에서 죄가 도입되는 방식을 고려하는데 그런 장들에서는 질서와 질서에 반대되는 것이 아주 중요하다.

구약성서는 결코 창세기 3장의 사건을 "타락"(fall)이라고 부르지 않으며 사람이나 세상을 "타락한 것"(fallen)으로 간주하지 않는다.[11] 사실 이런 용어를 사용하는 것은 논리적으로 충분히 가능할 수 있다. 왜냐하면 성서의 언어는 "시험에 빠지는 것"(falling into temptation) 등에 대해 말하기 때문이다. 하지만 우리는 성서 본문에 관한 우리의 논의에서 그 개념에 너무 큰 역할을 부여하지 않도록 조심해야 한다. 비록 죄의 결과가 구약성서 전체를 통해 나타나고 있기는 하나, 구약성서는

---

10 구원은 분명히 중요한 궤도다. 하지만 이는 하나님이 자신에 대한 우리의 접근을 허용하기 위해 행하신 것으로 이해될 수 있다. 그분과의 관계가 목표이고, 구원은 그것을 이루는 수단이다.

11 이 문제에 대해서는 신약성서도 그렇게 하지 않는다. Ziony Zevit이 지적하듯이, 예언자들은 이스라엘의 죄를 동산에서의 죄와 연결시킬 수 있는 많은 기회를 갖고 있었으나 그들은 결코 그렇게 하지 않았다(*What Really Happened in the Garden of Eden?* [New Haven, CT: Yale University press, 2013], pp. 19-22). 사 43:27이 죄를 지은 이스라엘의 시조에 대해 언급할 때, 아담이 아니라 야곱에 대해 말한다.

모든 사람에게 죄를 가져다주는 아담의 죄에 관해 말하지 않는다. "타락"이라는 단어가 사용되는 가장 이른 경우들 중 하나가 「에스드라 2서」 7:118에서 나타난다.

> 오 아담이여, 당신은 무슨 짓을 했는가?
> 비록 죄를 지은 것은 당신이었으나
> 타락은 당신만의 것이 아니었고
> 당신의 후손인 우리의 것이기도 했다.[12]

그럼에도 나는 이 장에서 편리함을 위해 이 용어를 계속해서 사용할 것이다. 왜냐하면 이것은 전통적으로 죄의 문제를 요약하는 데 사용되어왔기 때문이다.

구약성서가 제공하는 정보를 살필 때 우리는 타락이 단지 불순종이나 금지된 열매를 먹는 일이 아님을 분명히 해야 한다. 이런 행위들은 마땅히 나쁜 짓으로 간주되어야 한다. 그러나 그것들은 단지 타락

---

12 번역문은 James H. Charlesworth, *The Old Testament Pseudepigrapha* (Garden City, NY: Doubleday, 1983), 1:541에서 가져왔다. 이 작품은 기원후 100년경의 것이다. 또한 이 부분이 죄에 대한 인간의 참여를 확언한다는 데 주목하라. 「바룩2서」 48:42-43도 보라. "타락"이라는 표현은 초대 교부들에 의해 대중화되었으나 그리스 교부들에게서는 분명하게 나타나지 않는다. 4세기(Gregory of Nyssa)에 이르기까지도 그것은 어떤 신학적 개념을 드러내는 전문용어로 사용되지 않았다. 이 개념이 더 두드러지게 나타난 것은 초기 라틴 교부들에게서였다. 나는 이와 관련된 역사적인 정보를 제공해준 동료 George Kalantzis에게 감사한다.

의 표현으로서의 나쁜 짓이었다.[13] 타락은 하나님처럼 되고자 했던 결단이었다. 이는 뱀의 말(창 3:5), 여자의 반응(창 3:6), 하나님의 평가(창 3:22), 추방의 이유(창 3:23) 등을 통해 드러난다. 그 남자와 여자가 하나님처럼 되는 방법은 나무가 대표하는 것과 관련해 한정되었다. 그들이 전지전능하게 된다는 암시는 어디에도 없다. 나는 그들이 불순종하여 그 나무의 열매를 취함으로써 하나님처럼 되려 했던 일이 곧 그들이 자신들을 질서의 중심과 근원으로 제시하고자 했던 것이라고 주장한다.

정의대로 하자면, 하나님은 지혜의 근원이시다. 그러하기에 그분의 임재는 지혜의 중심을 이룬다. 하나님을 경외하는 것이 지혜의 시작이다. 성서의 관점에서 보자면 지혜는 삶의 모든 범주(말, 가정, 정부, 인간관계, 하나님과의 관계, 결정을 내리는 일 등)에서 질서를 찾는 것과 관련되어 있다. 지혜는 우리가 질서를 인지하고 추구하고 보존하고 촉진하고 얻고 실천할 때 나타나는 결과다. 참된 지혜는 그 근원과 중심을 (특별하게) 자신 안에서나 (일반적으로) 인간 안에서가 아니라 하나님 안에서 찾는다.

나무의 열매를 취함으로써 아담과 하와는 자신들을 하나님으로부터 떨어져 나와 독자적으로 움직이는 지혜의 위성센터로 만들고자 했

---

13 I. Provan은 이것이 본질적으로 하나님이 선하시다는 사실에 대한 부인이라고 여긴다. *Seriously Dangerous Religion* (Waco: Baylor University Press, 2014), p. 74을 보라.

다. 이는 어린아이와 같은 반응이었다. "나는 혼자서 할 수 있어!" 혹은 "나는 내 방식대로 하고 싶어!" 이런 말은 그 자체로는 권위에 대한 거부가 아니라 독립에 대한 주장이다. 이런 행위는 "그 모든 것은 내 문제야"라는 단언이며, 그 최초의 행위 이후 줄곧 인간(개인으로 그리고 집단으로)을 특징지었던 단언이다. 사람을 지혜의 근원과 중심으로 삼을 때 그로 인해 나타나는 결과는 그를 중심으로 한 질서가 아니라 비질서다. 이 비질서는 모든 시대의 모든 사람에게뿐 아니라 우주로까지 확대되었고, 하나님의 임재 안에서 누리던 생명은 상실되었다. 우리는 여기에 대해 다음 장에서 좀 더 깊이 논의할 것이다.

지혜는 선하다. 따라서 우리는 하나님이 인간에게 지혜를 제공하는 일을 보류하실 계획이 아니었다고 안전하게 생각할 수 있다. 그러나 참된 지혜는 어떤 과정을 통해, 일반적으로 현명한 사람들의 가르침을 통해 얻어져야 한다. 타락은 아담과 하와가 지혜에 대한 가르침을 받고 하나님의 대리 지배자의 기능을 온전히 감당하면서 질서를 가져오는 과정에 개입하는 방식으로 하나님의 역할에 최종적으로 참여하기보다, 스스로 하나님의 역할을 떠맡으려 하면서 불법적으로 지혜를 얻었다는 사실에 의해 정의된다(창 3:22).[14] 만약 인간이 질서를

---

14 이것은 롬 8:17에서 나타난 개념과 유사하다. 즉 우리는 그리스도와 함께하는 공동 상속자다. 그러니 우리가 자신을 그리스도를 대신하는 자주적인 상속자처럼 여기는 것은 적절하지 않다. 우리는 상속자로서 그와 연합하며 그를 통해 상속자가 된다. 같은 방식으로 사람들이 하나님과 분리된 채 지혜를 얻는 것에 관해 생각하는 것은 적절치 않

아담과 하와의 잃어버린 세계

확대하는 과정에서 하나님과 함께 일해야 했던 것이라면("정복하라" 와 "다스리라"[창 1:28]), 그들은 지혜를 얻어야 할 필요가 있었다. 하지만 이는 하나님이 부여하시는 것이어야지 멋대로 사용하기 위해 스스로 취하는 것이어서는 안 되었다. 이런 해석을 전제하면서 나는 타락을 하나님이 임의로 정하신 시험에 대한 불순종으로 여기는 이들에게 동의하지 않는다. 에덴동산의 나무들이 어떤 본질적인 속성도 갖고 있지 않으며 그저 순종(선에 대한 지식)이나 불순종(악에 대한 지식)의 기회를 제공하는 역할을 할 뿐이라는 견해를 말하는 것이다. 이런 입장에서 보자면, 하나님은 아주 쉽게 그들에게 해변을 걸어서는 안 된다고 말씀하셨을 수도 있었을 것이다. 오히려 나는 **빼앗긴 것**(지혜)이 임의적이지 않으며, 그것은 **그것이 빼앗겼다는 사실**(시험에 실패했다는 사실)보다 중요하다고 주장한다.

앞에서(명제 8) 주장했듯이, 사람은 처음부터 죽을 운명이었고 고통과 고난은 아직 충분히 질서가 잡히지 않은 우주의 일부였다는 것이 정당한 선택지라고 한다면, 우리는 죽음과 고난을 아담과 하와의 불법 행위에 의해 우리에게 떠안겨진 것으로 여겨서는 안 될 것이다. 많은 이들이 그들의 범죄로 인한 결과를 우리 모두가 겪어야 하는 것이 부당하다고 여겨왔다. 그러나 우리는 아담과 하와가 존재하고 있지 않았던 어떤 상황을 초래한 것이 아니라, 그저 그들의 능력의 범위 안에 있

았다. 유일하게 수용할 만한 지혜는 하나님에 대한 참여 안에서 발견된다.

었던 그 상황에 대한 해결책을 얻는 데 실패했을 뿐임을 깨달을 때 그들에 대해 더 자애로운 태도를 취할 수 있다. 그들의 선택은 우리를 대신해 구원을 얻는 일에서 실패를 낳았다. 그들의 실패는 우리가 죽음과 죄로 가득 찬 무질서한 세상에 굴복하게 되었음을 의미했다. 이는 심각한 범죄를 초래하는 대단히 중요한 결과들이다. 대조적으로 그리스도는 아담과 하와가 실패했던 곳에서 바람직한 결과를 얻으실 수 있었다. 우리 모두가 죽을 운명에 처하게 된 것은 그들이 죄를 지었을 때 우리가 생명나무에 접근할 기회를 잃어버렸기 때문이다. 그러므로 우리는 죄 때문에 죽음에 굴복하게 된 셈이다. 반면에 그리스도는 승리하셨고 실제로 죄와 죽음에 대한 치유책을 제공해주셨다.

어떤 이들은, 이와 동일한 맥락의 추론을 통해, 우리가 원죄라고 부르는 것이 우리의 조상이 성급하게 "프로그램에서 벗어나려 했던 것"의 결과라고 주장한다. 제임스 개프니(James Gaffney)는 이런 접근법을, 우리 인간의 상황이 우리가 이를 우리 방식대로 하기를 원했기에 애초에 의도되었던 목표를 달성하는 데 실패함으로써 미발달 상태에 머물게 되었다는 견해와 연루된 것으로 여긴다. "말하자면, 실낙원[paradise lost]이 아니라 얻지 못한 낙원[paradise ungained]인 셈이다."[15] 한 걸음 더 나아가보자. 우리는 낙원을 잃었다기보다는 성소와 그것이 제공하는 관계를 몰수당했고, 그로 인해 하나님과의 관계 안에 머무는 능

---

15 James Gaffney, *Sin Reconsidered* (New York: Paulist Press, 1983), pp. 48-49.

　　　　　　　　　　　　　아담과 하와의 잃어버린 세계

력에 손상을 입고 또한 미숙하게도 우리 자신의 지혜에 의지해 우리 스스로 질서를 가져오려 함으로써 그분의 창조세계를 망쳐놓았다. 영화 "스타워즈" 시리즈 중 "제국의 역습"에서 요다(Yoda)는 루크 스카이워커(Luke Skywalker)에 대해 그가 훈련을 마치지 않았기에 아직 준비가 되지 않은 것을 두고 한탄한다("그는 무모해…이제 상황은 더 나빠").

지금까지 우리는 이런 문제에 대한 구약성서의 견해를 회복하고자 노력해왔다. 그렇게 해서 우리가 되찾고자 하는 잃어버린 세계는 성서 본문에 대한 분석을 통해 드러나고 있다. 이쯤에서 잠시 우리는 우리의 관심을 성서 본문 밖에 있는 고대 세계로 돌려볼 수 있을 것이다.

고대 근동 문헌에는 "타락" 같은 것이 등장하지 않는다. 당시에는 어떤 이상화된 원시적 시나리오도 없었기 때문이다. 메소포타미아의 사고에서 이상적인 것은 도시화된 환경 속에서 펼쳐지는 문명이었다. 그리고 "바깥세상"은 "들짐승, 원시적 괴물, 마귀, 떠도는 영혼, 그리고 유목민들"이 사는 곳이었다.[16] 이 "바깥세상"의 이미지는 원시적인 시대에 대한 묘사이기도 했다. 거기에는 최초의 부부도, 성소도, 명령에 대한 순종도, 하나님처럼 되기 위해 지혜를 붙잡으려 하는 일도 없다.

고대 근동의 상황에서는 죄에 대한 논의조차 문제의 소지가 있다. 고대인들은 분명히 신을 공격하고 그로 인해 고통을 당한다는 개념을

---

16 F. A. M. Wiggermann, "Agriculture as Civilization: Sages, Farmers, and Barbarians," in *The Oxford Handbook of Cuneiform Culture*, ed. Karen Radner and Eleanor Robson (Oxford: Oxford University Press, 2011), p. 674.

이해했다. 그러나 신들은 자신들이 사람에게 무엇을 기대하는지를 알리지 않았다. 9장에서 설명했듯이, 고대 근동에서 위대한 공생(Great Symbiosis)이 의미하는 것은 인간이 신들의 필요를 채워줄 책임이 있다는 것이었다. 이는 대개 의식(儀式)을 수행하는 일과 연관되었으나, 거기에는 윤리적 행위도 포함되어 있었다. 왜냐하면 신들은 사회가 원만하게 작동할 수 있도록 만들기 위해 정의가 충분하게 시행되기를 바란다는 인식이 있었기 때문이다. 무법한 사회는 생산적이지 못한 사회가 될 것이다. 그리고 그런 사회에서 사람은 신들을 위해 곡물을 재배하고, 짐승을 기르고, 선물을 바치지 못할 것이다.

고대 근동 문헌과 구약성서 모두에서 죄는 자주 대상화되었다. 즉 죄는 거의 휴대할 수 있고 사람에게서 떼어내 들어 올릴 수 있을 만큼 물질적인 무엇이었다. 죄는 물질적 결과(특히 질병)로 실현되었다. 그러나, 앞서 언급했듯이 이 두 본문 모두 죄의 결과를 다룬다. 또한 둘 모두 죄를 대상화된 것으로 다루고 있다. 하지만 우리가 죄를 구성하는 것이 무엇인지에 대해 물을 경우 이 두 종류의 본문 사이에서는 강력한 차이가 나타난다.

고대 근동에서는, 비록 윤리적 행위가 필수적인 것이기는 했으나, 이스라엘에서 발견되는 것처럼 하나님의 본성에 대한 인식에 기초를 둔 도덕적 명령은 나타나지 않았다. 신들은 스스로를 계시하지 않았다. 그리고 신들은 성격적으로 일관성이 없다고 알려졌다.[17] 그러므로 우리는 이스라엘에서처럼 고대 세계 일반에서도 여러 가지 동일한 윤

아담과 하와의 잃어버린 세계

리적 기대를 발견하지만,[18] 그것들 배후에 존재하는 논리(하나님의 임재를 유지하기 위한 거룩)와 그 목적(하나님처럼 되는 것)은 서로 많이 다르다. 고대 근동의 윤리적 기준은 대부분 사회 내의 질서 혹은 비질서와 관련되는 반면에, 이스라엘에서 주된 초점은 하나님과의 관계 및 인간이 하나님의 거룩하심을 따라 살아가고자 할 때 무엇이 옳고 무엇이 그른지에 맞춰진다. 마찬가지로 우리는 고대 근동에서 이스라엘에서와 같은 유사한 의식이 수행되는 것을 발견하지만, 그것들은 아주 다른 이데올로기에 의해 수행된다.

이런 이유 때문에 우리는 고대 근동의 사고 안에서 "타락" 같은 어떤 것도 기대하지 않는다. 하나님과의 관계가 깨어지는 일에 대해 생각하기 위해서는 고대 근동 사람들이 먼저 자신들을 하나님과의 관계 안에 있는 존재로 보아야만 한다. 그러나 고대 근동에서는 신도 사람도 "위대한 공생"이라는 범위 밖에서 이루어지는 관계를 바라지 않았다. 우리가 구약성서에서 발견하는 것은 이스라엘의 독특한 신학을 낳은 하나님의 계시에 대한 성찰이다. 그러므로 잃어버린 세계를 회복하기 위해 필요한 것은 고대 근동에 관해 더 많은 것을 배우는 일이 아니

---

17 고대 근동의 상황에 관한 더 상세한 내용으로는 John H. Walton, *Ancient Near Eastern Thought and the Old Testament: Introducing the Conceptual World of the Hebrew Bible* (Grand Rapids: Baker Academic, 2006)을 보라.

18 이에 대해서는 Karel van der Toorn, *Sin and Sanction in Israel and Mesopotamia: A Comparative Study* (Assen: Van Gorcum, 1985)에서 상세하게 논의되고 있다.

라, 구약성서 본문이 신약성서에서 해석되는 방식을 살피고 또한 교회사를 통해 이루어진 그 본문에 대한 신학적 이해의 명확한 표현을 고려하기에 앞서 그것을 그것의 고대의 문맥 안으로 가져가는 것이다.[19] 이는 후대의 발전에 대한 거부를 의미하지 않는다. 그러나 구약성서 본문을 그것이 나타난 상황 속에서 이해하기 위해서는 고대의 상황 속에서 그 본문의 틀을 만들었던 문제를 살펴보는 것이 중요하다.

결론적으로 창세기 3장은 최초의 죄에 관한 이야기라기보다 질서가 잡히는 과정 중에 있는 세상 속으로 (죄에 의해 초래된) 비질서가 잠식해 들어오는 일에 관한 이야기라고 할 수 있다. 이는 인간의 대표자들이 비극적이게도 그들의 창조주로부터 독립을 선언했을 때 인간이 어떻게 하나님의 임재에 대한 접근권을 잃어버리게 되었는가에 관한 이야기다. 이는 문학적으로 그리고 신학적으로 각각의 인간의 악한 상태에 관해서보다 인간 집단이 어떻게 하나님으로부터 멀어지게 되었는지(소외)에 대해 더 많은 관심을 갖는다(전자의 사실을 약화시키려는 의도를 갖지 않은 채 그렇게 한다).

관점의 차이에 대한 유사한 성찰이 우리가 신학적 인류학에 관해

---

19 죄에 대한 개신교의 이해의 많은 부분은 바울보다는 Augustine에게 빚을 지고 있다. Augustine와 타락에 관한 더 많은 논의로는 Willemien Otten, "The Long Shadow of Human Sin: Augustine on Adam, Eve and the Fall," in *Out of Paradise: Even and Adam and Their Interpreters*, ed. Bob Becking and Susan Hennecke (Sheffield: Sheffield Phoenix, 2010), pp. 29-49을 보라. Augustine는 신플라톤주의, 금욕주의, 영지주의와 펠라기우스주의와 도나투스주의를 반박하고자 하는 갈망에 무겁게 영향을 받았다.

아담과 하와의 잃어버린 세계

생각하는 방식에서도 나타날 수 있다. 우리는 개인으로서 우리가 누구인지 그리고 어떤 부분이 우리를 영원히 규정할지에 관해 논의할 때 대개 육신, 혼, 영에 관해 말하는 데 익숙하다. 이집트인들은 (ba와 ka 같은 용어를 사용해서) 목적론(teleology)의 측면에서 인간에 관해 말하면서 내세에 대한 관심을 드러냈다. 대조적으로 바빌로니아인들은 그보다는 인간을 태초론(protology, 즉 우리를 규정하는 것으로서의 인간의 기원에 관한 논의)의 측면에서 생각하는 경향을 보인다. 고대 이스라엘인들이 사용했던 용어들(종종 각각 "혼"과 "영"으로 번역되는 nepeš와 rûaḥ)은 하나님에 대한 우리의 관계를 규정하는 데 도움이 되는 것들이다.

혼(nepeš)은 하나님에 의해 제공되고(창 2:7, 개역개정에서는 "생기"로 번역된다—역주) 인간이 죽을 때 인간에게서 떠난다(창 35:18). 흥미롭게도, 하나님 역시 혼이라는 특징을 갖고 계시다. 혼은 사람이 갖고 있는 무엇이 아니다. 혼은 사람 자신인 그 무엇이다. 이는 생명이며 피와 연결되어 있다(레 17:11). 대조적으로 영(rûaḥ)은 활기를 북돋고 의식 및 활력과 상관이 있다. 각 사람은 하나님의 영을 갖고 있으며 그것은 사람이 죽을 때 그분에게로 돌아간다. 하나님의 영은 인간의 생명을 유지시켜준다. 이런 식으로 우리는 그것들을 심리적 구성 요소보다는 관계적이고 신학적인 구성 요소로 이해할 수 있다.[20] 내세에는 혼도

---

20 이에 대한 더 상세한 논의로는 Walton, *Ancient Near Eastern Thought*, pp. 210-14 을 보라.

영도 존재하지 않는 것으로 간주된다.

이 모든 것은 어떤 차이를 만들어낼까? 이는 죄가 실제 과거에 살았던 실제 사람들에 의한 선택 때문에 시간의 어느 지점에 세상 속으로 들어왔으며, 이런 선택이 우리 모두에게 영향을 주었다는 전통적 개념과 다르지 않다. 아담과 하와를 하나님의 임재로부터의 인간 소외를 초래한 성소의 제사장적 대표로 여기는 것은 우리로 하여금 우리의 현재 상황에 관한 질문을 다른 식으로 제기하도록 이끌어갈 수도 있다. 우리는 이 문제를 다음 장에서 살필 것이다. 한편 이는 우리가 갖고 있는 구원의 필요성과 우리를 위한 그리스도의 사역의 중요성과 관련해서는 아무것도 변화시키지 않는다. 그러나 아마도 이는 구원의 문제가 우리가 **무엇으로부터** 구원을 받느냐보다 훨씬 더 중요하게 **무엇을 향해** (하나님의 임재에 대한 새로운 접근권과 그분과의 관계를 향해) 구원을 받느냐 하는 문제임을 상기하도록 도와줄 것이다. 이런 주장이 중요한 것은, 오늘날 너무 많은 그리스도인이 너무 쉽게 자신은 구원과 용서를 받았고 천국에 이르는 길 위에 있다고 여길 뿐, 우리가 지금 이곳에서 매일 하나님과의 관계를 심화시켜나가야 한다는 개념을 진지하게 다루고 있지 않기 때문이다.

아담과 하와의 잃어버린 세계

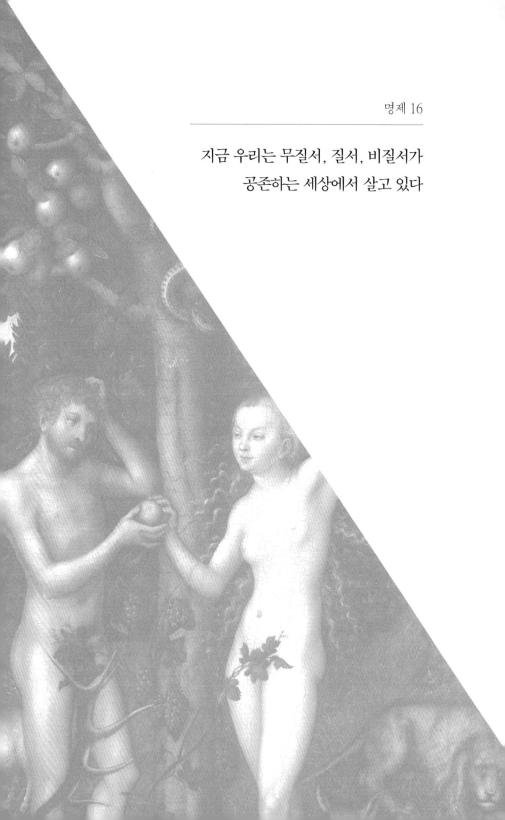

지금 우리는 무질서, 질서, 비질서가
공존하는 세상에서 살고 있다

창세기 1:2에서, 이야기의 시작 단계에 있는 우주는 그 안에 있는 아무것도 마땅히 해야 할 기능을 하지 못하는 상태에 있다(여기에 대한 충분한 논의로는 2장을 보라). 이런 무질서 상태는 우주에 일종의 질서를 가져오는 창조의 행위를 위한 캔버스의 역할을 한다. 이 구절에는 고대 근동의 사고에서 전형적으로 나타나는 무질서에 대한 전통적인 기술어들이 포함되어 있다. 바다(깊음)와 흑암이 그것이다. 또한 이 구절은 활동할 준비를 하고 있는 하나님의 영(혹은 바람)에 대해 묘사한다.[1] 이집트의 우주론 중 몇 가지에서도 바람(아문[Amun] 신의 현현)이 창조 활동의 시작 단계에서 모종의 역할을 한다.[2]

하나님은 이런 무질서 상태에서 명령을 통해 질서를 세우기 시작하신다. 고대 근동에서 이집트 본문 중 하나(샤바코[Shabako]의 비석에 실려 있는 멤피스 신학[Mempite Theology])는 발설된 말을 통한 창조에 대해 언급한다. 그러나 더 중요한 것은 수메르와 바빌로니아의 자료 전반에서 신들이 말로 우주의 구성원들의 운명을 정함으로써 (최초로

---

1   여기에 대한 충분한 논의로는 John H. Walton, "The Ancient Near Eastern Background of the Spirit of the Lord in the Old Testament," in *Presence, Power and Promise: The Role of the Spirit of God in the Old Testament*, ed. David G. Firth and Paul D. Wegner (Downers Grove, IL: InterVarsity Press, 2011), pp. 38-67, 특히 pp. 39-44을 보라.

2   Mark Smith, *On the Primaeval Ocean: Carlsberg Papyri 5*, CNI Publications 26 (Copenhagen: Museum Tusculanum Press, University of Copenhagen, 2002), pp. 53-63, 194. 더 이른 시기의 본문 중에서 공기의 신 슈(Shu)는 창조 활동을 할 때 자신의 입에서 나오는 돌풍을 사용한다.

그리고 해마다) 질서를 초래한다는 것이다. 무언가의 운명을 정하는 일은 곧 그것에게 어떤 역할과 기능을 부여하는 것이다.[3] 바로 이것이 질서가 세워질 때 이루어지는 창조 행위다. 그러므로 고대 세계에서 창조 과정에서 발설된 말이 효험을 나타내는 것은 흔한 일이었다.

하나님의 창조 활동은 이 무질서한 상태에 질서를 부여하는 일로 규정된다. 이 일은 하나의 과정을 통해 여러 단계를 거쳐 수행될 것이다. 하나님이 질서를 부여하셨을지라도, 여전히 무질서의 여러 측면이 남아 있었다. 비록 경계가 정해져 있기는 했으나, 여전히 바다(깊음)가 있으며 흑암이 있었다. 동산 밖은 동산 안보다 질서가 덜 잡혀 있었다. 하나님이 부여하신 질서는 질서를 가져오는 지속적인 과정에서 하나님과 함께할 수 있도록 그분의 형상대로 지음을 받은 사람에게 집중되었다. 그러나 그보다 중요하게, 질서는 성소로서의 우주에 질서를 부여하는 일에 집중되었다.

이 최초의 질서 지움은 자연의 재앙, 고통, 혹은 죽음을 제거하지 못했을 것이다. 우리는 이런 것들을 질서가 잡힌 세계의 일부로 여겨야 할 필요가 없다. 하지만 이것들은 하나님의 통제 너머에 있지 않고 종종 긍정적인 결과와 결부될 수도 있다.[4] 무질서 전체는 새로운 창조

---

3 여기에 대한 충분한 논의로는 John H. Walton, *Genesis 1 as Ancient Cosmology* (Winona Lake, IN: Eisenbrauns, 2011), pp. 37-62을 보라.

4 Mark Harris, *The Nature of Creation: Examining the Bible and Science* (Durham, NC: Acumen, 2013), p. 147. 그는 "고난과 죽음은 순전한 악이 아니다. 설명해야 할 미

아담과 하와의 잃어버린 세계

가 이루어지기 전까지는 사라지지 않을 것이다. 요한계시록 21장에서 우리는 "바다도"(1절), 아픔이나 죽음도(4절), 흑암도(23-25절) 없을 것이라는 말을 듣는다. 성전도 없을 것인데, 이는 하나님이 밖으로 나아갈수록 거룩함의 정도가 낮아지는 동심원과 달리 모든 것에 임하실 것이기 때문이다(3, 22절). 하나님은 인간과 함께 계실 것이고 그의 하나님이 되실 것이다(3절). 하나님과 인간의 관계는 남편과 아내의 관계라는 이미지를 통해 설명된다(2절). 이는 단순히 에덴의 회복이나 타락 이전 상황으로의 회귀가 아니다. 새로운 창조는 그 이전에는 결코 존재한 적이 없었던 질서라는 특징을 지닌다.

이런 식의 사고 안에서 고통과 죽음이 "좋은" 것(질서 잡힌 상태; 5장을 보라)의 일부로 간주되어야 할 이유는 없다. 이는 아직은 최종적으로 해소되어 완전하게 질서 잡힌 세계의 일부가 되지 않은 것들이다. 타락 이전의 세계는 계속해서 질서를 가져오기 위해 시작된 계획과 공존하던 질서와 무질서의 조합이었다. 그러나 질서를 향한 이 과정은 비질서의 틈입으로 인해 저지되었다. 혼돈의 생물인 뱀은 무질서한 세계의 일부였다. 그러나 그것의 간섭으로 인해 사람들이 그들 스스로 지혜와 질서의 근원과 중심이 되고자 했을 때 비질서가 시작되었다.

이런 식의 이해는 앞 장에서 제시된 진술에 대한 설명을 제공한다.

묘한 것들이 있다"고 주장한다. 육식동물에게 먹이를 제공하시는 하나님께 바치는 찬양에 주목하라(욥 38:39-41; 시 104:21; 147:9).

사람이 지혜의 근원과 중심이 되고자 했을 때, 그로 인한 결과는 그가 중심이 된 질서가 아니라 죄가 지배하는 비질서였다. 사람은 자신이 중심이 된 질서를 자기 스스로 세울 수 없었다. 이것이 초래한 비질서는 모든 세대의 모든 사람에게는 물론이고 온 우주로 확대되었다. 그리고 인간이 하나님의 임재 안에서 누리던 생명은 몰수되었다.

그로 인해 첫째로, 지금 우리는 부분적으로 **무질서**(non-order)의 특징을 지닌 세상에서 살고 있다. 이는 질서가 잡히는 과정─그 과정은 인간이 창조 시에 부여받은 역할을 이행하지 않았기에 중단되었다─안에 여전히 무질서가 남아 있기 때문이다. 이 무질서는 자연재해, 질병과 고통, 그리고 다른 많은 것 안에서 드러난다. 죄는 우리의 현재 상황이 노정하는 모든 모습들의 원인이 아니다. 오히려 그것들은 창조 내의 질서를 시행하지 못하는 인간의 무능력을 예시한다.[5] 나는 이 범주 안에 최소한 얼마간의 마귀의 활동을 추가시키고 싶다. 그것이 무질서한 세상의 일부이자 무질서를 초래하는 무도덕적이고 무의지적인 영적 세력일 수도 있다는 전제하에서 말이다. 이는 마귀가 복음서에서 드러내는 모습과 일치한다.

둘째로, 우리는 **질서**(order)라는 특징도 지닌 세상에서 살고 있다. 왜냐하면 바로 그것이 창조가 수립한 바이기 때문이다. 우리는 하나님

---

5 물론 우리는 죄가 이런 것들 중 일부의 원인이 될 수 있다는 것을 인정한다. 어떤 이들은 죄 때문에 질병을 경험할 수 있다(예를 들어 성병 같은). 그리고 자연 재해는 간접적으로 인간의 무책임한 행위와 연결될 수 있다(석유 유출, 고엽 작전, 온실 가스 등).

아담과 하와의 잃어버린 세계

이 가져다주셨고 계속해서 가져다주고 계시는 질서의 혜택뿐 아니라 그리스도의 사역을 통해 수립된 하나님 나라의 질서의 혜택도 누리고 있다. 더 나아가 인간은 역사 기간 내내 발견과 발명, 기술, 그리고 산업을 통해 질서의 혜택을 가져왔다. 그러나 질서를 가져오는 바로 이런 인간의 발전은 동시에 종종 비질서를 초래하기도 한다. 왜냐하면 너무 자주 우리는 앞으로 나아가는 과정에서 우리가 성소의 청지기라는 사실을 인정하기보다는 우리 자신의 이기적인 목적이 우리(질서의 중심으로서의 우리 자신)를 이끌도록 하기 때문이다.

셋째로 그리고 결론적으로, 우리는 **비질서**(disorder)라는 특징을 지닌 세상에서 살고 있다. 이 비질서는 우리가 환경을 해치고, 서로를 해치고, 우리 자신을 해치는 방식에서 발견된다. 비질서는 죄의 결과다. 그리고 이는 계속해서, 애초에 우리가 되도록 계획된 선한 존재가 되지 못하는 우리의 무능력을 드러낸다. 죄로 인한 여러 가지 해로운 결과 중에는 우리가 제대로 역할을 하지 못하는 피조물이 된 일이 포함되어 있다. 우리가 겨우 만들어내는 얼마 안 되는 질서는 하나님이 우리에게 기대하셨던 바에 대한 서투른 모방에 불과하다. 이처럼 질서가 지연되고 비질서가 만연한 상태에서 만물은 신음하고 있다(롬 8:19-22). 비질서가 만연한 것은 죄의 결과다. 죄는 대부분 기본적으로 우리 자신이 하나님보다 더 잘할 수 있다고 생각하는 것을 통해 드러나는데 이는 지금도 여전히 우리 모두를 사로잡고 있는 망상이다.

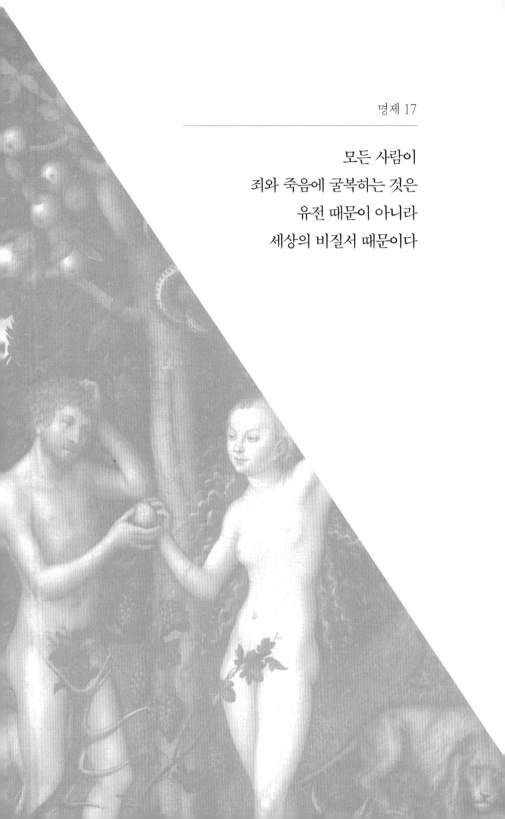

모든 사람이
죄와 죽음에 굴복하는 것은
유전 때문이 아니라
세상의 비질서 때문이다

우리 모두는 신학적·성서적·경험적으로 죄가 우리 각자에게 특별하며, 집단적으로 우리 모두에게 보편적이며, 그 정도에 있어 심각하며 단지 행위에 그치지 않는다는 데 동의한다. 이런 죄는 치유가 필요하다. 성서에서는 우리가 어떻게 죄에 감염되는지가 분명하게 드러나지 않는다. 과학도 주석도 답을 제공하지 않는다. 하지만 아마도 이것들은 제시된 답과 함께 문제를 확인해줄 수 있을 것이다. 결국 우리는 불가피하게 성서가 배제하지 않는 다양한 설명을 접하게 될 것이다. 그로 인해 우리는 무엇이 가장 적절한지를 결정해야만 한다.

원죄

어째서 그리고 어떻게 해서 모든 사람이 죄와 죽음에 굴복하게 되었는가? 이 책은, 비록 약간의 언급은 하겠지만, 원죄의 복잡한 사항 즉 어떻게 죄가 모든 인간에게 퍼지고 우주에 영향을 주었는지를 철저하게 탐구하지는 않는다. 이런 문제들은 교회사 내내 논쟁거리가 되어왔다. 다음의 몇 가지 경고가 우리의 간략한 논의를 시작하는 데 도움을 줄 수 있을 것이다.

1. 우리가 하나님이 완전하게 만들기 위해 여전히 일하고 계신 아직 충분히 질서가 잡히지 않은 세상으로부터 부정적으로 경험하는 것과, 인간에 의해 세상 속으로 들어온 비질서로부터 경험하는 것을 구별하

는 것이 중요하다(앞 장의 논의를 보라).

2. 악에도 범주들이 있으며 그것들 모두가 죄와 연관되어 있지는 않다는 것(예를 들어 "자연의 악"이라고 불리는 것이 있다)을 인식하는 것이 중요하다. 예를 들어, 우리는 경험적 악(모든 수준의 무질서와/혹은 비질서로 인해 나타나는 불편함), 개인적 악(타인에게 고통을 초래하는 반사회적 행위), 징벌의 결과(하나님에 의해 혹은 사람들의 악과/혹은 비질서의 영속화를 벌하거나 단념시키도록 위임을 받은 통치자들의 행위로 인해 나타나는 불편함), 그리고 죄(하나님과의 관계를 손상시키는 의식적/도덕적 잘못)를 구별해야 한다. 대부분의 사람들은 이 모든 것을 가리키는 데 "죄"와 "악"을 별다른 구별 없이 사용하고 있다.[1] 이것은 유감스러운 일이다. 왜냐하면 악의 문제는 사람이 접하는 죄의 문제보다 훨씬 더 큰 논쟁거리이기 때문이다.

그런데 아담과 하와보다 앞선 사람들 혹은 그들과 동시대인들을 가정하는 과학적 이해를 갖고서 죄와 타락에 관한 성서적이고 신학적인 주장들을 통합하고자 할 경우, 더 큰 신학적이고 철학적인 문제를 넘어서 보다 특별한 쟁점 하나가 제기된다. 이는 어떻게 해서 그들 모두가 죄에 굴복하게 되었는가 하는 것이다. 결국 인간이라고 생각되었던 가장 이른 시기의 사람들 안에서 발생한 폭력에 대한 인류학적 증

---

1   나는 이 유익한 범주들을 구분할 수 있게 해준 Jonathan Walton에게 감사한다.

292   아담과 하와의 잃어버린 세계

거는 역사상 악한 행위(적어도 인간적인 악)가 없었던 때는 결코 없었다는 것을 알려준다. 그러므로 이런 논의는 책임의 문제를 중심으로 전개되어야 한다. 이와 관련해 로마서 5:13의 바울의 진술은 중요한 통찰을 제공한다. "죄가 율법 있기 전에도 세상에 있었으나 율법이 없었을 때에는 죄를 죄로 여기지 아니하였느니라."

책임의 문제에서 시작할 경우에 우리는 **율법**을 우리가 옳고 그른 것을 이해하도록 돕는 것으로 이해할 수 있다. 이는 상대적이며(예를 들어, 어느 특정한 날에 거리의 어느 특정한 쪽에 주차하는 것을 금하는 법처럼) 또한 그러하기에 도덕에 근거한 것이 아닐 수도 있고, 혹은 도덕적 쟁점에 근거하고 본질적으로 율법의 특성을 통해 계시된 하나님의 바람과 일치하는 절대적인 것일 수도 있다. 이 논의에서 우리는 오직 후자의 범주에만 관심을 갖는다. 율법이 확인되거나 하나님의 바람이나 속성이 알려질 때, 이런 정보를 얻은 이들은 책임을 갖게 된다. 내가 "책임을 갖게 된다"는 말로 의미하고자 하는 것은, 이제 그들이 위반의 죄를 지은 것으로 간주될 수 있으며 따라서 그 법을 정한 이(우리의 논의에서는 하나님)가 내리는 벌을 받게 될 수 있다는 것이다. 책임이 있는 혹은 책임이 없는 자연의 결과들이 있을 수 있다.

이런 추론에 따르면, 설령 아담과 하와보다 앞서거나 공존했을 사람들의 집단이 죄로 간주되는 활동에 개입했다고 할지라도, 그들은 거기에 대해 책임이 있지 않았다고 할 수 있다. 율법이나 계시가 없는 곳에는 죄도 없다(관계에 대한 의식도, 불멸도 없다). 이런 시나리오 안에서 아담과 하와의 죄는 책임을 초래함으로써 온 인류에게 죄를 가져오는 것으로 이해될 수 있다. 로마서 5:13에서 나타나는 바울의 견해를 따라 우리는 책임이 세상 안으로 들어올 때 죄도 세상 안으로 들어온다고 추론한다. 아담보다 앞섰던 어떤 이들도, 비록 그들이 하나님의 피조물로서 그분과 관계하고 있었을지라도, 잃어버릴 수 있는 개인적이고 의식적인 하나님과의 관계를 갖고 있지 않았다. 그러므로 그들이 행한 어떤 것도 관계를 위태롭게 하지 않았다. 그들은 (그분의 형상을 입고 있었기에) 하나님과 궁극적인 관계를 가질 가능성을 갖고 있었다. 하지만 그들은 오늘 우리가 가진 것보다 더 많은, 죄로 인해 초래된 비질서를 다뤄야 할 필요는 없었다.[2]

책임에 관한 생각으로부터 죄의 교리에 관한 생각으로 넘어갈 때, 우리로서는 현재 우리가 갖고 있는 교리에 영향을 주는 다양한 자료들을 구분할 필요가 있다. 아우구스티누스는 바울이 말하는 내용 너머로 나아갔고, 바울은 창세기가 말하는 내용 너머로 나아갔다. 설령 그들이 죄의 실재를 이해하고 있을지라도, 구약성서의 신학 안에는 타락에 대해 단언해야 할 명백한 필요가 존재하지 않는다. 바울에게서조차 그의 저술 전반에서 강조되는 것은 원죄가 아니라 구세주에 대한 필요다.[3]

---

2 나는 이런 통찰을 얻게 해준 Jonathan Walton에게 감사한다.
3 Mark Harris, *The Nature of Creation: Examining the Bible and Science* (Durham, NC: Acumen, 2013), pp. 145-46.

아담과 하와의 잃어버린 세계

아우구스티누스와 이레나이우스

오늘날 대부분의 개신교 신학의 토대가 되는 죄의 모델은 바울 자신이 아니라 바울에 대한 아우구스티누스(Augustine)의 읽기에 의해 해석된다. 죄에 대한 아우구스티누스의 견해는 아담에 대한 그의 특별한 이해의 시작 단계에서 이미 전제되어 있다. 그는 이런 이해를 성서 본문에 명백하게 진술되어 있는 내용보다 신학적으로 추론한 것으로부터 얻어낸다.

아우구스티누스는 아담과 하와를 원래 아주 고귀한 존재로 묘사한다. 그는 창세기 2장과 3장의 진실을 넘어서 그리고 종종 그것과 맞서서 그들에게 자유의지, 완전한 건강, 완전한 지식, 생명나무의 열매를 먹음으로써 얻는 불멸의 기회, 죄를 짓지 않을 능력, 선을 택하는 성향, 그리고 이런 복된 상태를 지속할 수 있는 능력을 부여한다.[4]

---

4   Patricia A. Williams, *Doing Without Adam and Eve: Sociobiology and Original Sin* (Minneapolis: Fortress, 2001), p. 42. 이 개요는 Augustine의 초기 작품인 *On Genesis Against the Manichees*와 말년의 작품인 *Confessions*(11권과 12권)을 포함해 그의 여러 저술의 결론으로 나왔지만, 그 내용은 주로 *Literal Commentary on Genesis*에 반영되어 있고 최종적으로는 *City of God*의 11권에서 세련된 형태로 나타난다. 교부들의 저술 중 선별된 발췌문들은 Anrew Louth, Marco Conti, eds. *Genesis 1-11*, Ancient Christian Commentary on Scripture (Downers Grove, IL: InterVarsity Press, 2001)에 편리하게 모여 있다.

우리에게는 원죄에 대한 아우구스티누스의 견해를 충분히 다룰 만한 시간도 없으며, 이 책은 그러기에 적절한 지면도 아니다. 다만 여기서는 몇 가지 기본적인 (그리고 불가피하게 환원주의적인) 관찰 의견을 제시하는 것만으로 충분할 것이다. 아우구스티누스의 모델은, 죄가 우리가 태어날 때 세대에서 세대를 거쳐 전해진다는 것이다. 그러나 물론 그 시대에 사람들은 일반적으로 생물학을 제대로 이해하지 못했다. 더 구체적으로 말하면 유전학에 대해 전적으로 무지했다. 생물학과 유전학에 대해 더 많이 알면 알수록, 아우구스티누스의 모델은 그만큼 더 가능성이 없어진다. 더 나아가, 만약 그의 출발점(아담에 대한 견해)이 논쟁거리가 될 수 있다면, 이 모델의 나머지 부분은 위험해진다. 만약 그동안 아우구스티누스의 모델이 두 가지 측면 모두(출발점과 메커니즘)에서 결함을 드러내왔다면, 우리는 이것이 우리의 까다로운 논의를 견디지 못하고 붕괴되리라고 생각할 수 있을 것이다. 하지만 그동안 이 이론은 신학적 사고와 발전의 역사 속에 깊숙이 파고들어왔고, 그로 인해 지금은 본래의 뿌리로부터 거의 독립해서 그 자체의 삶을 이어나가고 있다. 어쩌면 지금은 교회가 원죄가 어떻게 형성되고 이해되는지를 재고해야 할 때일 수 있다.

아우구스티누스보다 앞서 이레나이우스(Irenaeus)가 제안했던 다른 안은 아우구스티누스의 모델에 대해 판도라의 상자와 같은 역할을 하는 요소를 많이 갖고 있었다. 죄/비질서가 세상 속으로 풀려 들어왔다. 그로 인해 우리 모두는 마치 전염병이나 대기오염처럼 거기에 사로잡

아담과 하와의 잃어버린 세계

했다.[5] 이 두 모델의 차이점 중 하나는, 아우구스티누스의 모델에서 세상이 오염된 것은 우리가 오염되었기 때문인 반면, 이레나이우스의 모델에서 우리가 오염된 세상에 의해 오염되는 것은 바로 그 최초의 행위(그로 인해 비질서가 풀려나 날뛰게 되었다) 때문이라는 것이다.[6]

원죄와 원죄의 유전을 어떻게 정의하든, 우리는 그리스도가 그것에 굴복되지 않은 이유를 설명할 수 있어야 한다. 대부분의 사람들은 동정녀 탄생이 이런 이해에 이르는 핵심이라는 데 동의한다. 하지만 어떻게 해서 그렇게 되는 것인지는 그다지 분명하지 않다. 아우구스티누스의 모델에서 예수가 원죄를 피할 수 있었던 것은 그에게 인간 아버지가 없었고,[7] 따라서 죄가 그에게 전해지지 않았기 때문이었다.[8] 이 견해는 점점 더 문제가 되고 있는데, 이는 죄의 전달이 논리적으로 DNA의 문제일 수 없기 때문이다. 우리는 예수의 DNA의 근원에 대해 말할 수 없기에 오직 신비만 남을 뿐이다. 예수의 아버지 쪽의 DNA는

---

5 이는 창조가 더 이상 "좋지" 않다거나 하나님과의 관계가 더 이상 가능하지 않다는 것을 의미하지 않는다. 여기에 대한 도움이 될 만한 설명이나 구분으로는 I. Provan, *Seriously Dangerous Religion* (Waco: Baylor University Press, 2014), pp. 134-37을 보라.

6 비록 이런 공식화가 Irenaeus의 모델에 기초를 두고 있을지라도, 그가 이것을 이런 식으로 짜 맞추지는 않았다는 데 유의하라.

7 Augustine 시대에 여자는 단순히 인큐베이터로 간주되었다. 씨를 제공하는 것은 남자였다.

8 그러나 이런 주장을 위해 Augustine는 이 모델 안에 죄가 전해지지 않도록 하기 위해 마리아의 무염시태(無染始胎)를 필수적인 요소로 포함시켜야 했다. 개신교가 마리아의 무염시태를 거부하고서도 여전히 죄의 전달에 관한 Augustine의 공식을 받아들이고 있는 것은 흥미롭다.

어떻게 제공되었을까? 그러나 동시에 우리는 예수가 우리와 마찬가지로 온전한 인간이었음을 알고 있다. 우리가 고대의 이론을 현대의 이해에 적용할 때, 마치 마땅히 그래야 하는 것처럼 유전학에 외삽(外挿)되는 아우구스티누스의 모델은 쉽게 기대에 부응하지 못한다.

아우구스티누스의 모델에 대한 또 다른 비판은 그가 로마서 5:12에 대한 라틴어 번역을 사용해 작업했다는 사실로부터 나온다. 이는 그로 하여금 바울이 모든 사람이 "아담 안에서" 죄를 지었다고 말하고 있다고 믿도록 만들었다. 하지만 반면에 그리스어 번역은 사실상 이 구절이 아담이 죄를 지었기 **때문에** 우리 모두가 죄를 짓는다고 지적하면서 "이런 식으로 죽음이 모든 사람에게 이르렀는데, 이는 모두가 죄를 지었기 때문이다"(NIV)라고 말하고 있다고 주장되어왔다. 이는 작은 단어 하나가 어떻게 큰 차이를 만들어낼 수 있는지에 대한 좋은 예다. 그리고 이 경우에 그 결과는 주석가들은 물론이고 신학자들 사이에서도 크고 오랜 논쟁거리가 되고 있다.[9] 이 모든 것은 실제로 어떤 성서적인 그리고/혹은 신학적인 주장이 이루어지고 있는지, 그리고 어떤 주장이 과학적 모델과 조화될 필요가 있는지를 판별하는 일을 매우 어렵게 만든다.

동정녀 탄생이 예수를 하나님으로 구별한다는 것을 인식한다면 아

---

9 Williams, *Doing Without Adam and Eve*, pp. 40-47, 로마서에 관한 모든 전문적인 주석서에 등장하는 논의도 보라.

마도 우리는 (이레나이우스에게 고개를 끄덕이면서) 더 풍성한 결과를 낳는 길을 제시할 수 있을 것이다. (우리가 타락의 본질을 그렇게 규정해 왔던 것처럼) 하나님과 같이 되고자 하는 죄는 하나님**이신** 분을 오염시키지 못한다. 하나님의 아들은 비질서의 근원이 되거나 비질서에 굴복할 수 없다. 왜냐하면 그분은 질서의 화신-의인화된 질서(질서를 통찰하고 추구하는 지혜)-이시기 때문이다. 그러므로 그분의 신적 본성은 그분을 비질서와 타락의 결과에 대해 면역력을 갖게 해준다. 이 세상에서 살 때 그분은 무질서를 정복하셨고(폭풍을 잠잠케 함, 마귀를 내쫓음, 병자를 치유함), 자신의 죽음과 부활을 통해 비질서를 물리침으로써 질서를 부여하셨다.

오염 모델에서 우리는 한 사람이 시내 하나를 오염시키면 그로 인해 그 시내 하류에 사는 모든 이들이 고통을 당할 수 있다는 것을 안다. 회사 하나가 유독성 폐기물을 쏟아 부으면 그로 인해 모든 사람이 암에 걸린다. 어느 한 분야의 산업이 대기를 오염시킬 수 있고 그로 인해 모든 사람이 고통을 당한다. 어떤 이가 자신의 이익만을 추구할 때, 그는 모든 사람에게 해로운 환경을 만들어낼 수 있다. 창세기에서 해로운 환경에는 우리가 "비질서 오염"(disorder pollution)이라고 부를 수 있는 것이 포함된다. 그러나 이 오염의 상태에서는 생태학적 오염에서처럼 모든 피조물이 탄식하고 비질서가 지배한다. 우리 모두가 그 해로운 환경 속에서 태어나고, 보편적으로 그리고 특수하게 그로 인한 고통스러운 결과를 맛본다. 그로 인해 우리 모두에게는 구원이 필요해진다. 우리는 계속해서 그 비질서를 실행하지만, 죄의 결과는 근본적이며 단순히 행위에 국한되지 않는다. 마크 비들(Mark Biddle)은 그 결과를 사회학적 맥락에서 묘사하는데, 그 안에서 하나의 시스템은 전 세대를 망라하는 다수의 개인들 간의 무한한 상호작용을 포함한다. 한 사람의 행위는 죄의 물결에 의해 흔들리는 모든 이들의 위태로운 균형을 뒤흔들며 시스템 전체에 악영향을 준다. 이 시스템의 구성원들이 행하는 수많은 선택과 행위는 거기에 속해 있는 모든 개인에게 지장을 준다. 심지어 시간을 초월해 완전히 자유로운 선택을 하고 그로 인해 진실하게 행동하는 모든 이들의 자유를 제한한다.[10]

우리 모두는 우리의 대표자들이 자신이 질서의 중심이 되기를 바라며 그렇게 되기로 결정했던 최초의 순간 이후 우리의 시스템 안으로 들어온 비질서에 굴복하고 있다. 그것의 표현은 집단적이고 누적적이다.[11] 우리는 세계 내에 존재하는 이런 상황의 희생자일 뿐 아니라, 우리 모두가 이 상황에 기여하기도 한다. 예수는 이런 세상 속에서 태어나셨다(그러므로 그는 모든 면에서 인간이셨고 우리처럼 시험을 받으셨다). 하지만 그분은 세상의 영향에 대해 면역력을 갖추고 계셨고 그것

---

10 Mark Biddle, *Missing the Mark: Sin and Its Consequences in Biblical Theology* (Nashville: Abingdon, 2005), xiii.

11 Ibid., xvii.

아담과 하와의 잃어버린 세계

의 비질서에 기여하지 않으셨다. 그분은 질서의 전형이요 화신이시다.

타락 이전의 죽음

이제 우리는 타락 이전에 죽음이 있었을 가능성을 살피기 위한 토대를 마련했다. 8장에서 우리는 인간이 죽을 운명으로 창조되었다는 개념을 지지하는 정보에 대해 살핀 바 있다. 거기서 우리는 우리 인간이 모두 죽음에 굴복하는 이유에 대한 바울의 진술이, 우리가 죄를 지음으로써 생명나무에서 발견되는 해독제에 대한 접근권을 상실했음을 의미한다고 결론을 내렸다. 또한 5장에서 우리는 죽음과 고통이 단지 비질서에만 속한 것이 아니라 무질서의 일부였을 수도 있다는 개념에 대해 살폈다. 거기서 우리는 어떻게 이런 개념이 창조가 "선하다"는 개념과 모순되지 않는지를 설명했다.

아담과 하와보다 앞서거나 그들과 동시대를 살았던 이들이 존재했다고 여기는 모델에 대해 생각한다면, 우리는 고통과 죽음에 대한 그들의 취약성에 대해 숙고할 필요가 있다. 만약 죽음과 고통이 무질서한 세상 안에 실제적으로 내재해 있고 부분적으로 질서가 잡힌 세상 안에도 여전히 남아 있을 수 있다면, 타락 이전의 어떤 인간도 거기에 굴복해 있었을 것이다. 바울이 주장하듯이(롬 5:13) 오직 율법이나 계시가 있을 때만 죄에 대한 책임이 있는 것이라면, 이 사람들은 결백(innocence, 무죄[sinlessness]가 아니라)한 상태에 있었을 것이다. 왜냐하면 그들은, 비록 하나님의 형상을 갖고 있었을지라도, 아직 무언가에 대한 책임을 갖고 있지 않았기 때문이다. 이 시나리오에서 우리는 약탈, 동물의 죽음, 인간의 죽음, 폭력적인 행위 등을 발견하게 되리라고 예상할 수 있다. 하나님의 형상이 부여되고 성소가 개소된 것이 인간에게 율법과 계시를 통해 책임을 지우는 일의 토대를 제공해주었다. 인간을 대표하는 제사장인 아담과 하와가 죄를 지었을 때, 그들의 죄는 비질서와 책임을 초래했고 죽음에 대한 해독제에 접근하는 것을 불가능하게 만들었다. 이 비질서는 우리가 인간으로 태어날 때 우리 모두에게 영향을 준다. 무질서는 애초의 계획(하나님은 인간 대리 지배자[human vice-regents]와 함께 팀을 이루셨다)을 따라 해소되지 않은 상태이고, 비질서는 그리스도의 사역을 통한 문제 해결의 필요성을 제기했다.

어째서 하나님이 약탈과 고통과 죽음이 존재하는 세상을 창조하시고 그것을 "좋다"고 하실 수 있었는지를 묻는 이들에게, 나는 우리가 이 모든 조각들이 어떻게 서로 어울리는지를 이해해야 한다고 말하고 싶다. "좋다"라는 말씀은 무질서의 한가운데서 형성되고 있던 **질서와 관련되었다. 무질서는 악한 것은 아니었으나 좋지도 않았다.** 하지만 지속적인 질서의 부여를 위한 계획에는 궁극적으로 모든 무질서를 해소시키는 과정이 포함되어 있었다. 우리가 사정이 그러하다고 알 수 있는 이유는, 바로 그것이 새로운 창조의 궁극적 결과이기 때문이다(계 20장). 하나님의 창조 작업에는 질서가 잡힌 세계 안에 어떤 자

아담과 하와의 잃어버린 세계

리를 부여하는 것이 포함되어 있었다. 그러므로 하나님이 무질서한 세계를 (질서를 부여한다는 측면에서) **창조하신다**고 말하는 것은 일관성 있는 말이 될 수 없다. 애초에 물질계는 아직 질서가 잡혀 있지 않았다 (창 1:2). 하나님이 어떤 과정을 사용하실 때마다(그분은 종종 그렇게 하신다), 그분의 의도는 마지막 결과를 통해 계시되며 그 결과에 이르는 각 단계에서는 분명하지 않을 수도 있다.

타락 이전에는 죽음도 고통도 없었다고 믿는 이들은 이런 것을 무질서보다는 비질서와 연관시켜왔다. 물론 우리는 이런 연관이 어떻게 이루어지는지를 쉽게 알 수 있다. 하지만 이런 연관성을 증거를 통해 입증하지 못한다면, 우리는 그보다는 이를 무질서와 연관시키는 것이 성서적이고 신학적인 관점에서 옹호할 만하다고, 또한 그것이 역사와 생물학과 인류학을 통해 보다 많은 지지를 얻을 수 있다고 결론 내릴 수 있다.

예수는 비질서를 해소하고
완전한 질서를 이루시려는
하나님의 계획의 핵심이다

예수의 가르침은 우리가 아담을 어떻게 이해해야 하는지에 대해서는 거의 아무런 정보도 제공하지 않는다. 그러나 예수의 역할 및 그와 아담의 대조는 바울에 의해 몇 차례 언급되었는데, 이는 우리의 논의 과정에서 중요한 위치를 차지한다. 바울의 자료들은 19장에서 톰 라이트(N. T. Wright)에 의한 보충 설명을 통해 다뤄질 것이다. 여기서 우리는 하나님의 계획의 더 큰 움직임과 그 계획 안에서 예수가 수행하는 역할에 대해 살펴볼 것이다.

지금 우리는 비질서에 대한 해결책은 제공되었으나(예수의 죽음이 죄와 사망을 극복했다) 그럼에도 여전히 비질서가 남아 있는 이미/아직(already/not yet)의 상황 속에서 살고 있다. 더 나아가, 질서를 가져오는 지속적인 과정은 하나님이 과거에 시작하신 일의 다양한 국면을 통해 이해될 수 있는데, 그 일은 새 창조 안에서 이루어질 최종적인 완성을 기다리고 있다.

앞에서 제시된 설명에 따르면(3장), 창세기 1장의 우주론은 무질서의 상황 속으로 질서를 가져온다는 개념을 중심으로 이루어졌다. 창조에 대한 이런 식의 사고는 고대 세계에서 일반적이었는데, 이것이 창세기에서 제시될 때 그 본문과 아주 잘 어울렸다. 이 질서의 기초는 다음과 같이 두 부분으로 이루어져 있는 것 같다. (1) 이 질서의 초점은 하나님의 형상대로 지음 받은 인간이었다. (2) 질서의 중심은 하나님의 임재가 나타나는 곳이었다. 우주는 하나님이 그 안에 거처를 정하셨을 때 성소가 되었다. 그리고 그분의 임재는 그곳에 질서를 가져다주었다. 그러나 그분이 이렇게 질서가 잡힌 우주를 세우신 까닭은 그것이 사람을 위해 어떤 역할을 하도록 하시기 위함이었다. 이런 신학적 이미지는 하나님이 그분의 백성과 어떤 방식으로 관계하고자 하시는지, 그리고 그분의 임재가 어떻게 불가피하게 우리의 세계에 질서를 가져오는지와 관련되어 있다.

예수는 하나님이 우주에 질서를 가져오시는 지속적인 과정에서 중요한 역할을 감당하신다. 이는 골로새서 1:15-23이 묘사하는 기독론에서 두드러지게 나타난다. 만약 우리가 이 구절을 이 책에서 제시된 개념에 비추어 살펴본다면 어떤 관찰 결과가 나타날 수 있을까? 어떤 새로운 해석적 가능성이 제기될 수 있을까? 어떻게 바울은 정교한 설명을 통해서든 혹은 보완을 통해서든 창세기의 문제들 중 몇 가지를 해결할 것인가? 이런 관점에 유념할 때 우리는 그 구절에서 다음과 같은 내용을 발견한다.

- 그리스도는 보이지 않는 하나님의 참된 형상이시다(창 1장으로 거슬러 올라감).
- 그는 모든 피조물보다 먼저 나셨다(그분을 아담보다 우위에 놓음).
- 그분 안에서 만물이 창조되었다(그분을 창 1장의 내용을 포함해 모든 창조 행위를 했던 창조주와 특별하게 동일시함).
- 그분은 만물, 즉 보이는 것과 보이지 않는 모든 것을 창조하셨다(앞의 요점이 **누가** 창조주이셨고/지금도 창조주이신가를 확인해주었다면,

아담과 하와의 잃어버린 세계

이번 것은 그분이 무엇을 창조하셨는가를 다룬다. 그리고 거기에는 보이는 것에 속한 인간의 영역 안에 존재하는 물질과 기능/질서 모두가 포괄적으로 포함된다).

- 그분은 모든 영적 권세를 창조하셨다(창조의 범위를 영적 영역까지 포함하도록 확장함).
- 그분은 만물보다 먼저 계셨다(그러하기에 의존적이지 않다).
- 그분 안에서 모든 것이 하나가 된다. (만물이 그리스도 안에서 하나가 되는 여러 가지 방식 중 이제 우리는 그분이 질서의 중심이요 근원이 되시는 것—하나님께 속해 있고 타락한 아담과 하와가 갈망했던 역할이다—을 포함시킬 수 있다.)
- 그분은 교회의 머리이시며 죽은 자들 가운데서 먼저 나신 분이다 (질서를 가져옴, 비질서를 해소함).
- 하나님의 충만하심이 그분 안에 거하신다. (그래서 그분은 질서의 중심이신 하나님과 경쟁하지 않으신다. 그분 자신이 하나님이 늘 그래 오셨던 것처럼 질서의 중심이시다. 또한 그분은 아담이 하지 못했던 것을 이루시면서 인간으로서의 역할을 수행하신다.)
- 그분을 통해 만물이 하나님과 화해한다. (그리스도는 죄라는 비질서와 죄로 인해 초래된 비질서를 해소하시는 것처럼 또한 새 창조를 통해 무질서에 대한 영원한 해결책을 제공하신다.)
- 우리는 그분의 피를 통해 화평을 얻는다("쉼"과 연관된 화평).
- 전에는 사람들이 하나님으로부터 소외되었으나, 이제는 그분과 화

목하게 되었다. (그리스도의 죽음을 통해 성취된 많은 것들 중에는 그분이 비질서가 아닌 질서를, 즉 죽음을 통해 생명을 가져오신 일이 포함되어 있다.)

그림 전체를 보기 위해 우리는 역사를 통해 전개된 하나님의 프로그램과 주도권을 살펴볼 필요가 있다.

(진전된 비질서 상태 때문에 발생한) 홍수에 의해 거의 모든 질서가 제거된 후, 고대로부터 알려진 지정학적 질서가 형성되었다(창 10장, 기원전 20세기경에 알려져 있던 세계를 나타내는 민족들의 표[Table of Nations]). 그러나 창세기 11장에서 우리는 이런 지정학적 질서를 형성한 추동력이 특이한 방식으로―우뚝 솟은 탑을 자랑하는 도시를 세우는 일을 통해―나타나는 것을 발견하게 된다.

대부분의 해석자들은 우리가 바벨탑을 지구라트(ziggurat)로 이해해야 한다는 데 동의한다. 지구라트는 고대 메소포타미아의 모든 큰 도시의 특징을 이루는 유명한 탑이었다. 이는 성전과 인접해 세워졌고 성소의 일부였다. 오늘날의 독자는 종종 그 탑에 대해 혼란스러워한다. 그들은 탑을 세웠던 이들이 이를 이용해 하늘로 오르려 했다고 억측한다. 그러나 사실상 모든 증거는 다른 방향을 가리킨다. 지구라트는 신의 하강을 가능케 하기 위해 세워졌고 신이 그렇게 하도록 초청하는 것을 목적으로 하고 있었다. 즉 신이 이 편리한 수단을 이용해 신전으로 내려와 그의 백성의 예배를 받을 수 있게 하자는 것이었다.

아담과 하와의 잃어버린 세계

그러나 창세기 11장에서 문제는 사람들의 동기에서 나타난다. 이미 우리는 고대 세계의 사람들이 신과의 관계에 대해 생각하는 수단인 "위대한 공생"(9장)에 대해 설명한 바 있다. 창세기 11:4에서 사람들이 "우리의 이름을 내"기를 원할 때 문제가 되는 것은 그들의 교만이 아니다(보통 그렇게 해석하고 있다). 오히려 이때 문제가 되는 것은 위대한 공생이다. 사람들은 성소를 짓고 있었다. 하지만 그들은 그들 자신의 유익을 위해, 즉 번성하는 문명의 창설자인 자신의 이름을 높이기 위해 그렇게 했다. 고대 세계에서 이름을 내는 것은 대를 이어 자신에 대한 기억을 남기는 방법이었다. 성소는 하나님의 이름을 높이고 세워야 했다. 그러나 그들은 이를 자신의 상황을 개선시키는 수단으로 여겼을 뿐이다. 아마도 그들은 하나님이 자기들의 아첨을 받고 만족해서 자기들에게 번성을 가져다주시리라고 여겼을 것이다.

그러므로 창세기 11장은 홍수 이후에 사람들이 성소를 재건하려는 움직임에 대한 이야기라고 할 수 있다. 성소는 타락의 여파 속에서 상실되었다. 그리고 위대한 공생을 믿는 사람들은 그것을 되찾기를 원했다. 그런데 불행하게도 그들은 잘못된 생각에 의해 추동되었다. 하나님은 그들의 계획을 기뻐하지 않으셨고 그들의 언어를 혼잡케 하심으로써 그들을 흩으셨다. 이는 그들의 공동체에 무질서를 가져왔고 그들이 자신들의 프로젝트를 완성하는 것을 불가능하게 만들었다.[1] 동시에

---

1   우리가 알 수 있듯이, 그렇게 해서 "바벨탑의 잃어버린 세계" 역시 존재하게 된다.

이는 창세기 10장에서 묘사되고 있는 지정학적 질서를 위한 기초가 되었다.

우리는 어째서 창세기 10장이 바벨탑 이야기보다 앞서 민족들의 표와 함께 배열되어 있는지에 대해 물을 수 있다. 바벨탑 사건이 먼저 일어났음이 분명한 것은, 창세기 10장이 계속해서 다양한 언어들에 대해 언급하는 일을 통해 확인된다. 나는 창세기의 장들이 이와 같이 배열된 것과 관련해 두 가지 이유를 제시하고자 한다. 첫째, 창세기 10장이 창세기 11장보다 앞서 배열된 것은 이야기 줄거리의 초점이 되는 혈통으로 돌아가기 전에 덜 중요한 혈통(예를 들어 가인, 이스마엘, 에서)부터 추적하는 창세기 편집자의 관습 때문이다. 이런 이유로 셈과 아브라함의 혈통으로 돌아가기 전에 노아의 아들들의 역사가 추적된다.[2] 둘째, 이런 배열은 가장 분명하게 창세기 11장과 12장을 병렬시킨다. 창세기 11장(바벨탑 건축 이야기)은 성소를 재건하려는 인간의 주도권과 그것에 대한 하나님의 불승인을 드러낸다. 창세기 12장(언약 이야기)은 성소를 재건하시려는 하나님의 주도권을 나타내는데, 이는 하나님이 자기 백성(아브라함 가문인 이스라엘) 한가운데—처음에는 회막에 그 후에는 성전에—다시 거주할 계획을 세우고 계시기 때문이다.

언약의 의도는 온 세상이 아브라함과 그의 가문을 통해 복을 받게

---

2   한 가지 방주(傍註)를 달자면, 이는 그 탑의 건축자들이 셈의 혈통이었음을 가리키는 것일 수도 있다.

아담과 하와의 잃어버린 세계

하는 것이었다(창 12:1-3). 그 복은 여러 가지 방식으로 나타나지만, 가장 중요한 것은 하나님이 아브라함과 그의 가문을 통해 자신을 세상에 드러내시고 성소의 메커니즘을 통해 사람들과의 관계를 재건하시는 일이다. 창세기는 이 이야기를 끝내지 않는다. 오히려 그 이야기를 시작했을 뿐이다.

출애굽기에서는 언약이 혼란에 빠져 있는 것처럼 보인다. 이스라엘 백성은 그들의 땅에 있지 않고 애굽에서 종살이를 하는 중이다. 하나님의 임재는 어디에서도 보이지 않는다. 그러나 이 책의 이야기가 진행되면서 하나님의 임재가 점차 분명하게─처음에 불타는 가시나무 가운데서, 이어서 역병들, 구름기둥과 불기둥, 마침내 시내산에서의 현현을 통해─나타난다. 이야기는 책의 말미에서 하나님이 이스라엘 백성이 그분의 지시를 따라 세운 회막에 거하기 위해 내려오실 때 정점에 이른다.

일단 하나님이 다시 땅 위에 그분의 거처를 정하신 후, 우리는 이 성전을 에덴동산과 평행하는 것으로 보게 된다. 이는 회막이라는 시각적 이미지뿐만 아니라 회막이 가능케 하는 일을 통해서도 드러날 수 있다. 하나님의 임재가, 에덴에서 그랬던 것처럼, 다시 질서의 중심이자 생명의 근원이 되었다. 율법은 백성을 위해 질서를 세우고, 율법의 준수는 그들에게 생명을 가져다주었다. 생명은 전에 에덴에서 그랬던 것처럼 하나님과의 관계 안에서, 그리고 그분의 임재 안에 거하는 것을 통해서 얻어졌다. 신명기 30:15-20은 이에 대해 다음과 같이 상세히 설명한다.

보라 내가 오늘 생명과 복과 사망과 화를 네 앞에 두었나니 곧 내가 오늘 네게 명령하여 네 하나님 여호와를 사랑하고 그 모든 길로 행하며 그의 명령과 규례와 법도를 지키라 하는 것이라. 그리하면 네가 생존하며 번성할 것이요 또 네 하나님 여호와께서 네가 가서 차지할 땅에서 네게 복을 주실 것임이니라. 그러나 네가 만일 마음을 돌이켜 듣지 아니하고 유혹을 받아 다른 신들에게 절하고 그를 섬기면, 내가 오늘 너희에게 선언하노니 너희가 반드시 망할 것이라. 너희가 요단을 건너가서 차지할 땅에서 너희의 날이 길지 못할 것이니라. 내가 오늘 하늘과 땅을 불러 너희에게 증거를 삼노라 내가 생명과 사망과 복과 저주를 네 앞에 두었은즉 너와 네 자손이 살기 위하여 생명을 택하고 네 하나님 여호와를 사랑하고 그의 말씀을 청종하며 또 그를 의지하라. 그는 네 생명이시요 네 장수이시니 여호와께서 네 조상 아브라함과 이삭과 야곱에게 주리라고 맹세하신 땅에 네가 거주하리라.

그러므로 성소를 회복하고자 하시는 하나님의 새로운 계획은 언약—일정 기간에 걸쳐 더 중요한 수준의 관계로 이어지게 될 관계—과 더불어 시작된다. 언약 관계 안에서 하나님은 아브라함과 그의 가문에게 자신을 계시하신다. 그 후에 그분은 이스라엘(아브라함으로부터 나온 민족)을 택해 자신의 백성으로 삼으시고 그 백성 안에 자신의 거

아담과 하와의 잃어버린 세계

처를 마련하셨다. 이 백성은 자신이 사는 방식으로(사회의 질서를 유지하는 율법), 그리고 그들이 행하는 의식(儀式)으로(이를 통해 성소의 순결함이 보존된다) 새로 세워진 성소의 거룩함을 보존해야 했다. 그렇게해서 하나님의 새로운 계획은 그분의 지속적인 임재를 통해 가능해진 그분과의 관계 안에서 누리는 생명과 질서를 제공해주었다.

그러나 불행하게도 이스라엘인들은 율법을 지킬 수 없음이 입증되었다. 예언자 예레미야와 에스겔은 하나님이 그들을 떠나실 것이고(예를 들어 렘 7장; 겔 10장), 결국 성전은 파괴되고 추방된 백성은 땅을 잃어버림으로써 하나님의 임재가 위태롭게 되는 상황으로 이어질 것이라고 경고하기 시작했다. 그러나 이런 예언자들은 하나님이 그분의 율법을 사람들의 마음에 기록하시는 방식으로 새 언약을 맺으실 일에 대해서도 말하기 시작했다. 고대 세계에서 하나님이 내장(內臟)에 글을 쓰시는 것(대개 점술과 연관된다)은 그분이 자신을 계시하신다는 의미였다(렘 31:31-33; NIV: "마음"[mind], 33절).[3] 이는 이스라엘이 세상에 하나님이 어떤 분이신지를 알려야 한다는 점에서 열방의 빛이라는 것과 동일한 개념을 드러낸다.

이미 아는 것처럼, 이 새 언약은 예수를 통해 성취된다. 그러나 이는 하나님의 임재를 회복시킨다는 계획의 전개와 관련된 예수의 역할

---

3   이에 대한 충분한 논의로는 John H. Walton, *Ancient Near Eastern Thought and the Old Testament: Introducing the Conceptual World of Hebrew Bible* (Grand Rapids: Baker Academic, 2006), 257-58.

중 하나일 뿐이다. 요한복음 1:14에서 우리는 "말씀이 육신이 되어 우리 가운데 거하시매 우리가 그의 영광을 보니"라고 배운다. 이는 회막과 관련해 사용된 것과 동일한 말이다. 그러므로 성육신은 하나님이 그분의 백성 한가운데 임하시는 것을 가능케 하는 역할을 한다. 이런 식으로 예수는 성전을 대체하신다.[4] 또한 예수는 그분의 죽음을 통해 화해를 가져오시며(비질서의 해소) 사람들이 하나님과의 관계 안에 머물게 하는 메커니즘을 제공함으로써 질서와 생명을 가져오신다.

세상을 떠나실 때 예수는 제자들에게 자신이 위로자를 보내실 것이라고 말씀하신다. 오순절에 바벨탑 사건에서 문제가 되었던 것들이 회복된다. 성령 하나님이 내려오셔서 새로운 성소인 그분의 백성—나중에 바울은 우리가 성전이라고 말한다(고전 3:16; 6:19)—안에 거처를 정하신다. 바벨탑 사건 때와 달리, 사도행전 2장에서 하나님이 내려오시고 모든 이들이 그들 자신의 언어로 타인의 말을 이해할 수 있게 되었을 때(행 2:6) 언어의 비질서가 해소된다. 그러므로 새 언약은 추가적인 계시, 즉 성육신과 교회 모두 안에서 나타나는 임재와 관계로 이어진다. 바로 이것이 그리스도를 통한 하나님의 새로운 계획이다. 교회는 하나님이 죄의 비질서를 해소하심으로써 질서를 가져오시는 일에 대한 증거다. 또한 교회는 그것이 세상에서 하나님의 임재의 중심

---

4   Nicholas Perrin, *Jesus the Temple* (Grand Rapids: Baker, 2010). 예를 들어 요 2:19-21에 주목하라.

아담과 하와의 잃어버린 세계

이기에 질서를 대표한다. 교회는 생명을 받았고 그러하기에 세상에서 질서의 중심이다.

하나님의 계획의 마지막 단계는 새 창조에 대해 설명하고 있는 요한계시록 21장에서 나타난다. 바울은 이미 누구든지 그리스도 안에 있으면 새로운 피조물이라고 말한 바 있다(고후 5:17). 그러나 새 창조의 온전한 성취는 에덴동산의 특징이 되었던 것보다 훨씬 높은 수준의 질서, 그리고 하나님의 백성인 우리가 지금 경험하는 것보다 훨씬 높은 수준의 질서를 드러낼 것이다.

요한계시록 21장에서 열거되는 새 창조의 특징은 아래와 같다.

- 요한계시록 21:1; 바다가 없다(창 1:2에서 바다가 무질서가 취했던 최초의 형태였음을 기억하라).
- 요한계시록 21:2; 신랑과 신부(공식화된 관계).
- 요한계시록 21:3; "하나님의 장막이 사람들과 함께 있으매 하나님이 그들과 함께 계시리니"(임재).
- 요한계시록 21:4; 죽음도, 슬픔도, 우는 것도, 아픔도 없다(무질서가 해결됨).
- 요한계시록 21:5; "보좌에 앉으심"("쉼"=통치-질서의 기초임을 기억하라).
- 요한계시록 21:22; 전능하신 주님과 어린양이 성전이시기에 더 이상 성전이 존재하지 않는다(성전은 성소의 핵심이며 그곳으로부터 밖

을 향해 나아갈수록 신성함의 영역이 점차 감소한다. 하나님이 성전을 대체하셨음을 전제한다면, 우리는 더 이상 어떤 감소도 없으며, 모든 곳이 중심이기에 더 이상 중심도 없으리라고 추론할 수 있다).

하나님의 새로운 계획의 이런 전체적인 배열은 아담보다 나은 예수에게 초점을 맞추는데, 예수는 아담과 하와가 이루지 못했던 일을 이루실 수 있었다. 그리스도를 통해 생명과 질서가 획득된다. 그분은 율법(하나님의 임재에 기초를 둔 질서)을 성취하신다. 그분은 언약(하나님의 계시와 화해 프로그램의 정점)을 성취하신다. 그리고 그분은 (질서의 중심이자 생명의 근원으로서의 자신의 자리를 취하실 때) 창조를 완성하신다.

이런 해석에서 아담과 예수의 관계는 더 강력한 방식으로 드러날 수 있다. 아담과 예수는 둘 다 원형적 대표자이며 제사장적 역할을 갖고 있다. 둘 다 생명/죽음 그리고 질서/비질서의 문제와 연관되어 있다. 이런 문제는 다음 장에서 상세히 다뤄질 것이다. 마지막으로, 우리는 아담에 대한 바울의 언급들이 모두 죄, 죽음 그리고 아담과 예수 양자 모두의 신학적이고 원형적인 역할이라는 문제와 연관되어 있음을 알 수 있다. 명백히 신학적인 바울의 언급들은 과학의 문제(예를 들어 아담이 최초의 인간이었는지 혹은 그 시대의 유일한 인간이었는지와 같은)

아담과 하와의 잃어버린 세계

를 다루지 않는다.[5] 이 문제는 20장과 21장에서 상세하게 다뤄질 것이다.

---

5 고전 15:45-47에서 바울이 아담을 최초의 인간으로 언급하는 것이 예수를 마지막 인간으로 그리고 두 번째 인간으로 언급하는 것과 평행을 이룬다는 데 주목하라. 생물학적으로 말하자면, 예수는 두 번째도 마지막도 아니다. 그러므로 우리는 바울의 언급을 본질상 생물학적인 것이 아니라 신학적인 것으로 이해해야 한다.

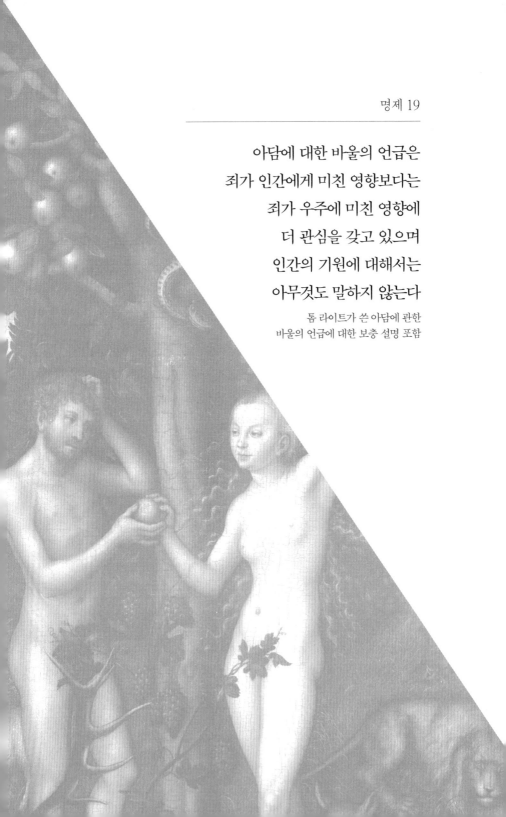

아담에 대한 바울의 언급은
죄가 인간에게 미친 영향보다는
죄가 우주에 미친 영향에
더 관심을 갖고 있으며
인간의 기원에 대해서는
아무것도 말하지 않는다

톰 라이트가 쓴 아담에 관한
바울의 언급에 대한 보충 설명 포함

우리의 주제와 연관된 신약성서의 자료를 좀 더 깊이 살펴보는 방식으로 성서와 특히 바울이 무엇을 주장하고 있는지에 대한 우리의 연구를 계속해보자. 우리는 우리의 신학적 관점과 과학적 관점으로부터 제기되는 다음과 같은 질문으로 인해 산만해져서는 안 된다.

- 바울은 역사적 아담을 믿고 있는가?
- 역사적 아담은 타락에 대한 건전한 신학적 이해와 구속의 필요에 꼭 필요한가?
- 바울은 인간의 기원에 관한 우리의 질문에 대해 무슨 말을 할까?
- 바울의 진술은 원죄에 대한 우리의 전통적 견해를 어떻게 지지하는가?
- 우리 모두는 어떻게 죄인이 되었는가?

오늘날의 질문들과 성서 본문에 대한 고전적인 읽기는, 만약 그것들이 바울이 제기하고 있는 실제적인 주장에 초점을 맞추지 않는다면, 쉽게 우리를 궤도에서 벗어나도록 이끌 수 있다. 그러므로 우리로서는 오늘날 우리가 갖고 있는 질문과 전통적 해석을 제쳐놓고 바울이 자신의 주장을 할 때 제기하는 문제에 초점을 맞추는 것이 중요하다. 이를 위해 우리는 신약성서 학자의 전문지식이 필요한데, 관대하게도 톰 라이트(N. T. Wright)는 이 문제를 다뤄주기로 동의했다. 아래의 보충 설명에서 그는 다음과 같은 두 가지 중요한 개념을 발전시킨다.

- 아담에 대한 바울의 언급은 죄로부터의 구원보다는 대체로 하나님 나라, 즉 창조 프로젝트 전체와 더 많이 관련되어 있다.
- 바울에게 아담과 이스라엘의 소명(이를 "기능"이라고도 부를 수 있다) 사이의 평행은 인간 기원의 문제나 죄의 기원 및 유전의 문제보다 훨씬 더 중요하다.[1]

결과적으로, 우주의 타락 상태가 그리스도를 통해 바로잡히는 일이 더 큰 초점이 된다. 세계는 사람들이 바로잡힐 때에만 바로잡힐 수 있다. 사람들이 그리스도에 의해 구원을 얻을 때, 창조 프로젝트 전체가 제 궤도로 돌아갈 수 있다. 이런 관점에서 읽는다면, 바울은 인간의 물질적 기원에 관해서는 아무것도 말하지 않는 셈이다.

아담에 관한 바울의 언급에 대한 보충 설명

(톰 라이트, 세인트앤드류스 대학교 세인트메리 칼리지)

18세기와 19세기의 과학혁명 이후에 그리스도인들은 아담의 **사명**

---

1 아담과 이스라엘의 소명 사이에서 확인되는 평행은, 아담이 상징적으로 추방 이야기를 전하는 이스라엘을 위한 글리프(glyph, 새겨진 상징물—역주)에 불과하다는 견해로 이어지지 않는다. 이는 내가 Peter Enns, *The Evolution of Adam: What the Bible Does and Doesn't Say About Human Origins* (Grand Rapids: Brazos, 2012; 『아담의 진화』[CLC 역간])에서 제시된 입장에 동의하지 않은 몇 가지 중요한 사항 중 하나다.

(vocation)보다 그의 존재(existence)에 더 초점을 맞추는 위험에 빠져들었다. 더 나쁜 것은, 아우구스티누스와 펠라기우스의 논쟁 이후에 우리가 하나님과 세상에 관한 더 큰 이야기―그중에서도 하나님과 이스라엘에 관한 이야기―안에서 아담의 죄가 수행한 역할보다는, 그동안 우리가 "원죄"라고 불러왔던 문제 즉 아담의 죄가 어떻게 그의 모든 후손에게 전해지는지에 관한 문제에 더 초점을 맞추는 경향을 보였다는 것이다. 우리는 이 짧은 보충 설명을 예비적 고찰에 관한 완전한 진술이라고도 여겨서는 안 된다. 이는 그저 몇 가지 초기 단계의 성찰일 뿐이다. 그럼에도 나는 이것이 몇 가지 유익한 추가적 가능성을 가리키게 되기를 바란다.

우선 우리는 아담이 창세기의 처음 장들 이후에 구약성서 안에서 거의 언급되지 않는다는 점에 주목할 필요가 있다. 이런 이유로 아담이 성서시대 이후 제2성전시대의 본문에서도 논의의 주된 화제가 아니었다는 것은 놀랍지 않다. 이 후기 저술들에서 아담이 언급될 때 이는 종종 그의 죄 및 그 결과가 아니라, 애초에 그가 세계에 대해 가졌던 영광스러운 지배권 및 그것이 회복될 수 있는 방법과 관련되었다. 사해 두루마리 중 하나인 「시편 37편에 관한 해석적 주석」(Pesher on Psalm 37, 4QpPs37)은 "아담의 모든 영광이 그들과 그들의 후손에게 영원히 속하게 될 광야의 참회자들[즉 쿰란 공동체 자신]"에 대해 말한다. 이 구절은 단지 창세기 1장과 2장뿐 아니라, 창조 이야기를 되풀이하고 하나님이 그분이 지으신 인간 피조물에게 "만물을 그들의 발아래에 두심"으로써 "영화와 존귀로 관을 씌우시는" 일에 관해 말하는 시편 8편까지 되돌아보고 있다(시 8:5-6).

우리가 (창세기의 처음 장들 이후에—역주) 아담의 죄에 관한 언급을 발견하는 것은 기원후 1세기 말경에 쓰인 두 권의 책에서다. 이 책들은 「에스라 4서」와 「바룩 2서」라고 알려져 있다(「에스라 4서」는 외경 중 「에스드라 2서」라고 불리는 책의 대부분을 구성한다). 그리고 이 책들은 로마인들이 예루살렘과 예루살렘 성전을 파괴했던 기원후 70년의 무서운 사건의 의미를 설명하기 위해 애쓰고 있다. 책의 저자들은 쫓기듯 태초로 되돌아갔는데, 이는 그들이 이 무서운 민족적 비극을 이해할 수 있는 유일한 길은 이스라엘을 포함해 모든 인류가 어떻게 해서든 처음부터 치명적인 질병으로 인해 부패하게 되었다고 말하는 것이었기 때문이다. 나는 이것이 어째서 바울이 특히 로마서에서 유사한 결론에 이르게 되었는지를 이해하도록 도와줄 수 있으리라고 생각한다. 바울은 "아담의 타락"에 관한 유대교의 이론으로부터 시작하지 않는데, 이는 그런 이론이 존재하지 않았기 때문이다. 그의 성찰은 분명하게 다른 어떤 비극, 그러나 결국에는 승리로 밝혀지는 비극에 의해 자극을 받는다. 이는 이스라엘의 메시아의 십자가 처형과 그의 죽음으로부터의 부활이다. 다소 사람 사울이 그의 생애 초기에 의식하고 있었던 문제—로마의 압제에 의해 그리고 유대인들이 토라를 적절하게 지키는 일에서 실패한 것으로 인해 발생한 정치적이고 신학적인 문제—는 그가 상상했던 것보다 훨씬 더 깊은 문제였음이 메시아의 십자

아담과 하와의 잃어버린 세계

가 사건을 통해 드러났다. 만약 십자가에 달리신 메시아가 그 문제에 대한 하나님의 답이라면, 이는 그가 생각했던 것보다 훨씬 더 나빴을 것이 분명하다.

그러나 그 후에 바울은 아담의 상황의 다른 "쪽"을 발전시켜나간다. 그는 (동시대의 어떤 유대인들처럼) 시편 8편에 의지하면서 창조주가 자신의 인간 피조물에게 주고자 하셨던 영광—그들이 세상을 지배하는 것—이 이미 예수 안에서 성취되었다고, 그리고 이제 놀랍게도 "메시아 안에" 있는 이들에 의해 공유되고 있다고 여긴다. 로마서에서는 이 그림의 양쪽 절반이 모두 중요하다. 아담은 로마서 5장에서 분명하게 언급되지만 또한 다른 여러 곳에서도 암시된다. 많은 학자들은 로마서 1:18-25과 7:7-12의 논의 안에 아담이 숨어 있음을 간파했다. 로마서 6:6이 말하는 "옛 사람"은 거의 확실하게 로마서 5장에서 상술되었던 아담과의 연대를 다시 암시한다. 바울이 로마서 8:17-30에서 말하는 인간의 영광은 시편 8:5이 말하는 "영광"에 대한 설명처럼 보인다. 인간이 영화롭게 될 때, 창조세계 자체가 마침내 적절한 질서 속으로 되돌아갈 것이다.

중요한 것은, 이런 더 넓은 문맥을 분명히 이해하는 일이다. 왜냐하면 그동안 우리는 우주와 인간의 기원에 관한 과학적 연구("아담은 존재했는가?" 혹은 "최초의 아담은 있었는가?")에 의해 제기된 질문을 **구원론과 관련된** 질문, 즉 "최초의 아담"이 성서의 구원 교리를 위해 필요한가 하는 질문과 뒤섞어왔기 때문이다. 그러나 이 미완의 성서적 교리는 종종 시들고 왜곡된 방식으로 제시되어왔다. 이는 종종 다음과 같은 방식으로 작동한다고 간주되어왔다. (a) 하나님은 아담과 하와에게 완전한 순종을 요구하셨다. (b) 그들은 그분의 명령을 어겼다. (c) 예수는 하나님께 완전한 순종을 바치셨다. (d) 그러므로 그분은 신자들에게 유용한 "의"를 갖고 계시다.

지면 관계상 여기서 내가, 어째서 이것이 바울이 말하는 바에 대한 부적절하고 오도하는 견해인지를 설명하기는 어렵다. 지금 우리의 간략한 목적을 위해 더 중요한 것은, 바울이 말하는 아담에 관한 아주 다른 (그리고 매우 성서적인) 이야기에 주목하는 것이다. 창세기에서처럼—창세기 12장에서 나타나는 새로운 출발은 창세기 3-11장의 문제에 대한 하나님의 답을 보여준다—바울의 설명에서도 아담의 문제(여기서는 롬 1:18-30)에 대한 하나님의 답은 아브라함을 부르시고 그와 더불어 언약을 맺으신 일이었다(여기서는 롬 4장). 바울에게 하나님이 메시아 예수와 그의 충성스러운 죽음 안에서 그리고 그것을 통해서 행하신 일은 아브라함과의 언약에도 해당되며 **따라서 아담의 죄와 그것의 결과를 다룬다.** 이것이 바울이 로마서 5:12-21에서 요약하고, 로마서 6-8장에서 더 상세하게 설명하고 확대하고 있는 내용이다.

바로 이것이 내가 제안하는 "바울-과-아담에 관한 논의"(Paul-and-Adam discussion)에 대한 새로운 접근법의 핵심이다(물론 이에 대해서는 더 많은 논의가 필요하다). 첫째, 이런 구절에서 아담에 대한 바울의 설명은 분명히 전통적인 구원론이 아니라 하나님 나라와 관련되어 있다.

아담과 하와의 잃어버린 세계

둘째, 창세기가 말하는 아담의 사명과 성서가 말하는 이스라엘의 사명 사이에는 밀접한 평행이 존재하며, 이를 살필 때 우리는 몇 가지 현대의 수수께끼의 핵심에 이르는 새로운 길을 발견할지도 모른다.

아담과 하나님 나라. 먼저 아담과 하나님 나라에 대해 살펴보자. 오랜 세월 동안 우리가 로마서를 단지 "구원을 얻는 법"에 관한 책으로 읽어왔음에도, 이는 그 책의─심지어 로마서 1-8장이나 로마서 5-8장의─궁극적 요점이 아니다. 로마서 1-8장의 정점은 로마서 8:17-26이 전하는 모든 피조물의 갱신이다. 거기서 메시아 예수는 시편 2편에 대한 언급과 함께 세계의 가장 먼 곳까지를 유업으로 얻는다. 바울은 **이제 온 세상이 하나님의 거룩한 땅임**을 분명히 밝힌다. 바로 이것이 성서가 예언했던 것이고 메시아 예수 안에서 성취된 것이다. 그러나 이 유업은 예수의 모든 백성과 공유된다. 그리고 이런 일이 일어나는 방식은 궁극적으로 그들의 부활을 통해서다. "창조 자체가 부패에 예속되지 않고 자유롭게 되어 하나님의 자녀들이 영광을 얻을 때 나타나는 자유를 누리게 될 것이다"(롬 8:21; N. T. Wright의 사역). 이는 창조가, 어떤 번역들이 잘못 주장하듯이, 영광을 **공유하게** 되리라는 것을 의미하지 않는다. 바울은 시편 2편뿐 아니라 시편 8편도 언급하는데, 시편 8편에서 인간은, 정확하게 창세기 1장에서처럼, 세상보다 높은 영광과 세상에 대한 지배권을 얻는다. 바로 여기에 로마서가 답하고 있는 문제가 있다. 그 문제란, 단지 우리가 악하며 구원이 필요하다는 것이 아니라 우리의 악함이 모든 피조물을 향한 하나님의 계획(이 계획은 인간의 순종을 통해 계속되어야 했다)이 중단되고 보류되었음을 의미한다는 것이다. 그리고 우리가 구원을 얻는 것은, 바울이 분명하게 설명하듯이, 창조 계획 전체가 마침내 제 궤도로 돌아갈 수 있게 하기 위함이다. 인간이 구속될 때 피조물은 안도의 한숨을 내쉬며 이렇게 말한다. "감사해요! 당신들이 문제를 해결했으니 한숨 돌렸어요! 이제 마침내 우리가 상황을 바로잡을 수 있게 되었어요."

바로 이것이 바울이 로마서 5:12-21에서 실제로 말하고 있는 내용이다. 여기서 나는 여러 가능한 요점들 중 로마서 5:17, 21에 주목하고자 한다. 로마서 5:17에서 바울은 우리를 깜짝 놀라게 한다. 그는 "아담 한 사람의 범죄 때문에 그 한 사람으로 말미암아 죽음이 왕노릇 하게 되었다면"이라고 말한다(새번역). 계속해서 우리는 바울이 "그 한 사람을 통해 더 많은 생명이 넘치게 될 것입니다"라고 말하리라고 기대한다. 하지만 그는 그렇게 말하지 않고 대신 이렇게 말한다. "넘치는 은혜와 의의 선물을 받는 사람들은, 예수 그리스도 한 분으로 말미암아, 생명 안에서 왕노릇 하게 될 것입니다!" 아담의 죄는 단순히 그가 죽었음을 의미하는 것이 아니라 그가 세상에 대한 "통치권"을 상실했음을 의미했다. 하나님의 피조물은 인간의 청지기직을 통해 기능하도록 되어 있었다. 그런데 이제 이들은 가시와 엉겅퀴를 낳고 있다. 그리고 이제 하나님의 창조 계획을 제 궤도로 돌려놓기 위해 사람들이 구속을 얻는다. 이 모든 것에 해당하는 단어가 그리스어 바실레우에인(*basileuein*)인데, 이는 "왕노릇 함"(reigning) 혹은 "다스림"(ruling), 다른

아담과 하와의 잃어버린 세계

말로 하면 "나라"(kingdom)를 의미한다. 아담에 관한 바울의 신학은 하나님 나라에 관한 그의 신학이기도 하다. 창세기 저자는 미소를 지으며 이를 수긍할 것이다. 로마서 5:21은 밀도 있게 같은 방향을 가리킨다. 은혜가 "의로 말미암아" 오는 세대의 삶에 대해 왕노릇 할 것이다. 하나님이 사람들을 회복시키시는 것은 그들을 통해 세상을 회복시키시기 위함이다. 이신칭의는 하나님이 사람들을 통해 세상을 바로잡으시기 위해 미리 그들을 바로잡으시는 것을 의미한다.

우리는 고린도전서 15:20-28에서 같은 문제를 다른 각도에서 보게 된다. 다시 한번 바울은 시편을 언급하는데, 이번에는 시편 110편과 다시 시편 8편이다. 그의 말의 요점은 예수가 이미 왕좌에 앉으셨으며, 이미 왕이시고 이미 왕노릇 하고 계시다는 것이다. 다시 말해 **마침내 그가 아담이 되기로 예정되어 있던 상태에 이르렀다는 것이다.** 마침내 순종하는 인간이 우주에 대한 책임을 맡게 되었다. 물론 이것은 바울의 "이미-와-아직의 신학"(now-and-not-yet theology)의 일부다. 예수는 이미 통치하고 계시다. 언젠가는 죽음이라고 불리는 최후의 적이 최종적으로 극복될 것이다. 바울은 고린도전서 15장 맞은편에 창세기 1-3장을 펴놓고 작업을 하고 있다. 창세기에 대한 그의 설명에서 기본적인 것은 이러하다. 하나님은 그분의 놀라운 세상을 인간의 손에 맡기셨다. 그런데 인간의 손이 그 프로젝트를 망쳐놓았다. 그리고 이제 인간이신 메시아 예수의 손이 이를 바로 세우고 정리하고 제 궤도로 돌려놓았다. 그러므로 단순히 바울을 거론하면서 "자, 보라고, 바울도 아담을 믿고 있어"라고 말하는 것은 아무런 소용이 없다. 이는 창세기에 대한 문자적인 읽기를 입증할 뿐이다. 본문에 대한 이런 식의 읽기가 드러내는 것은 바울이나 창세기 중 어느 한쪽을 읽는 전통의 **실패**다. 왜냐하면 바울의 전체적인 요점은 창세기로부터 **아담의 사명**이라는 개념을 끄집어내 그것이 메시아 안에서 성취되었음을 보이는 것이기 때문이다. 이것을 중심에 놓지 않는다면, 우리는 이런 핵심적인 성서 본문의 권위에 순종하지 않는 것이다.

이런 이해는 나를 창세기로 돌려보내, 한편으로는 존 월튼(John Walton)에 의해, 다른 한편으로는 리처드 미들턴(Richard Middleton)과 그레고리 비일(Greg Beale) 같은 저자들에 의해 고무되어 아담의 소명을 살펴보도록 만든다.[2] "형상"(image)이라는 개념은 특별한 영적 재능, 인간이 자신의 유전적 구성 안에 어떤 형식으로든 갖고 있는 은밀한 "특성", 침팬지와 대비되는 인간에 대한 과학적 관찰을 통해 발견될 수 있는 그 무엇을 가리키지 않는다. 형상은 사명, 즉 소명이다. 이는 하나님의 지혜로운 질서를 세상 속에 반영하고 모든 피조물의 찬양을 창조주께 돌리는 **각진 거울**(an angled mirror)이 되라는 부르심이다. 바로

---

2 John H. Walton, *The Lost World of Genesis One: Ancient Cosmology and the Origin Debate* (Downers Grove, IL: InterVarsity Press, 2009); J. Richard Middleton, *The Liberating Image: The Imago Dei in Genesis 1* (Grand Rapids: Brazos, 2005). 『해방의 형상』(SFC 역간); G. K. Beale, *The Temple and the Church's Mission: A Biblical Theology of the Dwelling Place of God* (Downers Grove, IL: InterVarsity Press, 2004). 『성전 신학』(새물결플러스 역간).

아담과 하와의 잃어버린 세계

이것이 왕적 제사장직이 의미하는 바다. 하나님의 세계를 살피는 것은 왕의 일이고, 피조물의 찬양을 요약하는 것은 제사장의 일이다. 그리고 물론 형상은 성전 안에 안치되는 마지막 것이다(여기서 나는 성소의 창조로서의 창 1장과 2장, 그리고 성전 건축의 일곱 단계로서의 창 1장의 7일에 대한 John Walton의 세밀한 설명에 의존한다). 이는 하나님이 그 형상을 통해 그분의 백성 가운데 현존하시고 또한 그분의 백성이 그 형상을 통해 그분께 예배할 수 있게 하기 위함이다. 직전 세대의 성서학 연구의 위대한 성과 중 하나는—이는 적잖이 1세기 유대교에 대한 우리의 새로운 이해 덕분이다—성전이 유대인들의 세계관에 있어 핵심적인 것이었음을 인식하게 된 일이다. 이런 사실은 바울의 편지 곳곳에서 드러난다. 성전은 하늘과 땅이 만나는 곳이었다. 바울이 에베소서 1:10에서 하나님의 목적이 메시아 안에서 하늘과 땅에 있는 모든 것을 통일시키는 것이라고 말할 때, 우리는 그 편지의 나머지 중 많은 부분이 참된 성전으로서의 예수와 교회에 관한 것임을 보고 놀라서는 안 된다. 그러나 여기에 문제가 있다. 그 문제란, 그동안 우리는 이 모든 것의 목적을 "인간이 구속을 얻어 하나님과 교제할 수 있게 되는 것"으로 여겨왔으나, 성서는 "인간이 구속을 얻어 모든 피조물의 찬양을 요약하고 하나님의 현명한 청지기로서 피조물들을 돌볼 수 있게 되는 것"으로 여긴다는 점이다. 창세기, 복음서, 로마서, 요한계시록은 모두 이 문제가 이렇게 진행된다고 주장한다. 인간의 죄가 모든 피조물을 향한 하나님의 목적을 가로막았다. 그러나 하나님은 그분의 형상의 담지자인 인간을 통해 그분의 피조물 안에서 유효하게 작용하도록 되어 있었고 지금도 그렇게 되어야 하는 자신의 창조 목적을 철회하지 않으셨다. 그분은 자신의 형상의 참된 담지자인 메시아 예수를 통해 인간을 죄와 죽음에서 구속하셔서 자신의 애초의 목적이 다시 가동되게 하셨는데, 거기에는 성소를 창조세계 전체로 확대함으로써 물이 바다를 덮음같이 실제로 땅이 하나님에 대한 지식과 그분의 영광으로 가득 차게 하는 일이 포함되어 있었다. 하나님이 그분의 모든 피조물 안에 그리고 그들과 함께 계실 것이다. 모든 피조물이 광야의 회막이나 예루살렘 성전의 영광스러운 확장처럼 될 것이다. (부연하자면, 이는 내가 적절한 성례 신학[theology of sacrament]이라고 여기는 것을 위한 토대다. 하지만 이것은 또 다른 책을 위한 주제다).

아담과 이스라엘의 사명. 이것이 내가 고대 이스라엘 백성의 소명 및 사명과의 강력한 평행을 느끼는 지점이다. 또한 이것은 우리가 아담 및 기원의 문제와 관련해 몇 가지 신선한 빛을 엿볼 수 있는 지점이기도 하다. 창세기 자체는 아담과 아브라함을 분명하게 평행시킨다. "생육하고 번성하라"(창 1:28)는 말씀은 "내가 너로 심히 번성하게 하리니 내가 네게서 민족들이 나게 하며 왕들이 네게로부터 나오리라"(창 17:6)는 말씀으로 이어진다. 애초의 낙원 대신 이스라엘은 하나님이 그분의 백성과 함께 계시는 것과 더불어 땅을 약속받고 궁극적으로 하나님의 임재의 장소로서 성전을 받는다. 그러나 요점은 이것이다. 세계의 외진 지역에서 살아가는 작고 낯선 유목민 무리인 이스

　　　　　　　　　　　　아담과 하와의 잃어버린 세계

라엘이 약속의 담지자로 선택된다. "네 씨로 말미암아 천하 만민이 복을 받을 것이다"(창 22:18). 또한 이스라엘은 왕적인 제사장 백성이 되어야 한다(출 19장). 이스라엘은 열방의 빛이 되어야 한다(사 42장; 49장). **이스라엘은 인간을 구원하고 창조 계획을 제 궤도에 올려놓기 위한 하나님의 낯선 수단이 되기 위해 세상의 나머지로부터 선택되었다.** 그리고 하나님은, 바울의 말로 하자면, 이스라엘 역시 아담 안에 있다는 것을, 즉 답을 지니고 있는 백성 자신이 문제의 일부라는 것을 아주 잘 알고 계심에도 이스라엘을 선택하셨다. 사실 이는 바울 신학의 가장 어려운 부분(예를 들어 율법의 문제)에 대한 단서다. 이것 역시 다른 때에 다뤄야 할 주제이지만, 여기서 잠시 이 문제를 면밀하게 살펴보자. 이스라엘은 이런 하나님의 목적을 위해 선택되었다. 이스라엘은 거룩한 땅, 즉 하나님이 기뻐하시는 동산에 배치되었다. 그리고 이스라엘은 만약 그들이 토라를 지키지 않으면 추방되어 포로지로 보내질 것이라는 경고를 받았다. 이는 마치 모든 계획이 중단된 것처럼 보일 것이다. 이는 포로기뿐 아니라 소위 포로기 이후 시대에서도 마주하게 될 무서운 문제였다. 또한 신약성서가 이스라엘의 메시아인 주 그리스도 안에서 그리고 그분의 죽음과 부활 안에서 다뤄지고 있으며 영광스럽게 해결되었다고 여기는 것도 바로 이 복잡한 문제다. 하나님은 포로의 문제를 해결하셨고, 이제 온 세상은 하나님의 거룩한 땅이 되었으며, 예수와 그분의 백성은 세상의 빛의 역할을 하고 있다.

그렇다면 이것은 아담의 사명과 관련해 우리에게 무슨 말을 하는

가? 나는 창세기가 언제 그것의 최종적 형태를 얻었는지 알지 못한다. 어떤 이들은 여전히 이 책을 모세와 연관시킨다. 다른 이들은 이 책이 적어도 포로기에 편집되었다고 주장한다. 그러나 우리가 이 문제에 관해 어떤 견해를 취하든, 확실히 제2성전기의 유대인들은 아담 이야기를 자신의 이야기의 초기 버전으로 해석하는 데 어려움을 느끼지 않았을 것이다. 그들은 동산에 배치되었고, 그곳이 하나님이 안식하면서 그분의 통치를 행하기 원하시는 장소가 되도록 돌보라는 위임을 받았고, 그분의 명령을 지키라는 경고를 받았고, 특별히 이를 깨뜨리는 일은 죽음을 의미하며 이를 깨뜨리면 추방되리라는 경고를 받았다. 이 모든 것은 아주 아주 익숙하다. 그리고 이런 내용은 나로 하여금 다음과 같은 제안을 하도록 만든다. 하나님이 인류의 나머지로부터 이스라엘을 택해 이처럼 특별하고 낯설고 큰 노력을 요구하는 사명을 맡기신 것처럼, 아마도 창세기가 우리에게 말하는 것은 **하나님이 초기의 유인원의 나머지로부터 한 쌍의 부부를 택해 특별하고 낯설고 큰 노력을 요구하는 사명을 맡기셨다**는 것일 수 있다. 이들 부부(당신이 그렇게 부르고 싶다면 그들을 아담과 하와라고 불러도 좋다)는 온 인류의 대표자, 즉 결국 창조세계 전체를 (하나님 나라의—역주) 식민지로 삼으면서 온 세상을 기쁨과 즐거움과 질서가 가득 찬 곳으로 만들고자 하시는 하나님의 목적을 자신 안에서 이행하는 자가 되어야 했다. 창조주 하나님은 그들에게 자신의 형상의 담지자가 되는 부서지기 쉬운 과업을 맡기셨다. 만약 실패한다면 그들은 선택받지 못한 다른 모든 유인원들을 포

아담과 하와의 잃어버린 세계

함해서 더 넓은 창조세계에 대한 모든 계획을 그들과 함께 전복시키게 될 것이다. 그들은 생명을 가져오는 자가 되어야 했다. 만약 그들의 과업에서 실패한다면, 당시에 이미 세상 안에 내재되어 있던 죽음이 그들마저 삼켜버리고 말 것이었다. 아마도 이는 창세기 2장의 경고, 즉 너희가 그것을 먹는 날에는 **너희 역시 죽을 것**이라는 경고를 읽는 한 가지 방법일 것이다. 이는 식물과 동물과 유인원들의 죽음, 부패, 해체가 이미 현실이 아니었기 때문이 아니다. "너희"(아담과 하와)가 선택된 것은 그들을 통해 생명을 제공하려는 하나님의 계획이 세상에 반영되게 하기 위함이었다. 만약 "너희"가 창조주보다 피조물을 예배하고 섬기기로 한다면, "너희"는 단지 죽음을 죽음에 반사시키게 될 것이고, "너희" 스스로 죽음을 맛보게 될 것이다. 나는 이것이 정확하게 창세기가 의미하는 바인지, 혹은 바울이 의미하는 바인지 알지 못한다. 하지만 이스라엘의 사명과 아담의 사명 사이에 있는 밀접하고 (유대인 독자들에게) 더 분명한 평행은 나를 이런 방향으로 이끌어간다. 그리고 이미 우리는 아담-과-그리스도라는 구원론적 체계가 애초의 바울의 전망에 대한 축소를 나타낸다는 것을 인식할 수 있어야 한다.

아마도 우리는 이 문제를 다음과 같이 요약할 수 있을 것이다. 문제는 아담이 죄를 지었다거나 이스라엘도 죄를 지었다는 것만이 아니다. 문제는 이스라엘이 세상을 구원하는 하나님의 수단이 되도록 부르심을 받았으나, 이스라엘 자신이 스스로 해답을 제공해야 하는 아담으로 인한 문제의 일부였다는 것이다. 비슷한 방식으로—정확하게 평행을 이루지는 않으나 비슷하게―아담과 하와는 창조주의 목적을 삶의 새로운 차원으로 가져가는 역할을 맡도록 선택되었다. 그러나 만약 그들이 실패한다면―만약 그들이 형상을 담지하는 자신의 사명을 포기하고 여전히 창조세계 안에 남아 있는 혼돈의 요소들의 매혹적인 부름을 따라간다면―그들은 그때까지 창조세계의 운명이었던 엔트로피(entropy)를 공유하게 될 것이다.

기독론과 새 창조 프로젝트. 물론 이 모든 것은 우리가 온전하고 풍성한 기독론을 향해 나아가도록 만든다. 이는 단순히 신인 동시에 인간인 예수에 관한 것이 되지 않을 것이다. 이는 기정사실이다. 하지만 이는 약칭과 이정표일 뿐이다. 바울이 하는 말을 들어보라. 예수는 시작이고, 첫 열매이고, 참된 형상이고, 하나님의 모든 충만하심이 그 안에 거하기를 기뻐하시는 성전이시다. 또한 그분은 십자가 위에서 이스라엘의 순종을 완성하시고 그로 인해 이스라엘과 온 인류를 구속하시는 이스라엘의 메시아이시다. 그분은 이스라엘을 위해 이스라엘이 스스로 할 수 없었던 일을 하시고, 그로 인해 인간을 위해 이스라엘이 그들을 위해 해야 했던 일을 하시며, **또한 그로 인해 새 창조라는 하나님의 프로젝트, 즉 그분이 이미 왕으로서 통치하고 계신 새로운 세상을 출범시킨다.** 이는 큰 이야기, 바울이 말하는 참된 아담-과-그리스도 이야기다. 그리고 우리는 이 이야기를 말하고 이를 따라 살아가는 법을 배워야 할 필요가 있다.

여기서 우리는 한 가지 흥미로운 가능성과 마주하게 된다. 그동안 생물학자와 철학자들은 이기적인 유전자의 폐쇄된 연속체 밖에 있는, 이정표가 될 수도 있는 무언가로서의 이타주의라는 복잡한 개념을 지적해왔다. 또한 기독교 메시지 안에 우리는 단순히 이타주의―**이타주의**는 결국 메마르고 핏기 없는 단어, 즉 실재에 대한 하나의 패러디다―의 행위가 아닌 사랑의 최고의 행위로서의 십자가를 포함시키고 있다. 바울은 "나를 사랑하사 나를 위하여 자기 자신을 버리신 하나님의 아들"에 대해 썼다(갈 2:20). 요한은 "예수께서 자기가 세상을 떠나 아버지께로 돌아가실 때가 이른 줄 아시고 세상에 있는 자기 사람들을 사랑하시되 끝까지 사랑하시니라"라고 썼다(요 13:1). 십자가는 인간의 모든 권력 체계의 전복이다(그리고 예수께서는 그것이 언제나 그렇다고 말씀하셨다). 십자가는 형이상학적으로 부풀려진 진화(Evolution)의 불가능성을 드러내는 핵심이다. 하나님의 약하심이 인간의 강함보다 더 강하다. 또한 이는 그분을 따르는 삶, 즉 십자가를 지고 생명을 찾는 삶, 온유한 자가 땅을 유업으로 받는 일과 관련된 삶으로 이어진다(그리고 예수께서는 그것이 늘 그러하리라고 말씀하셨다). 바로 이것이 아담의 사명이 성취되어야 하는 방식이다. 만약 **예수 안에서 갱신되는 형상을 담지하는 인간이 되라는 부르심**에 귀를 기울이지 않은 채 창세기와 인간의 기원에 대해 연구할 수 있다면, 우리는 핵심을 크게 놓친 채, 아마도 악의 세력과 공모하는 것에 불과한 다른 세상에서의 구원에 대한 우리 자신의 꿈을 추구하는 셈이 될 것이다.

이런 관점에서 아담에 대한 바울의 묘사를 살피는 일은 어떤 이들을 놀라게 할지도 모른다. 하지만 우리는 어렵지 않게 그 안에서 편안함을 느낄 수 있다. 이는 지금까지 우리가 들었던 가장 큰 이야기이고 우리의 모든 이야기를 그 안으로 그러모은다. 그렇다, 많은 사람이—비록 모든 사람은 아니지만—그들의 삶 속에 내재된 문제를, 고통과 두려움과 슬픔과 뿌리 깊은 난제를 심각하게 인식하고 있다. 그리고 그것은 당연히 그들을 십자가 밑으로 이끌어간다. 그러나 이 메시지가 단순히 나와 내 구원에 관한 것이어서는 안 된다. 이는 하나님과 하나님 나라에 관한 것이어야 한다. 바로 이것이 예수가 선포했던 것이고 우리가 선포해야 하는 것이다. 온전한 복음은 하나님이 예수 안에서, 그리고 그의 죽음과 부활을 통해서 세상의 왕이 되셨다는 것이다. 세상을 살필 때 우리는 이 세상이 무서운 혼란에 빠져 있음을 본다. 그리고 우리가 이런 상황과 관련해서 무언가를 하기를 절실하게 원한다. 그러나 우리 자신의 죄, 우리의 탐욕, 우리의 교만, 우리의 오만이 문제가 된다. 그리고 우리는 황급하게 우리 자신의 힘으로 그리고 (더 나쁘게) 우리의 방식으로—모세가 이집트의 방식으로 이스라엘을 이집트에서 해방시키려고 했던 것처럼—그 일을 하려고 한다. 모세는 먼저 자신을 해방시킬 필요가 있었다. 우리 인간은 우리가 하나님의 현명한 질서를 세상 속으로 가져가도록 부르심을 받고 있다는 것을 아주 잘 알고 있다. 이는 악의 숙명적 상속만큼이나 우리가 갖고 있는 아담의 유업이다. 하지만 그것이 현실이 되기 위해서는 우리 자신이 세계의 나머지에 영향을 주는 그 동일한 문제로부터 구제되어야 할 필요

아담과 하와의 잃어버린 세계

가 있다. 우리는 왕적인 제사장이 되기 위해 어린양의 피로 구제된다. 그리고 이런 일이 일어나는 방식은, 신약성서에 따르면, 그것이 예수에게 요구했던 것과 같은 방식이다. 즉 고난이지만 즐거운 증언이기도 한 십자가를 지는 것이다. 이것 역시 구속된 아담에 대한 바울의 설명의 일부다. 우리는 (기억하라, 시 8편을 따라) 그의 영광을 공유하기 위해 그와 함께 고난을 당한다. 서구신학이 바울의 아담 신학 안으로 도입한 왜곡은 그동안 하나님 나라와 관련해 나타났던 왜곡 혹은 완전한 무시와 그 뿌리가 같다. 그것들은 서로에게 속해 있다. 또한 그것들은 함께, 우리에게 구원에 관해 그리고 기원에 관해 현명하게 말하는 방법을 알려줄지도 모른다.

모든 사람이 아담과 하와의
후손이어야 할 필요는 없다

이 책은 과학적 쟁점에 초점을 맞추지 않았다. 내가 과학자가 아닐뿐
더러, 이런 문제는 아주 복잡하기 때문이다.[1] 대신에 나는 인간의 생물
학적 기원에 관한 성경의 주장이 무엇인지에 초점을 맞췄는데, 그 점
과 관련해 우리는 아무런 주장도 발견하지 못했다. 한편, 아주 이른 시
기의 해석자들조차 의심할 바 없이 아담과 하와를 온 인류의 조상으
로 여겼다.[2] 이 책에서 우리는 창세기 2장이 아담과 하와의 독특한 **물
질적 기원**이 아니라 **모든** 인간의 **본질**에 관해 말한다는 증거를 제시했
다. 창세기 2장에서 우리는 어떤 과학적 주장을 펼치는 인간의 기원에
관한 이야기를 발견하지 못한다. 그러나 이런 사실은 자연스럽게 현대
의 과학 이론들이 옳다는 것을 의미하지 않는다. 단지 이것은 우리가
과학의 주장을 그것이 성서의 주장과 배치된다는 이유로 일축할 것이
아니라 그것 자체로 볼 수 있음을 의미할 뿐이다.

유전학

유전학에 관한 과학적 합의는 인간의 게놈(genome) 지도를 그리는 일

---

1 더 과학적인 정신을 지니고 있고 유전학이 이 문제와 관련되는 방식을 이해하고
자 하는 이들은 Dennis Alexander, *Language of Genetics: A Primer* (Conshohocken, PA:
Templeton, 2001); Francis Collins, *The Language of God* (New York: Free Press, 2007);
Finlay, *Human Evolution: Genes, Genealogies and Phylogenies* (Cambridge: Cambridge
University Press, 2013)을 보라.
2 예를 들어 기원전 2세기 「토빗」 8:6, "그 둘에게서 인종이 퍼졌습니다"(공동번역).

과 이를 다른 게놈과 비교하는 일을 통해 개발된 정보를 통해 가장 강력하게 드러난다. 가장 기본적인 단계에서 게놈은 융합, 파손, 돌연변이, 레트로바이러스(retroviruses, 유전 정보의 부호화[符號化]에서 DNA 대신 RNA를 사용하는 바이러스—역주), 가짜 유전자(pseudogenes)의 존재를 통해 **어떤 역사**(a history)를 보여준다. 불일치는 과연 이 역사가 실제로 발생한 것인지, 혹은 과연 하나님이 어떤 역사를 갖고 있는 것처럼 보이는 게놈을 지닌 인간을 창조하신 것인지에 대한 질문에서 발생한다. 이는 아담이 배꼽을 갖고 있었을까 하는 오래된 질문과 유사하다.

만약 어떤 이가 내 입에 대한 치과용 엑스레이 사진을 살펴본다면, 그는 거기서 티타늄 펙을 지닌 임플란트, 금니, 신경치료의 흔적, 충치를 때운 흔적, 에나멜의 균열 등을 보게 될 것이다. 이것들은 모두 어떤 역사에 대한 분명한 증거로서 존재한다. 그리고 이런 점에서 내 입속의 증거는 인간 게놈과 비교될 수 있다. 그러나 역사는, 게놈과 함께, 세대에서 세대로 이어지며 다른 종(種)의 게놈과도 비교될 수 있다. 이런 비교를 통해 종들 사이의 물질적 연속성—이는 종들 사이에 존재하는 상관성 혹은 유사한 역사를 암시한다—을 보여주는 현저한 유사성들이 분명하게 드러난다. 바로 이것이 공통 혈통(common descent)에 대한 이해다.[3] 이런 이해 안에서 유전학적 분석은 유전적 다양성을 설

---

3 결국 이는 진화론에 관한 현재의 이론들이 올바른 방향으로 나아가고 있는가 아닌가의 문제가 될 것이다.

아담과 하와의 잃어버린 세계

명하는 점진적 발전에 대한 증거를 제공해준다.

비교유전체학(comparative genomics)을 통해 밝혀진 이런 공유된 역사에 대한 증거는 설득력이 있다. 일부 사람들은 만약 이런 역사가 실제로 존재한다면 이는 성서의 주장과 모순된다고 믿고 있다. 이런 믿음이 없다면 앞과 같은 증거는 쉽게 받아들여질 것이다. 그러므로 성서를 진지하게 다루는 많은 이들은 비교유전체학이 증언하는 역사가 실제로는 결코 일어난 적이 없다고 주장한다.

이런 유전적 역사가 결코 일어나지 않았다는 입장을 확증하기 위해서는 다음과 같은 주장을 할 필요가 있다. (1) 하나님은 복잡한 게놈을 지닌 아담을 신규로(*de novo*, 어떤 생물학적 과정도 사용하지 않고 이전 것과도 구별되도록) 창조하셨다. 이 게놈은 다른 종들에서처럼 기능하지 않는 부분들, 즉 유전자를 못 쓰게 만드는 돌연변이 같은 것을 포함했다. 더 나아가 이 게놈은 그 안에서 동일한 유전적 역사(동일한 곳에 있는 동일한 흠)가 드러나는 관련된 종들의 게놈과 많이 닮아 있다. 혹은 (2) 하나님은 타락에 대한 대응으로서 (유사한 방식으로) 인간뿐 아니라 모든 종의 게놈을 철저하게 파열시키셨다.

만약 성서가 게놈 안에 들어 있는 역사에 대한 증거가 이런 방식들 중 하나로 부정될 필요가 있다고 주장한다면, 그렇다고 치자. 하나님의 행동이 실제로는 결코 일어난 적이 없는 역사에 대한 흔적을 지닌 어떤 결과물을 가져올 수 있다는 것은, 예수가 물을 포도주로 바꾸는 일을 통해 입증되었다. 가능성의 측면에서 보자면, 부활은 극도로 있을 법하지 않지만, 우리는 그 실재를 확언하다. 한편, 신규 인간의 기원은, 만약 성서가 그렇게 확언하지 않는다면, 성서가 확언하는 기적을 부인하는 경우가 되지 않을 것이다. 그러므로 게놈이 제공하는 유전자 역사의 증거를 일축하기 전에, 성서를 진지하게 취급하는 사람으로서 우리가 어떤 입장을 취해야 하는지를 결정하기 위해 성서의 주장을 면밀하게 살피도록 하자.

이 장에서 우리는 다음과 같은 두 가지 질문을 다룰 것이다.

1. 성서는 아담이 지금까지 살았던 사람들 중 최초의 인간이었다고 주장하고 있는가?
2. 성서는 모든 인간이 아담과 하와의 후손이라고 주장하고 있는가?

오늘날의 과학적 이해는 인간이 진화하는 인구 집단의 결과이므로 최초의 인간은 없었다고 주장한다. 또한 유전학의 증거는, 오늘날의 인류 안에 존재하는 유전적 다양성은 그 기원이 단 두 명의 개인─한 쌍의 부부─에게로 거슬러 올라갈 수 없다는 개념을 가리킨다. 오히려 이런 다양성은 수천 명으로 이루어진 유전적 모집단(genetic source population)을 필요로 한다. 만약 성서가 다른 주장을 한다면, 그때 우리는 이렇게 부상하고 있는 과학적 합의에 맞서는 입장을 취해야 할 것이다.

그러나 이 책에서 지금까지 이루어진 창세기 1장과 2장의 관계에

아담과 하와의 잃어버린 세계

대한 분석은 다음과 같은 가능성을 제기한다. 즉 창세기 2장에 실려 있는 아담과 하와 이야기가, 비록 그들이 그 그룹에 포함되었으리라고 간주되어야 할지라도, 창세기 1장에 나타나는 인간의 대규모 창조[4] 이후에 발생했을 가능성이 있다는 것이다. 바울은 아담과 하와가 최초의 혹은 유일한 인간이었어야 한다고 요구하지 않는다. 아담을 "첫 사람"이라고 부를 때, 무엇보다도 바울은 아담의 원형적 역할과 죄를 둘러싼 신학적 문제에 관심을 갖고 있었다(10장을 보라). 마지막으로, 우리는 앞서 언급한 두 가지 질문이 아담과 하와가 실제로 과거에 살았던 실제 사람인지의 여부와 관련되어 있지 않다는 데 유의해야 한다. 이미 나는 그들이 이런 사람들이라고 믿는다고 확언한 바 있다. 만약 창세기 2장이 인간의 기원에 관한 주장을 하고 있지 않거나 아담과 하와가 최초의 혹은 유일한 인간이어야 할 것을 요구하고 있지 않다면, 도대체 성서는 다른 어디에서 이런 주장을 하는 것일까? 특히 우리는 과연 성서가 과학적 여파를 갖고 있어서 오늘날의 과학적 합의와 모순되는 입장을 취할 수 있는 인간의 기원에 관한 주장을 하고 있는지에 관심이 있다.

우리의 관심을 그동안 인간의 기원에 관한 주장을 하고 있다고 간주되어왔던 다른 성서 구절들로 돌리기 전에, 나는 오늘날의 과학적

---

[4] 그러나 이 "창조"가 신규 창조인지 혹은 더 긴 과정에 대한 참여인지에 대해서는 논의가 필요하다(하나님은 어느 쪽 시나리오로든 창조하신다).

결론과 주장들을 성서의 해석과 조화시키기 위해 일어나고 있는 몇 가지 과학적 대화에 관해 간략하게 언급하겠다.

미토콘드리아 하와와 Y-염색체 아담. 사람들은 과학자들이 내린 결론, 즉 오늘날의 모든 인류가 거기로부터 나온 유일한 여성—미토콘드리아(Mitochondria) 하와라고 불리는—이 있다는 취지의 결론에 많은 관심을 보여왔다. 즉 그녀는 모든 인류의 가장 최근의 공통 조상이라는 것이다. 또한 오직 남성에게서만 발견되는 Y-염색체 역시 그 기원을 어느 한 사람에게로 거슬러 올라가 찾을 수 있다는 것이다. 그러나 우리는 여기에 대해 지나치게 흥분해서는 안 된다. 왜냐하면 이른바 미토콘드리아 하와(약 180,000년 전에 살았던 아프리카 여인)와 Y-염색체 아담(약 210,000년 전에 살았다고 간주되는 아프리카인)은 약 30,000년의 세월을 사이에 두고 갈라져 있기에 남편과 아내로 간주될 수 없기 때문이다! 더 나아가 이 두 사람은 성서의 전통적인 주장을 지지하는 데 성공하지 못한다. 왜냐하면 그들의 존재를 받아들이는 일은 다른 방향으로 나아가는 유전학의 다른 여러 가지 전제(예를 들어 게놈이 역사를 보여주고 연속성과 공통의 혈통을 암시하는 방식 같은)를 받아들이는 것을 의미하기 때문이다. 예를 들어, 그들을 확인해주는 몇 가지 종류의 정보는 그들 모두가 더 큰 인구 집단의 구성원임을 알려준다. 오늘날 모든 인간이 미토콘드리아 하와와 Y-염색체 아담 같은 유일한 조상을 공유하고 있을지라도, 그들은 우리의 유일한 조상이 아니다. 나는 과학을 옹호하거나 비난할 의도가 없다. 다만 나는 이런 정보가 과학의 발견을 전통적인 성서 해석과 통합하는 방법을 제공해주지 않는다고 주장할 뿐이다.

유전적 모집단(genetic source population). 집단유전학자들(population geneticist)은 대개 진화된 인구 집단이 5,000명에서 10,000명보다 결코 적지 않았다고 주장한다. 그들은 약 150,000년 전에 개체군 병목현상(한 종의 개체수의 상당 부분이 죽음을 당하거나 번식을 못해 전체 개체수가 급격히 감소하는 현상―역주)이 나타나 인구수가 최소에 이르렀다고 추정한다. 이 최소의 인구수는 컴퓨터 모델들로부터 나왔다. 그리고 이 모델들이 모두 완전한 확신을 낳기에 충분할 만큼 정확하게 설정된 매개 변수를 갖고 있지는 않을 수 있다는 주장이 제기될 수 있다. 이것이 사실일지라도 만약 우리가 더 정확한 모델을 갖는다면 그 숫자를 둘까지 낮출 수도 있으리라고 잘못 생각해서는 안 된다. 현 단계에서 집단유전학은 전통적인 성서의 해석과 화해를 이룰 길을 제공하지 않는다.

최초의 모집단 안에 있는 아담과 하와. 어떤 모델에서는 아담과 하와가 소규모 인구 집단의 구성원들 중 두 사람으로, 그리고 세대를 따라 시간이 흐르는 과정에서 그들의 후손이 집단 속으로 퍼져나가고 다른 혈통들은 죽어서 오늘날에는 모든 사람이 이 두 사람으로부터 유래한 유전물질을 갖고 있다고 간주된다. 이런 견해는 창세기 1장의 아담과 하와를 대규모로 창조된 인간들 가운데 위치시키고 아담과 하와가 우리 모두의 부모라는 생각을 계속해서 유지한다. 이는 아담과 하와가 최초의 인간들이었다고(혹은 그들 중에 있었다고), 또한 (어떤 복잡한 과정을 통해) 우리 모두가 아담과 하와로부터 유래했다고 확언한다. 이는 전통적인 성서의 해석과는 전혀 다른 듯 보이지만, 동시에 공통의 혈통을 수용하고 게놈에 분명하게 나타난 역사가 실제로 발생했다고 확언하면서 성서의 해석과 유사한 확언을 한다.

이 모든 것은 오늘날의 과학적 합의의 기본적인 측면들 중 몇 가지를 채택함과 동시에 전통적인 성서 해석의 여러 측면을 유지한다. 이런 입장은 과학의 발견과(혹은) 크게 조정된 성서 해석에 대한 선택적 수용을 요구한다. 우리는 과연 이렇게 복잡한 화해의 시도가 필요한지에 대해 물을 필요가 있다. 그래서 우리는 위에서 언급했던 질문으로 되돌아간다. 성서는 아담이 지금까지 살았던 사람들 중 최초의 인간이었다고, 그리고 모든 인간이 아담과 하와의 후손이라고 주장하고 있는가?

사도행전 17:26은 "한 사람"을 요구하는가?

우리는 창세기 2장에 대해서는 이미 길게 논의했다. 그리고 고린도전서 15장에 나오는 "첫 사람" 아담에 대한 언급에 관해서도 그렇게 했다. 그러나 많은 이들이 이 문제와 관련해 가장 설득력 있다고 여기는 구절은 사도행전 17:26이다. "인류의 모든 족속[nations of mankind, *ethnos anthrōpōn*]을 한 혈통으로 만드사 온 땅에 살게 하시고 그들의

아담과 하와의 잃어버린 세계

연대를 정하시며 거주의 경계를 한정하셨으니." 이 구절은 바울이 아레오바고 언덕에서 철학자들을 향해 "알지 못하는 신"에 관해 말하는 장면에서 나타난다. 먼저 바울은 참된 하나님을 아무것에도 의존하지 않으시는 분으로(행 17:24, "우주와 그 가운데 있는 만물을 지으신"), 초월적인 분으로(행 17:24, "손으로 지은 전에 계시지 아니하시고"), 위대한 공생과 무관한 분으로(행 17:25, 아무것도 부족함이 없는), 그리고 그분의 피조물인 모든 사람이 의존하고 있는 분으로(행 17:25, "이는 만민에게 생명과 호흡과 만물을 친히 주시는 이심이라") 제시한다. 이런 진술은 모두 창조주로서의 하나님의 역할과 관련되어 있다.

사도행전 17:26에서 바울의 말의 초점은 지정학적·역사적·사회적 문제로 옮겨간다. 그는 민족들의 역사적 역할과 경계 모두가 하나님께 의존하고 있다고 지적한다. 나는 이 구절에서 바울이 생물학이나 인간의 기원에 관해 말하고 있지 않다고 주장할 것이다. 그는 지금 민족의 기원에 관해 논의하는 중이다. 하나님이 한 민족을 "만드시는 것"(poieō)은 물질적 행위가 아니라 조직적 행위다. 우리가 성서에서 하나님이 어디에서 어떻게 민족들을 만드셨다고 주장하는지를 묻는 것은 당연하다. 민족들은 후손의 가계를 통해 존재하게 된다. 그리고 성서는 창세기 10장에서 소위 민족들의 표(Table of Nations)를 통해 그 과정을 분명하게 밝힌다. 거기서는 창세기 저자 시대에 알려져 있던 70개 나라와 민족의 혈통을 확인하는 수단으로 노아의 세 아들의 가계가 추적된다.[5] 창세기 10:32은 노아의 이 세 아들로부터 모든 민족이 나왔다고 결론짓는다. "이들은 그 백성들의 족보에 따르면 노아 자손의 족속들이요, 홍수 후에 이들에게서 그 땅의 백성들[ethnōn]이 나뉘었더라." 이것이 구약성서에서 하나의 집단으로서의 민족들의 기원에 관해 말하는 유일한 구절이며 그러므로 틀림없이 바울이 언급하는 바로 그 구절일 것이다. 만약 그렇다면 그가 말하는 "한 혈통"은 노아이지, 아담이 아니다.[6]

만약 바울이 말하는 요점이 인간의 기원에 관한 것이라면, 우리는 그가 민족들을 만드는 일에 초점을 맞추기보다 인류(anthrōpōn)라는 기본적인 단어를 사용해서 말하리라고 기대할 수 있다. 더 나아가, 민족의 정체성이라는 개념은 역사적 시기 및 영토의 경계와 관련해 이 구절에서 더 잘 들어맞는다. 마지막으로, 바울은 "우리가 그의 소생이라"(행 17:28의 끝부분)라는 결론으로-이는 사도행전 17:26의 시작부분("인류의 모든 족속을 한 혈통으로 만드사")에 상응한다-연설의 이 부분에 괄호를 친다. 이것과 지정학적 실체에 대한 집중 사이에서 과

---

5 여기에 대한 충분한 논의로는 John H. Walton, *Genesis*, NIV Application Commentary (Grand Rapids: Zondervan, 2001), pp. 367-69을 보라.

6 노아와 관련해서조차, 이 구절은 제한적인 주장을 한다. 바울은 공통의 인간성을 갖고 있는 우리 모두가 하나님을 향할 갈망을 지니고 있으며 실제로 우리 모두가 그분의 후손이라고 주장하고 있다(분명히 이는 생물학적/유전학적 진술이 아니다). 우리의 공통성은 그것이 하나님과의 유전적 관계를 요구하지 않는 것 이상으로 노아와의 유전적 관계도 요구하지 않는다. 더 나아가, 비록 이 구절이 유전적 다양성에 관해 논의할지라도, 이는 물질적 기원과 관련해 어떤 주장을 하지는 않는다.

연 바울이 인간의 물질적이고 생물학적인 기원에 관한 진술을 하고 있었을까라고 질문하는 것은 적절할 것이다. 그는 인간의 더 광범위한 유전적 근원(다원발생설[polygenism])에 반대하는 주장을 하고 있었던 것일까? 이는 의심스러운 결론이 될 것이다. 물론 바울은 유전학에 대해 아무것도 알지 못했다. 대신 그는 노아의 세 아들로부터 많은 민족을 만들어내신 하나님의 놀라운 형성 작업을 가리키고 있다.

모든 산 자의 어머니

창세기 3:20은 일부 해석자들로 하여금 성서가 모든 인간은 그들의 유전적 유산을 아담과 하와에게서 얻는다고 주장한다고 추론하도록 만드는 또 다른 구절이다. 여기서 아담은 그의 아내에게 하와(ḥawwāh= 생명[life])라는 이름을 주는데, 이는 그녀가 "모든 산 자의 어머니"였음을 가리킨다.[7] 이것이 모든 인간이 유전적으로 하와의 후손이라는 성서의 주장의 근거인가? 몇 가지 관찰 내용이 이런 결론을 가로막는다. 첫째, 그녀의 이름에 대한 설명 중 "살아 있는"에 대한 언급은 모든 피조물을 가리킬 수 있는 단어인데, 모든 동물이 다 생물학적으로 하와의 후손은 아니다. 둘째, "모든 ~의 어머니"라는 표현이 반드시 생물학

7　NIV는 이 구절을 달리 번역한다. "어머니가 될 것이다[would become]." 만약 히브리어 본문이 그렇게 말하고자 했다면, 다른 동사 구문을 사용했을 것이다.

과 관련된 것은 아니다. 창세기 4:20에서 야발이 "장막에 거주하며 가축을 치는 자의 조상"이라고 불린다는 데 주목하라. 창세기 4:21에서 유발은 "수금과 퉁소를 잡는 모든 자의 조상"이라고 불린다. 이 용법은 이런 종류의 표현이 단지 생물학적 후손보다 큰 관계를 염두에 두고 있음을 알려준다.

족보

성서 본문에 근거해 제기되는 또 다른 주장은 족보들이 계속해서 아담에게로 거슬러 올라간다는 것이다(창 5장; 대상 1장; 눅 3:38). 이는 그가 최초의 인간임을 암시한다. 만약 구약성서와 신약성서 시대의 이스라엘인들이 아담이 최초의 사람이라고 믿었다면, 이는 놀랄 일이 아니다. 그러나 해석학적 문제는 보다 미묘하다. 이런 구절들은 아담이 최초의 사람이었다고 가르치고 있는가? 이 구절들은 신학을 그런 개념 위에 세우고 있는가? 아니면 하나님은 단지 소통의 틀로서 당대의 개념을 사용하고 계신 것인가?

이미 우리는 생리학과 우주지리학의 사례를 하나님이 최신의 과학이 아니라 당대에 익숙한 개념을 사용하시는 것을 보여주는 사례로 사용한 바 있다. 우리는 성서에는 자연계의 정상적인 운용에 관한 새로운 계시가 들어 있지 않다고 지적했다. 생리학에 대한 언급은 (예를 들어) 생리학에 관한 계시나 특별한 생리학에 대한 신적 승인을 구성하지 않는다.

우리는 족보에 대해서도 같은 주장을 할 수 있다. 아담은 그들의 지식의 영역 안에서 최초의 중요한 사람이다(실제로 그는 역사적·신학적으로 중요하다). 그리고 그들은 모든 중요한 것을 아담과 연관시킨다. 창세기에서 족보는 아담으로부터 (그가 거기에 어떻게 들어맞건 간에) 노아에 이르는 가계를 제시한다. 역대상에서 저자의 관심은 하나님 나라의 대표인 유대인의 정체성에 맞춰져 있다. 아담이 하나님의 백성의 근원으로 간주되는 것은 자연스럽다. 이 역할은 유전적 조상이나 물질적 연속성에 대한 특정한 견해에 달려 있지 않다. 그의 언약적 머리 됨(federal headship)은 쉽게 족보가 그에게까지 거슬러 올라가도록 만드는 적절한 기초로서의 역할을 한다.[8] 누가복음 3장에 등장하는 족보는 예수를 역사 속에 위치시키기 위해 세대를 거슬러 올라가면서 그의 혈통을 추적한다. 이 족보는 단지 아담만이 아니라 하나님에게까지 거슬러 올라간다. 그런데 이는 요셉의 혈통이기에 특별히 예수의 생물학적 혈통이 **아니다**. 아담은 그가 맡았던 특별한 역할 때문에 최초의 중요한 인간이며 하나님과 중요한 관계가 있는 사람이다(다시 말하지만 언약적 머리 됨은, 그가 맡았던 제사장적 역할이 그러하듯이, 그에게 적절한

---

8 언약적 머리 됨이라는 개념은 종교개혁 시기에 Johannes Cocceius와 John Calvin에 의해 유행하게 되었다. 롬 5장에 기초를 둔 이 개념은 아담을 인류의 "언약적" 머리로 확인하고, 그의 근원으로서의 역할을 생물학적인 것이라기보다 언약적인 것으로 여긴다. 같은 방식으로, 그리스도는 은혜 언약 아래서 언약적 머리가 되셨다.

관계를 부여한다).

이 모든 경우에 성서는 아담이 최초의 인간이었다고 주장하는 것
처럼 읽힐 수 있으나, 과연 이것이 오늘날의 인류가 유전적 증거에 의
해 지적되고 있는 한 무리의 공통 조상으로부터 유래했을 가능성을 부
정하는 과학적 주장을 하고 있는 것인지에 대해서는 더 논의해볼 여지
가 있다. 그러므로 나는 성서가 아담이 최초의 인간이었음을 혹은 모
든 인간이 그로부터 유래했음을 요구하고 있다는 어떤 주장도 논란의
여지가 있다고 결론짓고 싶다.

아담과 하와의 잃어버린 세계

비록 물질적 연속성이 있다고 할지라도
인간은 구별된 피조물로
그리고 하나님의 특별한 창조로
간주될 수 있다

앞 장에서 우리는 아담과 하와가 그들 이후 출생한 우리 모두와 맺고 있는 관계에 대해 논의했다. 이 장에서 우리는 우리의 관심을 그들이 그들보다 앞선 존재와 가졌던 관계로 옮김으로써 시작할 것이다. 오늘날의 과학적 합의는 생물의 모든 종들 사이에 물질적 연속성(엄밀하게 말해 계통발생적 연속성[phylogenetic continuity])이 존재한다고 확언한다. 진화론적 모델은 이런 점진적 변화가 공통 조상으로부터 오랜 세월에 걸쳐 발생하는 방식에 대한 설명을 제공한다. 모든 종이 하나의 공통 조상을 갖고 있다고 믿는 것과, 어떤 메커니즘이 그 변화의 과정을 이끌었는지를 설명하는 것은 전혀 다른 문제다. 전자는 과학자들 사이에서 거의 보편적으로 긍정되지만, 후자에 대해서는 여전히 격렬한 논쟁이 진행되고 있다.

화석 기록, 비교 해부학, 게놈 등은 모두 공통 혈통을 가리킨다. 하지만 이것들은 어떤 요소가 이런 변화를 이끌었는지에 대해서는 정보를 제공하지 않는다. 어느 면에서 이 모든 것들은 다양한 단계에 대한 스냅사진을 제공한다. 반면에 진화론적 모델은, 요컨대, 이런 스냅사진들을 모아 하나의 비디오를 만들고자 시도한다. 그러므로 우리는 (비교유전체학이나 화석 기록의 정보에 기초해서) 계통발생적 연속성과 공통 혈통이라는 개념을 신학적으로 받아들일 수 있지만, 진화론적 모델에 의해 제시된 현재의 메커니즘들(예를 들어 돌연변이나 자연선택 같은)에 대해서는 매우 회의적이다.

진화는 알려지거나 알려지지 않은 다양한 메커니즘을 통해 오랜 세월에 걸쳐 이루어진 변화 과정의 결과로 모든 종(種)의 피조물들(생물학적 피조물, 유전적 피조물, 그러나 영적 피조물은 아님) 사이에 존재하는 물질적 (계통발생적) 연속성을 가정하는 우리의 주변 세계에 대한 해석이라고 정의될 수 있다.[1] 이는 본질적으로 무신론적이거나 이신론적이지 않다. 이는 하나님의 직접 개입은 물론이고, 하나님의 섭리를 위한 충분한 여지를 갖고 있다. 진화론적 모델이 옳으냐 그르냐를 논의하는 일은 이 책의 범위를 넘어선다. 더 중요한 질문은 공통 혈통과 물질적 연속성이라는 결론이 성서에 대한 충실한 해석과 양립할 수 있느냐 하는 것이다.

오늘날 진화론적 모델을 옹호하는 이들 중 많은 사람은 이런 모델을 창조주 하나님의 개입에 대한 대안으로 여기고, 또 다른 이들은 이 모델이 창조주 하나님이 필요 없음을 보여준다고 주장한다. 분명히 그리스도인들은 이런 결론을 수용할 수 없다. 그러나 다른 과학자들은 공통 혈통의 개념은 물론 심지어 모종의 진화론적 모델까지 수용하면서도, 하나님을 공통의 조상으로부터 오랜 세월에 걸쳐 일어난 변화를 특징으로 갖는 어떤 과정을 통해 창조를 행하시는 분으로 여긴다. 이

---

1 이로써 나는 오랫동안 진화 이론의 일부였던 표준적인 메커니즘—자연의 혹은 임의의 선택과 돌연변이 같은—중 몇 개는 그 무게를 감당하기에 적절치 않을 수 있음을 인정하는 셈이다. 과학자들은 오랫동안 이것을 인정해왔다. 그리고 다른 모델들이 계속해서 나타나고 있다.

　　　　　　　　　　　　　　　아담과 하와의 잃어버린 세계

런 접근법은 "진화적 창조"(evolutionary creation)라고 알려져 있다.[2] 그러므로 오랜 세월에 걸친 변화, 공통 혈통, 물질적 연속성, 심지어 진화론적 모델에 대해 생각하는 일이 자동적으로 하나님을 그림에서 배제하는 결정인 것은 아니다. 이런 개념들은 하나님이 없다거나 그분이 창조에 적극적이지 않으셨다거나 하는 식의 결론을 필요로 하지 않는다. 하나님은 이런 과학적 결론의 맥락 안에서조차 창조주로 간주될 수 있다.

한편 우리는 성서 본문 중 어떤 것도 인간의 기원에 대한 앞과 같은 이해를 제시하지 않는다는 것을 기꺼이 인정해야 한다. 창세기는 고대 문서이므로 우리는 그것이 이런 현대적 개념을 다루리라고 기대해서는 안 된다. 그럼에도 우리는 과연 성서의 권위 있는 가르침에 기초한 정보가 이런 가능성을 배제하는지에 대해 물어야 할 필요가 있다. 성서를 진지하게 여기는 이가 공통 혈통과 물질적 연속성을 믿을 수 있는가?

성서 본문에 대한 가장 쉽고 무심한 읽기(그리고 오랜 세월 동안 믿어져 왔던 읽기) 혹은 고대 근동의 본문에 접근하지 못한 상태에서의 읽기는 인간에 대한 신규(de novo) 창조를 제시할 것이다. 신규 창조를 전적으로 지지하는 견해에 따르면, (인간의 창조에는—역주) 물질적 불연속성이 존재한다. 즉 인간이 공통의 조상을 공유하는 인류나 다른

---

2 이 접근법에 대해 설명하는 자료로는 www.biologos.org를 보라.

영장류에 속한 선존재(predecessors) 같은 것은 존재하지 않는다. 이런 견해에 따르면, 하나님은 다른 피조물들과 구별되는, 그리고 어떤 물질적 방식으로도 그들로부터 유래되지 않은 아담과 하와의 특별 창조에 직접 개입하신다. 이는 매우 그럴듯한 해석으로 남아 있다. 하지만 우리는 다시 묻는다. 이런 견해가 그 배후에 권위의 무게를 지니고 있는 성서의 실제 주장인가? 그래서 이런 식으로 읽는 데 실패하는 것이 곧 성서의 진리를 거부하는 일이 되는가?

앞 장들에서 나는 자신이 그 자체의 문학적·신학적·문화적 맥락에서 성서의 권위 있는 주장에 대한 충실한 읽기라고 믿는 바를 제시했다. 내 생각에 이런 읽기는 성서가 신규 창조라는 견해를 확언하는 것으로 읽힐 필요가 없음을 넌지시 알려준다. 대신에 나는 성서가 실제로는 인간의 물질적 기원에 관한 어떤 정보도 제공하지 않는다고 주장했다. 이는 공통 혈통과 물질적 연속성에 관한 과학적 주장이 자동적으로 배제되어서는 안 된다는 것을 의미한다.

그럼에도 중요한 것은, 공통 혈통과 물질적 연속성을 택하는 것이 인간이 하나님에 의해 창조되었으며 하나님의 형상을 지닌 독특하게 영적인 존재라는 개념을 제거하지 않음을 인정하는 것이다. 하나님의 형상은 신학적인 것이 아니며 신경과학이나 유전학의 측면에서 물질적으로 규정되지 않는다. 이것은 물질적 구성 요소를 갖고 있지 않다. 그러나 그 형상은 구체적인 형태를 부여받는다.

아담과 하와의 잃어버린 세계

인간의 구별됨은 영적인 것이다

우리는 영적 독특함을 다음 세 가지의 기본적인 범주 안에서 논의할
수 있다. 첫째, 12장에서 이루어진 논의에 기초해서 아담과 하와가 성
소에서 대표성을 지니고 봉사하는 제사장으로 임명됨으로써 그들의
시대에 존재했을 수도 있는 다른 사람들과 구별되었다고 볼 수 있다.
이는 하나님이 그들에게 주신 역할, 즉 본질적으로 영적인 역할로 나
타난다. 비슷한 방식으로 아브라함은 그의 시대의 다른 사람들로부터
물질적으로 구별되지 않았고, 오히려 하나님에 의해 선택되어 어떤 영
적 역할을 맡았다.

둘째, 인간이 모종의 영적 성질을 갖고 있다는 것이 기독교의 믿음
이다. 우리의 영적 성질의 일부가 어떻게 묘사되고 이해될 필요가 있
는지에 대해서는 여전히 수많은 논의가 진행 중에 있다(그리고 의견
의 불일치가 점점 더 커져가고 있다). 하지만 우리는 자신이 생물학적 표
본 이상의 존재라고 믿는다. 우리는 탄소를 기초로 하는 생명 형태 이
상이다. 신경과학은 우리가 어떻게 자신이 생물학적 표본 이상의 존재
라고 **인식하게 되는지**에 관한 설명을 제공하지만, 우리가 어떻게 그런
존재가 **되는지**에 관한 설명은 제공하지 않는다. 우리가 이를 혼이라고
부르든 영이라고 부르든, 또는 이원론자이든 일원론자이든 혹은 다른
그 무엇이든, 그리스도인으로서 우리는 우리 안에 육신의 죽음을 넘어
서는 어떤 부분—사실상 우리의 가장 중요한 부분—이 있다고 믿는다.

이는 진화를 통해 나타날 수 있는 것이 아니다. 이는 공통 혈통의 계열에 속한 다른 피조물들은 갖고 있지 않은 그 무엇이다. 설령 물질적 연속성이 존재한다는 결론이 내려질지라도, 이는 영적 불연속성(spiritual discontinuity)을 보여준다. 이는 하나님의 직접적이고 특별한 창조 행위로서 하나님에 의해 제공된다. 그리고 이는 우리를 다른 모든 피조물들로부터 구별해준다.

우리의 영적 독특성의 세 번째 측면은 우리가 부여받은 하나님의 형상 안에서 발견된다. 하나님의 형상은 우리의 영적 본성과 동일하지 않다. 하지만 우리의 영적 본성처럼 이것은 인간 안에서 오랜 세월에 걸쳐 발전하는 무엇도 아니다. 하나님의 형상을 정의하는 가장 일반적인 방법 중 하나는 하나님의 형상이 우리를 다른 모든 피조물들과 구별해준다는 전제에서 시작하는 것인데, 나는 여기에 동의한다. 하지만 나는 우리를 다른 피조물로부터 구별해주는 것은 그것이 무엇이든지 우리에게 하나님의 형상이 무엇인지를 알려준다고 결론을 내리는 입장에는 동의하지 않는다. 다행스럽게도 이런 이론들은 마주보는 엄지(opposable thumbs, 엄지손가락이 다른 네 손가락을 마주보는 것을 가리키는 말로 영장류만의 특징이다—역주)의 존재보다 정신적 능력에 초점을 맞춘다. 그렇다 하더라도 하나님의 형상은, 정의상, 인간으로서 우리가 누구인가를 알려준다. 이는 인간의 **표시**가 아니며 인간이 표시되는 **방식**이다. 이는 우리를 인간으로 만들어주는 어떤 것이 아니다. 하지만 인간으로서 우리는 하나님의 형상을 지니고 있다. 나는 하나님의

아담과 하와의 잃어버린 세계

형상이 인간에게 주시는 하나님의 직접적이고 영적으로 규정된, 선물과 같은 그 무엇이라고 믿는다. 인간이 공통 혈통을 통해 오랜 세월에 걸쳐 생물학적으로 일어난 변화의 산물이라고 믿는 이들이 보기에, 하나님의 형상은 역사 내의 특정한 시점에 하나님에 의해 인간에게 **주어진** 것이다. 이는 화석 기록이나 게놈에서 찾아낼 수 있는 것이 아니다. 그러므로 이제 우리는 하나님의 형상이 무엇인지를 좀 더 면밀하게 살펴보아야 한다.

하나님의 형상

하나님의 형상은 다양한 학문 분야(예를 들어 창세기에 대한 주석, 신학, 철학, 신경과학/심리학 등)에서 수많은 박사 논문과 전공 논문의 주제가 되어왔다. 그러므로 여기서 내가 하는 언급은 당황스러울 만큼 간략한 것이 될 것이다. 나는 (나 자신의 연구는 물론이고) 이런 연구가 확인했던 하나님의 형상의 이런저런 측면을 살필 정도의 여유밖에 없다. 여기서는 다음과 같은 네 가지 측면에 대한 간략한 설명이 필요할 것이다. 기능, 정체성, 대체, 관계가 바로 그것이다. 이것들은 상호 배타적인 대안이 아니다. 그리고 나는 그것들 각각이 옳다고 주장할 것이다.

　기능. 하나님의 형상을 어떤 고유한 기능과 함께 부여된 역할로 이해하는 것은 이 논의의 오랜 일부였다. 가장 최근에 이런 입장은 리처드 미들턴(Richard Middleton)에 의해 옹호되고 있다.[3] 이 견해에 따르면 인간은 하나님의 대리 지배자로서─그 형상이 부여된 바로 그 문맥에서 분명하게 표현되고 있듯이, 정복하고 다스리는 임무를 맡은 청지기로서(창 1:26-30)─집단적으로 기능한다. 집단적 임명을 통해 얻은 이 기능은 인간을 다른 모든 피조물 및 종들로부터 구별시킨다. 신경학적으로 논의될 수 있는 이런 능력들(자기 인식이나 하나님에 대한 인식 등)은 우리가 임무를 수행하도록 허락하는 것으로 이해될 수 있다. 하지만 그것 자체가 하나님의 형상을 규정하지는 않는다. 모든 인간은, 정신적으로 혹은 육체적으로 어떻게 활동하든지 간에, 우리의 집단적 정체성의 이런 측면에서 수행해야 할 역할을 갖고 있다.

정체성. 하나님의 형상의 이 측면은 우리의 핵심적 정체성을 표현한다. 이는 우리의 본질이다.[4] 우리는 고대 근동에서 이름을 짓는 일이 창조의 행위였음을 기억해야 한다. 그렇다면 하나님이 인간을 자신의 형상으로 지명하실 때, 이는 인간이 어떤 존재가 되는 것이냐 하는 문제가 된다. 이 형상은 우리의 운명과 본성에 뒤섞인다. 구약성서에서 모든 이름이 그러하듯이, 이는 수많은 가능한 방법을 통해 오랜 세월에 걸쳐 실재가 된다. 이런 정체성은 우리의 창조주에 의해 부여된다.

---

3   J. Richard Middleton, *The Liberating Image: The Imago Dei in Genesis 1* (Grand Rapids: Brazos, 2005).
4   Ryan Peterson, "The Imago Dei as Human Identity: A Theological Interpretation" (PhD diss., Wheaton College, 2010).

아담과 하와의 잃어버린 세계

이는 우리가 스스로 취할 수 있는 그 무엇이 아니다. 또한 이는 우리 안에서 발전되어 나올 수 있는 그 무엇도 아니다. 고대 세계에서 이름을 짓는 일이 창조의 행위인 것처럼, 이런 정체성의 부여는 특별한 창조라는 영적 행위다.

대체. 고대 세계에서 어떤 왕이 자기가 정복한 도시의 입구나 자신이 소유권을 주장하는 땅의 경계에 자신의 형상을 세울 때, 이 형상은 그곳에 왕이 있음을 선포했다. 이는 하나의 대체였지만, 동시에 단순한 대용물 이상이었다. 미학적 측면에서 이는 왕과 왕권에 관한 중요한 개념을 전달했다.[5] 성전 안에 있는 신들의 형상은 더 큰 규모로 같은 일을 했다. 이는 그 신들의 형상이 그것들 자신에게 신적 본질을 부여하는 의식과 함께 봉헌되었기 때문이다. 그렇게 함으로써 (비록 이 형상을 위해 최상의 물질이 사용되었음에도) 형상의 물질적 성질과 존재는 거의 무의미한 것이 되었다. 이는 신적 본질의 적절한 저장소가 되었다. 그리고 바로 그것이 그 형상과 관련해 가장 중요한 것이었다. 형상은 단순히 신적 본질을 담고 있는 것에 그치지 않았다. 이는 본질상 영적인 무언가로 변화되었다.[6]

---

5   Zainab Bahrani, *The Graven Image: Representation in Babylonia and Assyria* (Philadelphia: University of Pennsylvania Press, 2003); 그리고 Edward Mason Curtis, "Man as the Image of God in Genesis in Light of Ancient Near Eastern Parallels" (PhD diss., University of Pennsylvania, 1984), ProQuest AAI8422896.

6   Christopher Walker and Michael B. Dick, *The Induction of the Cult Image in Ancient Mesopotamia: The Mesopotamian mīs pî Ritual*, State Archives of Assyria Literary Texts 1

창세기에서 하나님의 형상인 인간이 그 신적 형상에 걸맞은 고양된 가치와 강력하게 대조되는 가장 초라한 물질로 지음 받는다는 사실은 흥미롭다. 그러나 고대 세계에서 형상이 그랬듯이, 하나님의 형상으로서 우리는 하나님의 대용물로서 그분의 대역을 한다. 우리는 성소에 계신 그분의 임재를 대표한다. 그분의 본질은 우리를 영적 존재로 만들고 그로 인해 우리와 다른 피조물들 사이의 불연속성을 낳는다. 고대 세계에서 형상이 신적 피조물로서 존경을 받았듯이, 우리 역시 가장 참된 가능성이라는 측면에서 하나님의 작품으로 간주되어야 한다.

하나님과 인간의 관계. 앞의 범주들 각각에서 그 기본 전제는 하나님과 그분이 지으신 사람들 사이에 존재하는 어느 단계의 관계를 함축하고 있었다. 이 마지막 범주에서 우리는 그 관계가 부모에 대한 자식의 관계를 통해 가장 잘 표현된다는 것을 시사하는 한 가지 특별한 예를 살필 수 있다.[7] 이런 사실은 성서 본문이 아담이 "자기의 모양 곧 자

(Helsinki: Neo-Assyrian Text corpus Project, 2001), 특히 6-8쪽의 특별한 논의를 보라. 이교의 형상에 대한 추가적인 논의로는 Michael B. Dick, "Prophetic Parodies of Making the Cult Image," in *Born in Heaven, Made on Earth: The Making of the Cult Image in the Ancient Near East*, ed. Michael B. Dick (Winona Lake, IN: Eisenbrauns, 1999), pp. 1-53; 그리고 Angelika Berlejung, "Washing the Mouth: The Consecration of Divine Images in Mesopotamia," in *The Image and the Book: Iconic Cults, Aniconism, and the Rise of Book Religion in Israel and the Ancient Near East*, ed. Karel van der Toorn (Leuven: Peeters, 1997), pp. 45-72을 보라.
7   Catherine Leigh Beckerleg, "The 'Image of God' in Eden: The Creation of Mankind

기의 형상과 같은" 셋을 낳았다고 말할 때 가장 잘 드러난다(창 5:1-3).
같은 개념이 고대 근동에서도 확인될 수 있다. 거기서 형상은 비록 그
것이 땅에 세워져 있을지라도 하늘에서 태어나는 것으로 간주되었다.

형상에 대한 요약. 하나님의 형상은 다른 피조물들과 대조되면서
인간의 특징을 이루는 영적 불연속성과 관련해서 성서 본문으로부터
나오는 또 다른 증거를 제공한다. 앞에서 제시된 하나님의 형상을 이
해하기 위한 네 가지 범주들은 상호 배타적이지 않다. 네 가지 범주 모
두가 수용될 수 있는데, 이는 그것들 각각이 그 용어에 대한 통찰을 제
공하기 때문이다. 하나님의 형상을 이 네 가지 범주 안에서 생각할 때,
우리는 모든 인간이 하나님의 형상에 참여하고 있다고 간주되어야 한
다고 확언할 수 있다. 이는 개인적이기보다는 집단적인 그 무엇이다.
더 나아가 이 용어가 성서의 본문 전반에서 나타나는 것을 통해 분명
하게 드러나는 바는, 이 형상이 아담과 하와가 동산에서 쫓겨났을 때
비록 훼손되기는 했을지라도 상실되지는 않았다는 것이다. 창세기 1
장에서 우리에게 맡겨진 기능은, 비록 그것을 수행할 우리의 능력이
우리의 현재 상황으로 인해 다양한 방식으로 방해받고 있을지라도, 여
전히 우리의 책임이다.

비록 창세기와 고대 근동 문헌 사이에서 여러 가지 접촉점을 볼 수

---

in Genesis 2:5-3:24 in Light of the *mīs pî pīt pî* and *wpt-r* Rituals of Mesopotamia and
Ancient Egypt" (PhD diss., Harvard University, 2009), ProQuest 3385433.

있음에도 불구하고, 우리는 고대 이스라엘인들이 고대 세계의 표준적인 사고방식으로부터 벗어나고 있었음을 보여주는 몇 개의 지점에 주목하는 것을 잊지 말아야 한다. 사람들(하나님의 형상들)은 바빌로니아의 신들의 형상이 그들의 신전의 성소에 안치되어 신의 임재와 신의 계시를 중재했던 것처럼 성소에 위치하게 되었다. 그러나 이스라엘의 예배에서 형상은 배제되었다. 우리는 하나님이 허락하시는 유일한 형상이다.

결론

이 장에서 우리는 물질적 연속성에 관한 결론을 제시하지 않았다. 대신 비교유전체학이 어떤 역사가 존재한다고 지적하고 있음을 보았다. 따라서 우리는 과연 성서가 하나님이 인간을 신규 창조하셨으므로 이런 역사는 결코 일어나지 않았다고 주장하는지를 판단할 필요가 있다. 신규 창조를 요구하지 않는 성서 본문에 대한 실행 가능한 해석에 대해 알게 된 한, 우리는 하나님의 인간 창조를 이해하기 위한 다른 선택지에 대해 생각해볼 수 있다. 우리는 창조주 하나님이 이런 모델들 중 어느 것에도 계신다는 것을 알 수 있을 뿐 아니라, 거기서 하나님의 특별한 창조 사역을 인식할 수 있는 여러 지점의 영적 불연속성이 있음도 알아차릴 수 있다. 이런 특별한 창조 사역은 오랜 세월에 걸쳐 이루어진 자연스러운 변화에 대한 어떤 형태의 이해를 통해서도 설명될 수

아담과 하와의 잃어버린 세계

없다. 또한 설령 전통적으로 받아들여지는 것보다 더 높은 수준의 물질적 연속성이 있다고 하더라도 인간 게놈 안에서도 확인될 수 없다. 인간은 특정한 방식으로 하나님의 특별하고 직접적인 창조물이다. 이 점은 의심의 여지가 없다. 불확실한 것은 이 특별한 창조의 얼마나 많은 부분이 물질적 범주에 속하느냐 하는 것이다.

결론과 요약

이전 장들에서 우리는 아담과 하와, 에덴동산, 뱀, 타락에 관한 성서의 주장을 살펴보았다. 우리 연구의 초점은 고대 근동의 문헌으로서의 창세기 본문에 맞춰졌다. 우리는 특히 성서의 주장이 인간의 기원에 관한 오늘날의 과학적 합의 안에서 제기되는 주장과 얼마나 갈등을 일으키는지 혹은 일으키지 않는지를 판단하는 데 관심을 두었다. 우리는 성서에 과학의 주장이나 고대 근동의 주장을 적용하는 일을 신중하게 피해왔다. 대신에 우리는 성서의 주장을 독립적으로 살핀 후 이를 고대 근동 문헌에서 발견하는 바 및 과학의 발견에 의해 제시된 증거와 비교하려 했다. 또한 우리는 적절하게 읽힌 창세기가 과학자들이 발견한 우리의 세계에 관한 진리와 양립할 수 있다고 기대하는데, 이는 세계와 말씀 모두가 하나님으로부터 나오기 때문이다.

이 책의 처음 몇 장에서 나는 이전에 창세기 1장에 대해 제시했던 해석을 요약했다. 이 해석은 창세기 1장이 말하는 기원 이야기가 물질적 우주보다는 질서, 기능, 역할 등과 연관되어 있다는 개념에 초점을 맞췄다. 하나님이 세우신 질서는 우주 안에 성소를 출범시켰다. 하나님은 자신이 자신의 형상대로 지음 받은 사람들을 위해 준비하신 그곳으로 들어가셔서 거기서 그들과 관계를 맺고자 하셨다.

이어서 창세기 2장은 에덴동산으로 알려진 성소라는 지구의 중심의 설립에 대해 이야기한다. 거기서 아담과 하와는 하나님의 계시와 그분에 대한 접근을 중재하면서 성소에서 섬기는 제사장으로 임명되었다. 아담과 하와는 그들의 형성 과정에서 원형(archetype)으로 제시된다. 그들은 모든 인간을 상징한다. 그리고 그들의 형성 이야기에 대한 긍정은 단지 그들만이 아닌 모든 사람을 향한 긍정이다. 모든 인간은 흙으로 지음 받았다. 여자는 남자의 옆구리로부터 나왔다. 또한 아담과 하와는 사람들이 하나님과의 관계 안으로 이끌릴 때 바로 그들을 통해 생명과 지혜가 성취될 수 있는 제사장적 대표자로 세워졌다. 불행하게도 그들은 이런 유익을 얻는 데 실패했다. 그들이 스스로를 하나님의 자리에 세워 질서의 중심이 되고자 (또한 그렇게 함으로써 하나님처럼 되고자) 했기 때문이다.

창세기에 포함된 이런 요소들 중 많은 것은 고대 근동의 문헌에서 유사한 것을 발견한다. 하지만 또 다른 요소들은 고대 세계에서도 전적으로 독특한 것이었다. 적절한 해석은 이 둘 모두를 인정하는 입장이 되어야 한다. 동시에 우리는 고대 이스라엘인들이, 비록 그들이 고대 세계와 어떤 개념을 공유하고 있었을지라도, 자주 그들 주변 세계와의 뚜렷한 차이점을 드러낸다는 사실에 주목해야 한다. 예를 들어, 고대 근동의 문헌은 인간의 창조가 큰 무리의 사람들을 포함하고 있다고 간주하는데, 이 문헌이 그렇게 하는 근본적인 이유는 성서가 제시하는 이유—만약 우리가 창세기 1장에서 인간의 집단적 창조를 인식한다면—와는 크게 다르다. 고대 근동의 창조 이야기에서 많은 수의 사람들이 동시에 창조된 것은 많은 신들이 그 사람들을 통해 자신의 필요를 채우기 위함이었다. 신들이 사람을 집단으로 창조한 것은 만약 소수의 사람만 창조할 경우 자기가 제대로 섬김을 받지 못할 것을 우

아담과 하와의 잃어버린 세계

려해서였다. 대조적으로, 비록 창세기 1장이 (내가 그렇게 주장해왔듯이) 인간의 집단적 창조를 보여줄지라도, 이는 동일한 이유에서가 아니다. 성서의 하나님은 필요한 것이 없으시며, 인간의 기능은 아주 다른 측면에서 제시된다. 마찬가지로, 성서에서 제시되는 인간의 역할과 기능은 과학을 통해 확증될 수 없는데, 이는 과학은 궁극인(窮極因)에 대해 논의할 수 없기 때문이다.

우리가 우리의 관심을 원형적 역할을 향해 돌릴 때, 고대 근동 본문이 인간의 기원에 대한 원형적 관점을 특징으로 갖고 있다는 사실은, 우리로 하여금 이런 식의 사고가 그들의 문화적 상황을 고려할 때 고대 이스라엘인들에게 낯선 것이 아니었음을 인식하도록 도와줄 것이다. 다른 한편으로 우리는 창세기의 원형적 설명에서 발견되는 메시지가 고대 근동에서 발견되는 메시지와 전적으로 다른 종류의 것임을 발견한다. 창세기의 원형적 설명이 제공하는 메시지는 아래와 같다.

- 인간은 죽을 육체를 지니고 창조되었다.
- 인간은 하나님에 의해 식량을 공급받았다(에덴동산에서).
- 인간은 성소에서 섬기는 역할을 부여받았다(이는 하나님과의 관계를 함의한다).
- 인간은 남자와 여자로 나뉘었고 그로 인해 새로운 가족 관계를 추구하게 되었다.

이런 것들이 창세기 2장의 핵심적 가르침의 내용을 이룬다. 이것들은 하나님의 본성, 인간의 본성, 수평적이고 수직적인 관계 모두에 관한 중요한 개념을 전달한다.

　　일단 형성 이야기들이 원형적인 것임을 인정한다면, 이것들은 아담과 하와가 역사적 인물이었다는 나의 계속적인 확언을 감안하더라도, 연대기적 측면이나 인간의 물질적 기원의 역사라는 측면에서 의미 있는 것이 되기를 그칠 것이다. 만약 그들의 형성에 관한 이야기들이 사실상 물질적이기보다 원형적인 것이라면, 이런 이야기들은 물질적 창조 사건으로서가 아니라 인간의 본성에 관한 개념으로서 중요하다. 그럼에도 나는 본문에서 신약성서의 저자들은 물론이고 고대 이스라엘인들이 아담과 하와가 실제로 과거에 살았던 실제 사람이라고 믿었다는 증거를 확인했다. 그러나 우리가 물어야 할 질문은 과연 이런 믿음이 그저 문화적인 것일 뿐 구속력은 없는 것인가 하는 것이다. 내가 이 판단을 위해 사용하는 해석학적 원리는 과연 성서 본문이 신학을 이런 믿음에 의존시키고 있는가 하는 것이다. 예를 들어, 고대 세계에서 사람들은 심장이 지성과 감성의 중심이라고 믿었고 성서 본문은 그런 믿음을 확인해준다. 그러나 어떤 신학도 성서 본문에 등장하는 이런 믿음 위에 세워지지 않는다. 그러므로 일단 그것이 하나님의 권위 있고 영감 어린 계시라기보다 고대 세계의 문화적 사고방식임이 인정된다면, 나는 그런 믿음을 안전하게 무시할 수 있다.

　　그렇다면 문제는 과연 이런저런 신학적 가르침이 아담과 하와의 역사성으로부터 나오는가 하는 것이다. 이 문제와 관련해 우리는 성서의 교리와 연관된 신학과, 다른 교리들(예를 들어 죄)과 연관된 신학을 구분할 수 있다. 만약 아담이 족보에서 언급되고 있으므로 성서의 무오성이 우리가 역사적 아담을 수용할 것을 요구한다고 말한다면, 우리는 구약성서의 저자들이 우발적으로 믿었을 수도 있는 것과 성서가 그 권위 있는 가르침으로 확언하는 것을 구분하는 일에서 실패하고 있는 셈이다. 어느 지점에서 하나님은 그들 당시의 사고를 수용하실 수 있는가? 심장으로 사고하는 일의 사례로 돌아가 보자. 우리는 성서의 무오성이 우리가 심장이 생리학적으로 우리의 지성의 중심이라고 믿을 것을 요구한다고 주장해서는 안 된다. 게다가 우리는 성서의 이런 본문이 생리학에 대해 확언하는 것이 아니라 생리학에 대한 고대의 관점을 수용하고 있는 것이라고 결론 내린 바 있다. 만약 어떤 이들이 아담의 역사성이 신학적으로 타당한 것은 그것이 무오류하기 때문이라고 주장한다면, 그들은 역사적 아담이 성서 본문이 제기하는 권위 있는 메시지의 일부라고 주장하는 셈이 된다. 이런 주장은 제기될 수 있다. 하지만 아마도 또 다른 신실한 해석자들은 다른 결론으로 이어지는 해석을 발전시킬 수 있을 것이다. 역사적 아담은 단지 성서의 저자들이 그를 분명히 역사적 인물이라고 여겼다는 사실이 아니라, 성서의 가르침이 그런 이해를 권위 있는 메시지 안에 포함시켰다는 사실이 밝혀질 수 있는 한에서, 무오류와 엮일 수 있을 뿐이다. 만약 어떤 이들이 역사적 아담에 대한 믿음은 문화적인 것이고 성서 본문의 신학적이거나 계시적인 의도에서는 긍정되지 않으며 그저 소통을 위한 틀의 일부에 불과하다고 주장한다면, 그때 무오류는 마치 멜기세덱이 부모를 갖고 있지 않았다고 믿는 것이 무오류의 문제가 될 수 없는 것처럼, 적용되지 않을 것이다. 지금 나는 이런 구별을 이론적으로 제시하고 있는데, 개인적으로 나는 아담의 역사성을 긍정하기 때문이다. 하지만 나는 성서에 충실하고자 하는 해석자들이 다른 결론에 도달한다고 할지라도 그것이 곧 무오류를 부정하는 것이라고 여기지는 않는다.

본문에 대한 긍정과 본문에 대한 수용 사이의 이런 구별은, 그것이 과학적 소양이 성서의 해석에 대해 의문을 제기하자마자 다뤄진다는 사실로 미루어볼 때, 단지 오늘날의 문제만은 아님이 분명하다. 예를 들어, 장 칼뱅(John Calvin)은 창세기 주석 서문에서 모세가 과학의 원리와 관련해 당대의 청중에게 자신을 맞추었던 것에 대해 논의하면서 해석학의 문제를 다뤘다.

모세는 상식을 갖춘 모든 평범한 사람들이 설명 없이도 이해할 수 있는 일에 대해 통속적인 방식으로 썼다. 그러나 천문학자들은 인간 정신의 총명함이 이해할 수 있는 모든 것을 굉장한 노력을 들여 탐구한다. 그럼에도 이런 연구는 비난받아서는 안 되며, 이런 과학은 정죄되어서는 안 된다. 왜냐하면 어떤 광적인 사람들은 자기에게 알려지지 않은 것은 무엇이든 담대하게 거부하는 습관이 있기 때문이다.…

참으로 모세는 이런 기술[예를 들어 과학적 세부 사항]에 특유한 것을 누락시킴으로써 우리를 이런 추구로부터 철수시키려 하지 않았다. 그는 학식 있는 자뿐 아니라 무지하고 무례한 이의 교사로 임명되었기에 이런 조잡한 교육 방법을 택하는 것 외에 다른 방법으로는 그의 과업을 완수하지 못했을 것이다. 모세가 일반적으로 알려지지 않은 것에 대해 말했더라면, 교육을 받지 못한 자들은 이런 주제들이 자신의 이해 능력을 넘어선다는 핑계를 대며 항변했을 것이다. 마지막으로, 여기서 하나님의 영이 모든 사람을 위한 공립 초등학교를 열어주셨기에, 그가 주로 모든 사람에게 잘 이해되는 주제를 택했던 일은 놀랍지 않다.[1]

칼뱅이 태양계와 관련해서 펼치는 방법론과 관점은 인간의 기원에도 쉽게 적용될 수 있다.

그러므로 우리는 과연 무오류 외의 다른 신학적 단언이 아담의 역사성과 밀접하게 관련되어 있는지 살펴보아야 한다. 성서에서 역사적 아담에 의존하는 주된(어떤 이들은 "유일한"이라고 주장할 것이다) 신학적 논의는 타락에 관한 신학, 특히 죄(적어도 죄에 대한 책임)가 특별한 행위로 인해 특정한 순간에 우주 안으로 들어왔고 그 행위를 통해 우리 모두가 죄와 그것의 결과인 죽음에 굴복하게 되었다는 개념이다. 그러므로 아담의 역사성은 그것의 일차적 중요성을 인간의 기원이 아

---

1 John Calvin, *Genesis*, trans. John King (Grand Rapids: Baker, 1979 printing), pp. 86-87.

니라 죄의 기원에 관한 논의에서 발견한다. 이는 필립 라이켄(Philip Ryken)이 『아담의 역사성 논쟁』(*Four Views on the Historical Adam*, 새물결플러스 역간)에서 제공한 목회적 답변에서 넌지시 확언된다.[2] 라이켄은 본문에서 아담이 실제 사람으로 제시된다는 개념에 대해 짧게 언급한 후 논의의 대부분을 죄(혹은 더욱 동떨어지게도, 사회학적 문제[3번]나 선교적 문제[5번])에 집중시킨다.

1. 역사적 아담은 인간의 사악한 본성을 설명해준다.
2. 역사적 아담은 세상에 악이 존재하는 이유를 설명해준다.
3. 역사적 아담(과 역사적 하와)은 성 정체성과 가족 관계에 대한 성서의 견해를 밝혀준다.
4. 역사적 아담은 우리가 하나님 앞에서 의롭게 된다는 것을 확신시켜준다.
5. 역사적 아담은 교회의 선교 사역을 진척시킨다.
6. 역사적 아담은 육체의 부활과 영생에 대한 우리의 소망을 안전하게 해준다.

이 모든 요점은 각각 길게 논의될 수 있으며, 그중 어떤 것은 의심

---

2   Philip Ryken, "We Cannot Understand the World or Our Faith Without a Real, Historical Adam," in Matthew Barrett and Ardel B. Caneday, eds., *Four Views on the Historical Adam* (Grand Rapids: Zondervan, 2013), pp. 267-79.

아담과 하와의 잃어버린 세계

할 바 없이 그에 대한 해석을 위해 다른 성실한 설명이 필요하다. 그럼에도 이것은 역사적 아담 문제의 참된 핵심을 보여준다. 비록 이 모든 요점을 의심하지 않고 받아들일지라도, 여전히 우리는 어떤 신학도 아담 및 하와와 공통적으로 연관된 과학적 함의(아담과 하와는 반드시 [신학적으로 말해!] 신규로, 즉 인류의 시초에 존재했던 유일한 사람으로, 그리고 우리 모두가 그들로부터 나온 존재로 창조되어야 한다) 위에 세워지지 않는다고 주장할 수 있다. 이 책 전체를 통해 나는 창세기 1장에서 인간이 집단으로 창조되고, 창세기 4장에서 다른 사람들의 존재가 가정되고, 창세기 2장에서 인간이 물질적으로 완전히 새로운 기원을 갖고 있다는 주장이 의도되지 않을 가능성을 성서적 근거를 들어 지지했다. 만약 증거가 (1) 어떤 신학도 세상에 유일하게 존재했던 최초의 인간으로서 그리고 온 인류의 직접적인 조상으로서 아담과 하와의 신규 창조라는 전통적인 확언에 의존하거나 그것으로부터 나오지 않는다는 것을 설득력 있게 입증해준다면, 또한 (2) 건전하고 신실한 주석적 분석이 그럴듯한 해석을 제공한다면, 그때 우리는 이런 전통적인 믿음을 유일하게 수용 가능한 해석으로 여길 이유가 없다. 이런 경우에 무오류 교리와 성서 본문은 우리에게 그런 해석을 요구하지 않을 것이고, 우리가 이를 유지하는 것은 우리의 편애 때문일 것이다. 즉 인간의 기원에 대한 성서적이고 신학적인 이해에는 앞서 인정된 것 이상의 넓은 가능성이 있을 수 있다. 만약 과학이 (내가 그렇게 믿고 있듯이) 정반대되는 증거를 제공한다는 사실이 밝혀진다면, 우리는 그 주장을 자유롭게 고려해볼 수 있다. 다시 말해, 만약 주석이나 신학이 공통 혈통을 전제하는 현대의 과학적 합의에 맞서는 결론을 고집스럽게 요구하지 않는다면, 우리는 과학과 경쟁해야 할 강력한 이유를 갖고 있지 않은 셈이다. 물론 모든 문제가 쉽게 답을 찾을 수 있다는 의미는 아니다. 그러나 진전은 이루어질 수 있다.

어떤 독자들은 성서 본문에 대한 새로운 해석을 택하는 것이 썩 내키지 않을 수도 있다. 이천여 년의 교회사를 외면하는 일이 어찌 쉽겠는가? 우리가 교부들보다 나을 수 있는가? 과연 하나님이 이렇게 오랫동안 우리에게 건강한 해석을 허락지 않으셨을까? 이런 종류의 의문은 우리가 조심해야 할 충분한 이유가 있음을 보여준다. 그러나 이런 관심사를 다룰 때 우리는 비슷한 이의를 제기했던 종교개혁자들의 반대자들을 떠올릴 수 있다. 더 나아가 이 책에서 제기된 혁신적인 안들이 주로 신학적이기보다는 주석적이라는 데 주목할 필요가 있다.

신학적 전통의 위치에 관한 이런 의문들은 중요하며 이것들은 그 연구에 바쳐진 저술들을 통해 다뤄져왔다.[3] 여기서 나는 독자가 생각할 수 있도록 7개의 간략한 관찰 의견만을 제시할 것이다.

- 종종 교부들은 서로 의견이 크게 달랐다. 이는 그들이 모두 옳을 수

---

3   이에 대해서는 앞선 장들 전체에서 많은 것이 인용될 수 있을 것이다. 특히 나는 Peter C. Bouteneff, *Beginning: Ancient Christian Readings of the Biblical Creation Narratives* (Grand Rapids: Baker, 2008)을 언급하고자 한다.

아담과 하와의 잃어버린 세계

는 없으며 완전한 만장일치는 결코 없었다는 것을 의미한다.

- 자주 교부들은 오늘날에는 아무도 받아들이지 않는 진술을 하고 그런 입장을 고수했다.

- 교부들의 사고와 저술은 그들 시대의 필요에 의해 나왔다. 즉 영지주의, 스토아주의, 아리우스주의, 수시로 나타났던 수많은 이단 혹은 당대를 지배했던 신학 논쟁에 대응하기 위해서였다. 그들은 단순하게 성서 본문을 다루지 않았고, 성서의 저자들이 말하고자 했던 바로 돌아가려고 시도하지 않았다.

- 교부들은 일차적으로 기독론에 몰두했다. 이는 그들에게 성서 본문을 고대 근동의 맥락에서 생각할 이유를 거의 제공하지 않았다. 신학적으로 볼 때 그들이 기독교 교리의 이 중요한 측면을 명확하게 설명하는 데 집중한 것은 중요했다. 그러나 불행하게도, 기독론에 대한 이런 집중은 그들의 신학과 해석학의 균형을 깨뜨리는 경향을 낳았다. 그리고 이런 경향은 오늘날에도 여전히 남아서 때때로 드러난다.

- 교회사의 오랜 기간 동안 저자와 사상가들은 성서의 언어에 익숙하지 않았다. 그러므로 그들은 히브리어 성서의 본문을 면밀하게 읽을 만한 위치에 있지 않았다.

- 교부들은 고대 세계에 접근하지 못했다. 그들은 오늘날 고고학적 발굴을 통해 발굴되고 있는 자료를 갖고 있지 않았다. 설형문자로 된 1백만 개 이상의 본문은 오늘날 우리에게 구약성서가 쓰였던 고

대 세계에 관한 중요한 정보에 접근할 수 있는 굉장한 기회를 제공
한다.

• 이 책에서 제시되는 개념들 중 일부는 실제로 교회사 초기에 어떤
해석자들에 의해 숙고되었다. 따라서 그것들은 우리가 생각하는 것
만큼 새로운 것이 아니다.

이런 언급들은 우리가 해석의 역사를 무시하거나 묵살해야 한다는
뜻이 아니라, 충실한 해석의 역사가 계속되고 있으며, 본문의 증거들
이 지적하듯이, 우리가 여전히 전통적으로 고수되고 있는 어떤 개념과
결별해야 할 이유를 발견할 수도 있음을 암시할 뿐이다.

우리는 아담과 하와가, 설령 그들이 최초의 사람은 아닐지라도, 신
학적으로 그리고 역사적으로 중요하다고 주장할 수 있다. 우리는 아담
과 하와가, 비록 우리 모두가 그들의 직접적인 후손이 아닐지라도, 적
절하게 인류의 시원에 위치해 있다고 주장할 수 있다. 우리는, 비록 아
담과 하와가 신규 피조물이 아닐지라도, 우리 인간이 창조 질서 안에
서 구별된 위치를 지니고 있으며 종들 사이에서 독특하다고 주장할 수
있다.

우리가 지금까지 살폈던 가장 중요한 문제는 과연 성서와 과학이
인간의 기원에 관해 상호 배타적인 주장을 하고 있느냐 하는 것이었
다. 현재의 과학적 합의는 인간이 다른 종들과 공통 조상을 공유하고
있다는 것인데, 이는 물질적(계통 발생적) 연속성이라는 증거에 기초한

아담과 하와의 잃어버린 세계

주장이다. 성서 본문에 대한 면밀한 읽기와 신학적 연구는 그것들이 이런 물질적 연속성과 공통 조상을 감안하고 있음을 지적해왔다.

나는 성서의 자료와 과학의 자료 모두를 설명해주는 가설적 시나리오를 제안할 만큼 유리한 위치에 있지 않으며, 사실 이것이 이 책을 쓰는 내 목적도 아니었다. 이 책은 훨씬 더 제한된 노력을 드러낸다. 그 노력이란, 우리가 어떤 과학적 제안을 거부해야 하는지를 추론할 수 있기 위해 성서와 신학이 인간의 기원과 관련해 무엇을 요구하고 있는지를 판단하는 것이다. 이 책을 통해 이루어진 분석에 따르면, 창세기를 고대 근동의 문헌으로 신중하게 읽는 일은 공통 혈통과 본질적으로 충돌하지 않는 역사 또는 인간 게놈을 통해 관찰될 수 있는 역사로부터 얻어지고 또한 그것으로부터 추론되는 주석적 결론과 신학적 확언을 낳는다(20장을 보라). 공통 혈통의 원리와 게놈에 의해 확인된 역사가 실제로 일어났다는 개념을 받아들이는 일은, 비록 그것이 어떤 형태의 진화론이 성서와 양립할 수 있는 길을 열어놓기는 하나, 오늘날 존재하는 형태의 진화론을 받아들인다는 것을 의미하지는 않는다.

끝으로 우리는 이 모든 것이 왜 중요한지에 대해 물을 수 있다. 그러므로 나는 이 대화가 진척되어야 할 네 가지 이유를 제시하는 것으로 이 책을 마무리하고자 한다.

창조에 대한 관심

우리가 믿는 바 하나의 인류로서 우리가 누구인지는 우리가 우리 주변 세계와 교류하는 방식에 중대한 영향을 미친다. 호전적인 무신론자와 근본주의 그리스도인 모두가 환경에 대한 철저한 착취에 동의한다는 사실은 흥미롭다. 무신론자들은 자신의 이익이 가장 중요하기 때문에 그렇게 하고, 그리스도인들은 지구는 어떻게든 파멸하도록 운명지어졌기에 근심하며 괴로워할 이유가 없기 때문에 그렇게 한다. 그러나 다른 한편으로 무신론자들은 지구를 보존하는 일에 관심을 가질 수 있는데, 이는 그들이 인간 존재에 관해 장기적인 관점을 갖고 있기 때문이다. 그리고 그리스도인들은 마땅히 환경에 대해 관심을 가져야 하는데, 이는 하나님이 우리를 그분의 세계를 관리하는 자로 임명하셨음을 알기 때문이다. 그분의 대리 지배자로서 우리는 창조세계를 정복하고 다스릴 임무를 부여받았다. 하지만 이는 착취나 남용을 위해서가 결코 아니다. 우리는 궁극적으로 거룩하며 궁극적으로 그분의 것인 공간을 유지해야 할 책임을 맡고 있다.

사역

과학의 다양한 분야에서 일하는 많은 그리스도인은 자신이 사나운 물 한가운데 있음을 발견한다. 만약 일터에서 자신의 신앙을 용기 있게

아담과 하와의 잃어버린 세계

알린다면, 그들은 즉각 동료와 상사들에 의해 주변으로 밀려나게 될 것이다. 왜냐하면 주변 사람들은 그리스도인들의 신앙이 과학적으로 정립된 세상에서 기능하는 그들의 능력을 여러 방식으로 훼손하리라고 추측할 것이기 때문이다. 그리스도인들은 자신이 진지하게 다뤄지지 않는다는 것을 알게 될 수도 있고, 그들의 경력은 신앙적 헌신으로 인해 어려움을 겪게 될 수도 있다.

이런 이들은 일터에서 앞과 같은 갈등을 겪을 때 지지와 격려를 기대하며 교회로 간다. 그러나 너무 자주 그들은 교회가 자기를 의심하고 있음을 발견한다. 더 나쁜 것은, 만약 그들이 교회가 전통적으로 폄하해왔던 과학적 합의의 어떤 조항을 받아들일 경우, 그들은 교회 안에서도 주변화된다는 것이다. 이들에게 주어지는 메시지는 크고 분명하다. 너의 과학적 결론을 문 앞에 내려놓으라.

우리는 이런 형제와 자매를 제대로 대하고 있지 않다. 그동안 우리는 그리스도에 대한 그들의 헌신이 잘못되었다고, 교회에 대한 그들의 섬김은 교회가 원하는 것이 아니라고, 그리고 그들의 구원은 의심스럽다고 말해왔다. 우리는 과학 분야에서 일하는 이들에게 좀 더 안전한 상황을 제공하는 일에 힘써야 할 필요가 있다. 또한 우리는 마땅히 그들로부터 배워야 한다. 때때로 그들은 혼란에 빠진다. 그리고 교회가 그들이 이 어려운 문제를 해결하도록―그들이 선택하도록(성서냐 과학이냐) 하게 함으로써가 아니라, 수렴과 양립의 길을 닦음으로써―돕는 것은 적절하다.

전도

복음과 기독교에 반대하는 수많은 비그리스도인은 그들이 고대 신화에 대한 순진한 몰입이라고 부르는 것을 이유 삼아 습관적으로 교회를 조롱한다. 일부 그리스도인이 지구의 나이와 인간의 기원과 관련해서 제기해온 전통적인 반대 의견 중 어떤 것은 그리스도의 가르침을 거부할 변명거리를 찾는 이들을 위한 자료가 되어왔다. 그러나 비그리스도인들 모두가 교회에 대해 적대적인 것은 아니다. 어떤 이들은 바깥에 앉아 지켜보고 있다. 그들은 기독교에 대해 흥미를 갖고 있다. 특히 자기에게 깊은 인상을 주는 그리스도인을 만날 때 그런 흥미를 느낀다. 호기심과 흥미에도 불구하고, 그동안 그들은 기독교를 받아들이는 일은 곧 두뇌를 포기하는 것을 의미한다는 말을 들어왔다. 그들은 세속 세계와 기독교 세계 모두로부터 그리스도를 받아들이는 일이 어떤 과학적 결론들을 거부하는 것을 의미한다는 말을 들어왔다. 그들에게 이것은 내딛기 어려운 걸음이었다. 그들은 그리스도인이 되는 것이 성서를 믿는 것이요, 성서를 믿는 것은 그들이 확신하고 있는 과학을 내던지는 것을 의미한다는 말을 들어왔다. 그래서 그들은 교회 밖에서 안을 들여다보는 상태에 머물러 있다.

교회는 얽매인 데 없는 복음을 더 잘 제시해야 한다. 이 책에서 도달한 결론을 감안한다면, 사람들이 과연 성서가 지구가 젊다거나 그리스도인은 어떤 형태의 진화 모델도 받아들이지 말아야 한다고 요구하

아담과 하와의 잃어버린 세계

느는지에 관해 물을 때, 우리는 그들이 기독교에 대해 가지는 우려를 더 쉽게 완화시켜줄 수 있을 것이다. 복음은 분명하다. 주 예수 그리스도를 믿으라. 그러면 구원을 얻을 것이다.

미래를 생각함

마지막으로, 그리고 아마도 가장 중요한 지점은 바로 이것이다. 성서가 과학과 갈등하고 있다고 가정함으로써 성서가 말하는 바를 잘못 대변할 때마다, 우리는 사람들로 하여금 선택하도록 강요하는 셈이다. 확실히, 하나님이 창조주라고 확언할 때 우리는 어떤 선택을 하는 셈이다. 그러나 우리가 기독교 신앙 안에서 성장하는 젊은이들에게 과학과 믿음 사이에는 전쟁이 존재하며 만약 그들이 과학의 결론을 받아들인다면 이는 곧 성서를 포기하는 셈이 되리라고 말한다면, 대개 그들은 우리가 하는 말을 믿는다. 하지만 그 후에 그들이 오래된 지구론에 대한 설득력 있는 설명이나 게놈 기록에 근거해서 공통의 조상을 옹호하는 말을 듣게 될 경우, 그들은 성서가 뒤로 물러나야 한다고 판단한다. 이것은 이제 그들이 더 이상 예수를 믿지 않아서가 아니라, 오래된 지구론이나 어떤 형태의 진화론을 믿는 일이 성서를 믿는 일과 양립할 수 없다는 가르침을 받아왔기 때문이다. 그들은 자신이 존경하는 목회자가 진화를 믿는 사람은 그리스도인이 될 수 없다고 말하는 소리를 들어왔다. 교회에 실망한 사람들에 대한 조사에서 이런 점은 반복적으로 그들이 교회에 실망한 이유 중 하나로 제시되고 있다.

우리는 성서 대(對) 과학 논쟁이 사람들이 교회를 떠나도록 만드는 유일한 원인이라고 주장해서는 안 된다. 하지만 이것은 가장 많이 언급되는 원인 중 하나다. 만약 우리가 그들에게 그들의 과학적 결론은 문제가 되지 않는다고, 어떤 과학적 결론을 갖고 있든 그들은 여전히 성서를 믿을 수 있고, 여전히 그리스도와 관계를 맺을 수 있고, 여전히 교회의 완전한 구성원이 될 수 있다고 말한다면, 어떻게 될까? 그것이 차이를 만들어낼까? 우리가 이런 문제로 우리의 젊은이들을 잃어버려야 할 이유는 없다. 독자인 당신이 과학의 결론에 공감하는지 그렇지 않은지는 중요하지 않다. 당신이 이 책에서 제기된 주석적이고 신학적인 결론이 설득력이 있다고 여기는지 그렇지 않은지도 중요하지 않다. 만약 우리가 우리 자신의 한계를 넘어서 생각하고 중요한 기독교 신앙이 우리가 믿는 바와 정확하게 동일한 해석적 개요를 가질 필요가 없다는 사실을 받아들인다면, 우리는 교회가 우리 중 어떤 이보다 크다는 사실을 발견하게 될 것이다. 확실히 어떤 이들을 우리가 교회라고 부르는 이 큰 텐트 바깥에 위치시키는 믿음들(혹은 더 자주 불신들)이 존재한다. 하지만 동시에 교회 안에는 건전한 주석, 건전한 신학, 건전한 해석학으로부터 나오는 한, 다양한 믿음을 위한 여지가 존재한다. 우리는 창세기 1장이 하나님이 우리와 관계하시는 것을 목적으로 성소에 질서를 세우시는 일과 관련되어 있음을 제시하고자 노력해왔다. 이것들은 성서에 대한 충실한 읽기로부터 나온 결론이고, 설령 모

아담과 하와의 잃어버린 세계

든 독자를 설득시키지는 못할지라도, 정당한 대안을 제공한다.

그러므로 우리의 자녀와 후손들을 생각하라. 그들이 대학에서 우리가 보기에 설득력이 없어 보이는 인간의 기원에 관한 과학적 이해를 얻어서 집으로 돌아올 때, 우리는 그들을 비난하고, 그들의 상속권을 빼앗고, 우리의 집과 교회 밖으로 그들을 내쫓을 것인가? 아니면 그들에게 그들이 과학과 신앙 모두를 유지하도록 허락하는 충실한 성서 해석의 방식이 있을지도 모른다고 암시할 것인가? 과연 우리는 이런 길이 믿음을 희석시키는 타협이 아니라, 비록 우리 자신이 그 문턱에 걸려 넘어져 마비되어 있음을 발견할지라도, 다음 세대가 지극히 중요한 것으로 여길 수도 있는 이해에 이르는 새로운 문을 열어주는 타협을 보여준다고 믿을 수 있을까? 우리가 성실함의 길을 열고 출혈을 그칠 수 있도록 함께 기도하자.

용어 해설

⁙

원형(archetype). 문학적 의미에서 원형은 어떤 반복되는 상징이나 주제, 심지어 등장인물의 유형을 가리킨다. 허구적인 등장인물은 종종 선이나 악, 영웅주의나 배반 등의 원형으로서의 역할을 한다. 이 책에서 나는 이 용어를 좁은 의미로 사용한다. 여기서 원형은 그 집단에 속한 다른 이들 모두가 그 안에 포함되는 어느 집단의 대표를 가리킨다. 그 결과 이 집단에 속한 모든 구성원은 그들의 대표 안에 포함되고 그들에게 참여한다.

인지 환경(cognitive environment). 때때로 세계관이라고 불리는 것을 가리킨다. 이것은 특정한 시대나 문화에 속한 이들이 그들 자신, 사회, 세상, 그리고 신(들)에 대해 생각하는 방식의 총합을 가리킨다. 이스라엘은 더 넓은 고대 근동과 매우 유사한 인지 환경을 갖고 있었다(확실히 그들은 우리보다는 고대 근동의 인지 환경과 훨씬 더 많은 것을 공유하고 있었다). 그러나 다른 한편으로 하나님의 계시는 지속적으로 그들의 인지 환경 속으로 혁신적인 개념—주로 그분 자신에 관한—을 도입하고 있었다.

아담과 하와의 잃어버린 세계

공통 조상(common ancestry). 이것은 진화론의 주요한 결론으로 제시되며, 모든 생명이 최초의 기본적인 생명 형태로부터 발전되어 나왔다고 주장한다.

비교유전체학(comparative genomics). 다양한 종(種)과 아종(亞種)들의 유전자 구성을 비교해 그것들의 유사성과 차이를 확인하는 과정을 가리킨다. 종종 이런 비교는 종들의 발전의 역사를 재구성하기 위한 기초를 제공한다.

신규(*de novo*). 이 설명적인 용어는 아담과 하와가 어떤 선행하는 존재와도 구별되며, 어떤 생물학적 과정도 없이, 하나님의 직접적이고 물질적인 창조 행위를 통해 지음을 받았다는 이해를 가리킨다. 이는 하나님이 사용하신 창조 과정에서 다른 종들―호모(*homo*) 유형을 포함해―과의 물질적 불연속성이라는 특징을 갖는다(비록 유전자의 명백한 유사성은 존재할지라도). 어떤 이들은 하나님이 이미 존재하는 종들의 유전자적 물질을 사용하실 여지를 보기도 하지만, 그럼에도 그분이 자연스러운 것으로 설명될 수 없는 물질적인 무언가를 만들어내시는 일에 개입하신다고 주장한다. 어떤 이들에게 이것은 마지막 단계에서 DNA 안에서 일어나는 변화만큼이나 사소한 것일 수도 있다. "완전한 신규"(fully *de novo*)는 인간 창조에 어떤 이전의 유전자적 물질도 개입하지 않았다고 보는 견해를 가리킨다.

인식론(epistemology). 지식—그것의 근원과 본질—을 다루는 형이상학의 한 분야다. 이는 어떻게 해서 우리가 무언가를 확신을 갖고서 알 수 있는가 하는 것과 같은 문제에 답한다. 오늘날 많은 이들에게는 과학적 실험과 이론화가 인식론의 토대의 역할을 한다. 다른 이들에게는, 계시에 대한 믿음이 그들의 인식론의 핵심을 이룬다.

진화(evolution). 가장 기본적이고 비형이상학적인 의미에서 진화는 개선을 위한 수정을 동반하는 오랜 시간에 걸친 변화를 가리킨다. 더 특별하게 이것은 모든 피조물(영적이지 않고 생물학적이고 유전적인) 사이에 존재하는 물질적(계통발생적) 연속성을 우리에게 알려지거나 알려지지 않은 다양한 메커니즘을 통해 오랜 세월에 걸쳐 일어나는 변화 과정의 결과로 여기는 세계에 대한 해석이다. 이는 본질적으로 무신론적이거나 이신론적이지 않다.

무로부터(*ex nihilo*). 어떤 앞선 물질도 사용하지 않고 물질을 창조한다는 개념이다.

주해(exegesis)/주해자(exegete)/주해의(exegetical). 모든 단계에서 이루어지는 성서 본문에 대한 분석이다.

언약적 대표(federal representative). 칼뱅주의에 의해 유행하게 된 개

넘이지만, 그 뿌리는 이레나이우스와 아우구스티누스에게까지 소급된다. 아담은 언약이나 그와 유사한 무언가에 의해 함께 묶여 있는 모든 이들을 대표하는 자로 간주된다. 아담은, 그리스도가 연관된 방식으로 그렇듯, 인간의 언약적 머리로 간주된다. 이 개념은 원죄와 의의 전가를 설명하는 데 사용된다.

위대한 공생(Great Symbiosis). 메소포타미아에서 종교의 토대는 인간이 신들의 식량(제사), 주거(신전), 의복에 대한 필요를 충족시키는 방식으로, 또한 신들에게 예배와 사적 생활을 제공함으로써 그들이 우주를 운영하는 일을 할 수 있게 하는 방식으로 신들을 섬기기 위해 창조되었다는 것이었다. 이 공생의 다른 편에서 신들은 자신의 예배자들을 보호하고 그들에게 필요한 것을 제공함으로써 자신의 투자물을 보호한다. 그렇게 해서 인간은 자기가 이 공생 관계 안에서 (제의를 통해) 신들이 우주를 운영하도록 돕는 역할을 맡은 것에서 자신의 위엄을 발견한다.

하스몬가(Hasmoneans). 기원전 2세기에 하스몬가(家)라고 알려진 혈족 출신의 마타티아스와 유다 마카비 집안이 당시 이스라엘을 지배하고 있던 셀레우코스 왕조의 군주들에 맞서는 반란을 이끌었다. 그들은 약 80년 동안 지속된 독립된 유대 왕국을 건설했다.

마소라 학자들(Masoretes). 이 유대인 학자들은 세대를 이어 히브리어 성서를 보존했다. 그 뿌리는 기원후 3세기까지 거슬러 올라가며, 그들의 작업은 10세기까지 지속되었다. 그들의 숙련된 필사 기술은 전통적인 성서 본문을 세심하게 전달하는 과정에서 사용되었다. 그들이 이룬 혁신은 전통적인 자음 본문을 훼손하지 않으면서도 기록된 본문 안에 텍스트를 초월하는 정보(모음 삽입과 영창[詠唱] 표지와 같은)를 통합시키기 위해 고안해낸 체계를 통해 드러난다. 그들이 만든 사본은 구약성서 본문에 대한 가장 완벽한 증언을 제공한다.

자연주의(naturalism). 우리가 목격하는 모든 것이 자연법을 적용해서 원인과 결과를 탐구함으로써 설명될 수 있다는 개념에 대한 철학적 몰입을 가리킨다. 이 철학은 자신의 창조세계에 개입하시고 그 안에서 행동하시는 하나님을 위한 여지를 남기지 않는다. 대조적으로 자연과학(natural science)은 하나님의 존재나 초자연적 원인을 부정하지 않는다.

존재론(ontology). 일반적으로는 존재(우리가 무언가가 존재한다고 말할 때 그 말은 무엇을 의미하는가)를, 더 특별하게는 무언가의 존재(성별 혹은 죄의 존재론)를 탐구하는 형이상학의 한 가지다.

구원론(soteriology). 구원에 관한 교리다.

아담과 하와의 잃어버린 세계

정상 우주론(steady-state universe). 이 이론은 1930년대에 팽창 우주론 혹은 빅 뱅 우주론에 맞서 발전되었다. 정상 우주론에서 새로운 은하계와 별들은 팽창하는 우주 안에서 형성되었는데, 그로 인해 이것들은 우주 안 어느 곳에 위치해 있든지 상관없이 언제나 동일하게 보였다.

타르굼 네오피티(Targum Neofiti). 타르굼은 성서 본문에 대한 확장된 아람어 역/의역들을 가리킨다. 오경의 거의 전부를 포함하고 있는 이 타르굼은 기원후 처음 몇 세기에서 유래했으리라고 간주되는 것에 대한 16세기의 사본 안에 보존되어 있다.

더 읽어야 할 문헌

단행본

Alexander, Denis. *Creation or Evolution: Do We Have to Choose?* Oxford: Monarch, 2008.

____. *Language of Genetics: A Primer.* Conshohocken, PA: Templton, 2011.

Anderson, Gary A. *The Genesis of Perfection: Adam and Eve in Jewish and Christian Interpretation.* Louisville, KY: Westminster John Knox, 2001.

____. *Sin: A History.* New Haven, CT: Yale University Press, 2009.

Barrett, Matthew, and Ardel B. Caneday, eds. *Four Views on Historical Adam.* Grand Rapids: Zondervan, 2013.

Becking, Bobs, and Susan Hennecke. *Out of Paradise: Eve and Adam and Their Interpreters.* Sheffield: Sheffield Phoenix, 2010.

Biddle, Mark E. *Missing the Mark: Sin and Its Consequences in Biblical Theology.* Nashville: Abingdon, 2005.

Boda, Mark J. A *Severe Mercy: Sin and Its Remedy in the Old Testament.*

아담과 하와의 잃어버린 세계

Winona Lake, IN: Eisenbrauns, 2009.

Bouteneff, Peter Co. *Beginnings: Ancient Christian Readings of the Biblical Creation Narratives.* Grand Rapids: Baker, 2008.

Callender, Dexter E., Jr. *Adam in Myth and History: Ancient Israelite Perspectives on the Primal Human.* Harvard Semitic Studies 48. Winona Lake, IN: Eisenbrauns, 2000.

Charlesworth, James H. *The Good and Evil Serpent: How a Universal Symbol Became Christianized.* New Haven, CT: Yale University Press, 2010.

Collins, C. John. *Did Adam and Eve Really Exist? Who They Were and Why You Should Care.* Wheaton, IL: Crossway, 2011.

Collins, Francis S. *The Language of God: A Scientist Presents Evidence for Belief.* New York: Free Press, 2007.

Crowther, Kathleen M. *Adam and Eve in the Protestant Reformation.* Cambridge: Cambridge University Press, 2010.

Enns, Peter. *The Evolution of Adam: What the Bible Does and Doesn't Say About Human Origins.* Grand Rapids: Brazos, 2012.

Falk, Darrel R. *Coming to Peace with Science: Bridging the Worlds Between Faith and Biology.* Downers Grove, IL: InterVarsity Press, 2004.

Finlay, Graeme. *Human Evolution: Genes, Genealogies and Phylogenies.* Cambridge: Cambridge University Press, 2013.

Fowler, Thomas B., and Daniel Kuebler. *The Evolution Controversy: A Survey of Competing Theories*. Grand Rapids: Baker Academic, 2007.

Giovino, Mariana. *The Assyrian Sacred Tree: A History of Interpretations*. Orbis biblicus et orientalis 230. Göttingen: Vandenhoeck & Ruprecht, 2007.

Haarsma, Deborah B., and Loren D. Haarsma. *Origins: Christian Perspectives on Creation, Evolution, and Intelligent Design*. Grand Rapids: Faith Alive Christian Resources, 2011.

Harris, Mark. *The Nature of Creation: Examining the Bible and Science*. Durham, NC: Acumen, 2013.

Izre'el, Shlomo. *Adapa and the South Wind: Language Has the Power of Life and Death*. Winona Lake, IN: Eisenbrauns, 2001.

Joines, Karen. *Serpent Symbolism in the Old Testament: A Linguistic, Archaeological and Literary Study*. Haddonfield, NJ: Haddonfield House, 1974.

Mettinger, Tryggve N. D. *The Eden Narrative: A Literary and Religio-historical Study of Genesis 2-3*. Winona Lake, IN: Eisenbrauns 2007.

Meyers, Carol L. *The Tabernacle Menorah: A Synthetic Study of a Symbol from the Biblical Cult*. American Schools of Oriental Research

아담과 하와의 잃어버린 세계

Dissertations 2. Missoula, MT: Scholars Press, 1976.

Osborn, Ronald E. *Death Before the Fall: Biblical Literalism and the Problem of Animal Suffering.* Downers Grove, IL: InterVarsity Press, 2014.

Plantinga, Cornelius. *Not the Way It's Supposed to Be: A Breviary of Sin.* Grand Rapids: Eerdmans, 1995.

Provan, Iain. *Seriously Dangerous Religion.* Waco, Texas: Baylor University Press, 2014.

Rana, Fazale, and Hugh Ross. *Who Was Adam? A Creation Model Approach to the Origin of Man.* Colorado Springs, CO: NavPress, 2005.

Stordalen, Terje. *Echoes of Eden: Genesis 2-3 and Symbolism of the Eden Garden in Biblical Hebrew Literature.* Leuven: Peeters, 2000.

Walton, John H. *Ancient Near Eastern Thought and the Old Testament: Introduicing the Conceptual World of the Hebrew Bible.* Grand Rapids: Baker Academic, 2006.

_____. *Genesis.* NIV Application Commentary. Grand Rapids: Zondervan, 2001.

_____. *Genesis 1 as Ancient Cosmology.* Winona Lake, IN: Eisenbrauns, 2011.

_____. *The Lost World of Genesis One: Ancient Cosmology and the Origins*

Debate. Downers Grove, IL: InterVarsity Press, 2009.

Williams, Patricia A. *Doing Without Adam and Eve: Sociobiology and Original Sin*. Minneapolis: Fortress, 2001.

Zevit, Ziony. *What Really Happened in the Garden of Eden?* New Haven, CT: Yale University Press, 2013.

논문

Averbeck, Richard E. "Ancient Near Eastern Mythography as It Relates to Historiography in the Hebrew Bible: Genesis 3 and the Cosmic Battle." In *The Future of Biblical Archaeology: Reassessing Methodologies and Assumptions*, edited by James K. Hoffmeier and Alan R. Millard, 328-56. Grand Rapids: Eerdmans, 2004.

Batto, Bernard F. "Paradise Reexamined." In *In the Beginning: Essays on Creation Motifs in the Ancient Near East and the Bible*, edited by Bernard F. Batto, 54-85. Winona Lake, IN: Eisenbrauns, 2013. Originally published in *The Biblical Canon in Comparative Perspective*, edited by K. Lawson Younger Jr., William W. Hallo and Bernard F. Batto, Scripture in Context 4 (Lewiston, NY: Mellen, 1991), 33-66.

Bloch-Smith, Elizabeth. "Solomon's Temple: The Politics of Ritual Space." In *Scared Time, Sacred Place: Archaeology and the Religion of Israel*, edited

아담과 하와의 잃어버린 세계

by Barry M. Gittlen, 83-94. Winona Lake, IN: Eisenbrauns, 2002.

Feinman, Peter. "Where Is Eden? An Analysis of Some of the Mesopotamian Motifs in Primeval J." In *Creation and Chaos: A Reconsideration of Hermann Gunkel's Chaoskampf Hypothesis*, edited by JoAnn Scurlock and Richard H. Beal, 172-89. Winona Lake, IN: Eisenbrauns, 2013.

Gleason, Kathryn L. "Gardens." In *Oxford Encyclopedia of Archaeology in the Near East*, edited by Eric Meyers, 2:383. New York: Oxford University Press, 1997.

Hurowitz, Victor. "Yhwh's Exalted House—Aspects of the Design and Symbolism of Solomon's Temple." In *Temple and Worship in Biblical Israel: Proceedings of the Oxford Old Testament Seminar*, edited by John Day, 63-110. New York: Continuum, 2005.

Parpola, Simo. "The Assyrian Tree of Life: Tracing the Origins of Jewish Monotheism and Greek Philosophy." *Journal of Near Eastern Studies* 52 (1993): 161-208.

Stager, Lawrence E. "Jerusalem as Eden." *Biblical Archaeology Review* 26, no. 3 (2000): 38-43.

Tuell, Steven S. "The Rivers of Paradise: Ezekiel 47.1-12 and Genesis 2.10-14." In *God Who Creates: Essays in Honor of W. Sibley Towner*, edited by William P. Brown and S. Dean McBride, 171-

89. Grand Rapids: Eerdmans, 2000.

Venema, Dennis R. "Genesis and the Genome: Genomics Evidence for Human-Ape Common Ancestry and Ancestral Hominid Population Sizes." *Perspectives on Science and Christian Faith* 62 (2010): 166-78.

Weinfeld, Moshe. "Gen. 7:11, 8:1-2 Against the Background of Ancient Near Eastern Tradition." *Die Welt des Orients* 9 (1978): 2422-48.

Wenham, Gordon J. "Sanctuary Symbolism in the Garden of Eden Story." In *"I Studied Inscriptions from Before the Flood": Ancient Near Eastern, Literary, and Linguistic Approaches to Genesis 1-11*, edited by Richard S. Hess and David Toshio Tsumura, 399-404. Sources for Biblical and Theological Study 4. Winona Lake, IN: Eisenbrauns, 1994. Reprinted from Proceedings of the Ninth World Congress of Jewish Studies, Division A: The Period of the Bible (Jerusalem: World Union of Jewish Studies, 1986), 19-25.

Wyatt, Nicolas. "The Mythic Mind." In *The Mythic Mind: Essays on Cosmology and Religion in Ugaritic and Old Testament Literature*, 151-88. London: Equinox, 2005.

이 주제와 관련된 다른 많은 논문은 www.biologos.org에서 찾아볼 수 있다.

아담과 하와의 잃어버린 세계
역사적 아담의 기원과 정체에 관한 논쟁

Copyright ⓒ 새물결플러스 2018

1쇄 발행 2018년 4월 11일
3쇄 발행 2022년 12월 5일

지은이 존 H. 월튼
옮긴이 김광남
펴낸이 김요한
펴낸곳 새물결플러스

편 집 왕희광 정인철 노재현 정혜인 이형일 나유영 노동래
디자인 박인미 황진주
마케팅 박성민 이원혁
총 무 김명화 이성순
영 상 최정호 곽상원
아카데미 차상희

홈페이지 www.holywaveplus.com
이메일 hwpbooks@hwpbooks.com
출판등록 2008년 8월 21일 제2008-24호
주 소 (우) 04118 서울특별시 마포구 마포대로19길 33
전 화 02) 2652-3161
팩 스 02) 2652-3191

ISBN 979-11-6129-058-4 93230

책값은 뒤표지에 있습니다.